# A VOZ

FRANÇOIS LE HUCHE
Phoniatre, ex-enseignant en orthophonie et ex-chargé de consultation à l'Institut Arthur Vernes de Paris.

ANDRÉ ALLALI
Orthophoniste, enseignant en orthophonie et attaché à la consultation de phoniatrie de l'Institut Arthur Vernes de Paris.



L524v Le Huche, François
A voz / François Le Huche e André Allali; trad. Sandra Loguercio. – Porto Alegre : Artmed, 2005.
(Patologia vocal de origem orgânica; v.3.)

1. Voz – Patologia – Orgânica. I. Allali, André. II. Título.

CDU 612.78/.789

Catalogação na publicação: Mônica Ballejo Canto – CRB 10/1023

ISBN 85-363-0268-2

Volume 3

# A VOZ

## Patologia Vocal de Origem Orgânica

François Le Huche
André Allali

**Tradução:**
SANDRA LOGUERCIO

**Consultoria, supervisão e revisão técnica desta edição:**
EDA MARIZA FRANCO DA COSTA
Fonoaudióloga clínica.
Especialista em voz pelo Conselho Federal de Fonoaudiologia.
Mestre em Letras – Teorias do Texto e do Discurso – pela UFRGS.
Professora da Disciplina de Fonoaudiologia Estética e
Supervisora do Estágio de Fonoaudiologia Estética da ULBRA.

ARTMED
EDITORA

2005

Obra originalmente publicada sob o título:
*La voix: patologie vocale d'origine organique*



ISBN 2-294-00610-0

*Capa:*
Mário Röhnelt

*Preparação de originais:*
Manoel Weinheimer

*Leitura final:*
Sandra G. Câmara

*Supervisão editorial:*
Letícia Bispo de Lima

*Editoração eletrônica:*
AGE – Assessoria Gráfica e Editorial Ltda.



SÃO PAULO
Av. Angélica, 1091
01227-100 – São Paulo, SP, Brasil
Fone: (11) 3667-1100 Fax: (11) 3667-1333

SAC 0800 703-3444

IMPRESSO NO BRASIL
*PRINTED IN BRAZIL*

## AGRADECIMENTOS

*Agradecemos a Marc Brones, a Thierry Soussi, otorrinolaringologistas, e a Helena Marion, neurologista, por seus preciosos conselhos, bem como a Odile Régnier e a Claude Michaut, que nos ajudaram na realização de várias ilustrações.*

# Sumário

# Introdução

## INTRINCAÇÕES DO ORGÂNICO E DO FUNCIONAL

A denominação *disfonia de origem orgânica* implica a existência de uma lesão do aparelho fonatório, cuja responsabilidade na perda de função vocal aparece como preponderante. Raramente, porém, não há um componente disfuncional envolvido, na medida em que o indivíduo tende a reagir à deficiência orgânica com um comportamento de esforço ou com um comportamento de contenção. Como já dissemos no Volume 2, disfuncional e orgânico freqüentemente estão intrincados.

Isso traz algumas implicações primordiais à estratégia terapêutica que pode associar, entre outros, prescrição medicamentosa, cirurgia e reeducação. Para o fonoaudiólogo, o problema apresentar-se-á evidentemente de forma variável conforme a importância relativa da *deficiência orgânica* e do *comportamento reacional do indivíduo ao seu próprio distúrbio*.

Às vezes, o componente orgânico é predominante. Tratar-se-á, então, de aplicar meios de compensação ou de substituição. Em outros casos, o fator reacional está em primeiro plano. O problema será similar ao das disfonias disfuncionais. Mais freqüentemente, estando intrincados os dois fatores, o fonoaudiólogo deverá adaptar-se a essa situação efetiva sem deixar de considerar a solicitação do paciente.

Notemos que, nos casos de lesões orgânicas evidentes, a informação dada pelo paciente é mais delicada, tendo este, em geral, a tendência em minimizar as desordens funcionais que se acrescentam.

## DISFONIA, DISARTRIA, DISFAGIA

Esta obra, em princípio, trata somente da patologia vocal. Neste terceiro volume dedicado às disfonias de origem essencialmente orgânica, consideraremos, além destas, os distúrbios da articulação da fala e os da deglutição. Será o caso, particularmente, quando abordarmos as laringectomias e as disartrias. Em cada um desses domínios, de fato, disfonia, disartria e disfagia constituem três conseqüências funcionais de um mesmo problema orgânico.

Nessas condições, é interessante que um mesmo terapeuta possa cuidar dessas três ordens de distúrbios, uma vez que estão associadas em um mesmo paciente. O fonoaudiólogo habituado à patologia vocal é, aliás, particularmente indicado para se ocupar dos distúrbios da articulação da fala e daqueles da deglutição relacionados a lesões sérias da região bucofaríngea.

**Elementos específicos da reeducação**

Os princípios gerais da reeducação vocal são abordados no Volume 4 no qual figura igualmente a descrição das técnicas reeducativas utilizáveis na maioria dos casos.

Neste volume, descrevemos os procedimentos ou exercícios específicos, adaptados a cada afecção. Às vezes, algumas linhas nos pareceram suficiente; em outros casos, descrições mais detalhadas foram consideradas indispensáveis.

# Disfonia associada a uma laringite

# 1

## LARINGITE AGUDA

A laringite catarral aguda é uma afecção muito comum tanto no adulto quanto na criança, atingindo freqüentemente o sexo masculino. Ela *ocorre* com mais freqüência no contexto de uma infecção rinofaríngea pela exposição ao frio.

O início é em geral bastante brusco com irritações na laringe, acarretando acessos de tosse seca. Depois, passa progressivamente à *alteração da voz* cujo timbre torna-se irregular, rouco, e abafado, evoluindo até uma quase afonia com instabilidade de registro. Nota-se que ocorre, paralelamente, uma sensação de estricção cervical acentuada na deglutição. Pouco a pouco, a fonação torna-se penível e dolorosa. Seu uso em geral agrava a disfonia. Com algum esforço, o indivíduo pode conseguir, às vezes, por alguns minutos ou mais, uma voz melhor graças ao aquecimento vocal, bem conhecido dos profissionais da voz. A afonia virá cedo ou tarde, infelizmente, sancionar esse retorno vocal que, com ou sem tratamento, não pode ser senão passageiro.

### Exame laríngeo

No *exame laríngeo*, observam-se pregas vocais congestivas com uma mucosa mais ou menos vermelha, vasos dilatados e uma infiltração edematosa de importância variável, dando o tradicional aspecto das pregas vocais torcidas. Secreções mais ou menos abundantes (que justificam o epíteto de "catarral" dado à afecção) manifestam-se em porções de mucos ou em filamentos que passam de uma prega vocal à outra na abertura laríngea. Esse aspecto inflamatório estende-se às outras partes da laringe: epiglote, aritenóide, ventrículos, etc., bem como à faringe. A mobilidade das pregas vocais permanece normal.

### Evolução

A evolução é, em geral, benigna e perdura mais freqüentemente de três a quatro dias. Progressivamente, a mucosa empalidece e o edema regride ao mesmo tempo que a voz volta ao seu timbre e à sua intensidade normal. Em certos casos mais graves, a cura é obtida somente em seis ou sete dias.

### Complicações

Complicações podem ocorrer: sejam de ordem infecciosa inicialmente, hoje em dia raras, tais como as laringites supuradas ou flegmões, sejam sobretudo de ordem funcional. Como vimos no Volume 2, uma laringite aguda pode, com efeito, constituir o fator desencadeante do círculo vicioso do esforço vocal na medida em que há paralelamente um fator favorecedor, como, por exemplo, a obrigação socioprofissional de falar ou de cantar de forma prolongada ou elevada.

### Tratamento

Em sua forma simples, constitui-se essencialmente pelo repouso, depois pela moderação vocal, particularmente importante aos profissionais da voz. Um tratamento medicamentoso será útil sobretudo nesse último caso, associando pulverizações laríngeas antibióticas, antiinflamatórias e medicações fluidificantes. A antibioterapia não é sistematicamente indicada. Será reservada aos casos mais graves.

## LARINGITES CRÔNICAS

As laringites crônicas são definidas como uma alteração inflamatória banal que corresponde a uma agressão *microbiana* ou *irritativa* da mucosa laríngea.

Essa definição exclui as laringites específicas das quais falaremos mais adiante e as lesões tumorais, mesmo que, como veremos, certas laringites crônicas constituam, na verdade, estados pré-cancerosos.

A laringite crônica acomete principalmente o homem, sobretudo após os 40 anos com um pico de freqüência em torno dos 50 anos.

Ela está na dependência de três fatores favorecedores principais: o álcool, o tabaco e o mau trato vocal. Outros fatores podem, no entanto, ser observados: as infecções rinofaríngeas e brônquicas, a alergia, o refluxo gastresofágico, a exposição aos vapores irritantes e à poeira.

### Primeiros sintomas

O *início* da afecção é insidioso e traduz-se por uma fatigabilidade vocal com alteração de seu timbre, inicialmente velado, depois rouco e roufenho. Essa rouquidão predomina no final do dia. Intermitente no início, torna-se pouco a pouco permanente com avanços e regressões de um dia para o outro ou de uma semana para a outra.

A irritação laríngea acarreta acessos de tosse seca ou uma tendência ao pigarro mais ou menos contínua no intuito de eliminar as secreções laríngeas. Seu principal efeito é irritar ainda mais a laringe que, devido a isso, secreta mais. Tal estado geralmente não preocupa o indivíduo que se conforma com essa "pequena desgraça laríngea e vocal". Ele utiliza uma automedicação local, mais ou menos eficaz, que reduz progressivamente, de mês a mês, sem que o indivíduo perceba totalmente, a eficácia e o conforto de sua atividade de fala. Lembremos a propósito a regra clínica que indica a necessidade de um exame laríngeo diante de uma alteração vocal que não cede ao final de três semanas.

### Exames

No exame fonatório, nota-se a alteração variável, conforme o caso, dos três caracteres acústicos da voz em um contexto de comportamento de esforço mais ou menos marcado, podendo ir, às vezes, até o uso da voz das pregas ventriculares[1].

No exame laríngeo, qualquer que seja o grau da alteração vocal, é possível observar diferentes aspectos classicamente associados sob as denominações de laringites crônicas ou de laringites agudas.

[1] Cf. *A voz*, Volume 2, *Voz das pregas vestibulares*.

Nas *laringites vermelhas*, a laringe aparece congestionada e secretante. A borda livre das pregas vocais pode ser regular e retilínea. Estas últimas, porém, podem adquirir um aspecto mais inflamatório com dilatações vasculares. As pregas vocais são ditas então "torcidas". Trata-se da *laringite hipertrófica de Garel*[2]. A superfície das pregas vocais pode ser lisa, mas um grau acima, torna-se irregular, adquirindo a borda livre um aspecto ameado. É o aspecto da *cordite hipertrófica verrugosa de Wirchow*[3]. O exame estroboscópico avalia a perda mais ou menos marcada da flexibilidade da mucosa.

Nas *laringites brancas*, observa-se uma modificação local da mucosa sob a forma de uma zona pálida, esbranquiçada, mais ou menos delimitada, atingindo mais freqüentemente a face superior de uma prega vocal (ou das duas pregas vocais). Quando esta lesão é plana, recebe o nome de *leucoplasia* (do grego *leukos*, branco). Às vezes, a lesão adquire um aspecto mais espesso, fala-se então de lesão *paquidérmica* (do grego *pakos*, espesso) ou *ceratótica* (do grego *kératos*, córneo) mais ou menos endurecida como mostra o exame estroboscópico. Em grau extremo, tem-se uma massa verrugosa que adquire o aspecto do *papiloma córneo*. Lesões semelhantes podem ser observadas simultaneamente em outras partes da laringe (pregas ventriculares, epiglote, etc.).

O *exame laríngeo em fonação* evidencia mais freqüentemente um funcionamento hipertônico[4] com pregas vocais, às vezes, hipertrofiadas.

À *iluminação estroboscópica*, pode-se avaliar a perda de flexibilidade da mucosa laríngea e o grau de inflamação e de eventual endurecimento das lesões que apresenta e, em certos casos, a vibração das pregas vestibulares.

## Diagnóstico diferencial

O diagnóstico diferencial não interfere em caso de leucoplasia, facilmente distinguida de um sulco da prega vocal ou de um *cisto intracordal* (cf. p. 84). Em compensação, sejam laringites crônicas ou agudas, as lesões que apresentam uma certa saliência poderão ser objeto de exames de biópsia para eliminar um *câncer* ou mais raramente uma *tuberculose laríngea* (cf. p. 18). O acompanhamento dessas lesões constitui um problema, muitas vezes, delicado para o laringologista, e é preciso saber que todo paciente que apresenta uma laringite crônica deve ser examinado ao menos uma vez por ano e cada vez que o estado de sua voz parecer agravar-se. As lesões laríngeas podem, com efeito, estender-se progressivamente. Como também podem regredir, e até mesmo desaparecer, sob a influência do tratamento e da realização de uma melhor higiene vocal.

## Anatomopatologia

O exame anatomopatológico revelará, conforme o caso, lesões inflamatórias e edematosas localizadas no epitélio ou no cório ou lesões displásicas geralmente consideradas pré-cancerosas.

Essas lesões displásicas são normalmente classificadas em três estágios:

– o estágio I corresponde às hiperplasias com ou sem queratinização do epitélio;

– o estágio II corresponde às hiperplasias com atipias celulares;

[2] Cf. *A voz*, Volume 2.
[3] Cf. *A voz*, Volume 2.
[4] Como explicamos no Volume 2, preferimos o termo *hipertônico* ao mais clássico *hipercinético* quando se trata do aspecto laríngeo.

– o estágio III corresponde às hiperplasias com carcinoma *in situ* que, embora delimitado e respeitando a basal, trata-se de uma lesão cancerosa.

### Tratamento

O tratamento pode recorrer a inúmeros meios, o que é bem compreensível se pensarmos na multiplicidade de fatores etiológicos e na diversidade das lesões observadas.

O *tratamento medicamentoso* utilizará os antibióticos e os antiinflamatórios por aerossol ou por via geral e a vacinoterapia.

As *curas termais* toleradas (Challes, Allevard, Gréoux, Luchon, Cauteret) serão, muitas vezes, eficazes.

O *tratamento cirúrgico* impor-se-á de forma mais ou menos severa a menor suspeita de transformação maligna, desde a ablação ou a destruição a *laser* de uma placa de leucoplasia que se tenha desenvolvido até as laringectomias parciais.

As prescrições de higiene vocal serão essenciais, bem como a eliminação (se possível) do uso do tabaco e do abuso do álcool.

A *reeducação vocal*, finalmente, sempre será indicada no caso – freqüente aliás – de um comportamento de esforço vocal.

**Reeducação vocal**

Nas laringites crônicas, a *reeducação vocal* (cf. *A voz*, Volume 4) eliminará o comportamento de esforço vocal. Seja este primário ou reacional, sua responsabilidade quanto à persistência e o desenvolvimento das lesões é inegável.

## LARINGITES ESPECÍFICAS

As laringites específicas definem-se como inflamações laríngeas crônicas devidas a um agente infeccioso determinado.

### Papilomatose laríngea

A papilomatose laríngea traduz-se por uma proliferação tumoral benigna, mais ou menos invasora, predominante nas pregas vocais (Figura 1.1).

Mais freqüente na criança, atingindo igualmente meninos e meninas, ela ocorre, no entanto, no adulto, predominantemente no sexo masculino. Inicia numa idade variável, mas antes dos 5 anos na metade dos casos.

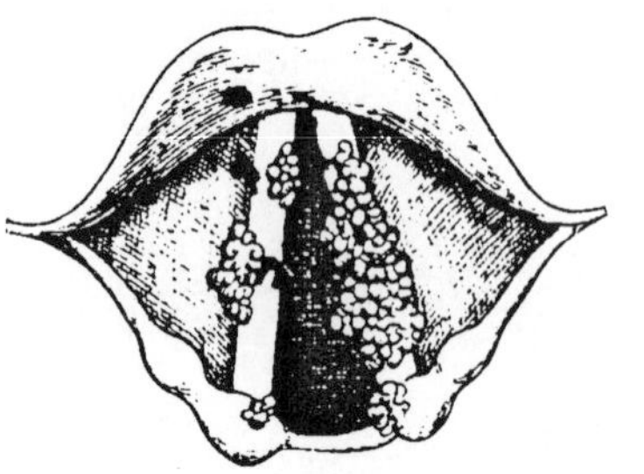

➤ **Fig. 1.1**

**Papilomas da laringe (segundo Aubry e Lemariey).**

### Etiologia

Essa afecção resulta de um *papiloma-vírus humano* (HPV 6 ou 11), da família do papiloma-vírus das verrugas vulgares (HPV 2) e das verrugas plantares (HPV 1).

Notemos que os HPV 6 ou 11 são encontrados em certos condilomas vaginais, daí a hipótese de um contágio via sexual.

### Clínica

No plano clínico, o primeiro sintoma da papilomatose laríngea é a *disfonia* com diminuição da intensidade vocal, agravamento da tonalidade e alteração particular do timbre que aparece como surdo e "molhado". Quanto à voz cantada, é trabalhosa e limitada, assim como a voz de chamamento.

Uma outra particularidade dessa disfonia é sua *constância* (ausência de variação segundo a hora do dia e de um dia para o outro) e seu caráter persistente.

Conseqüentemente, quando a papilomatose é objeto de intervenções cirúrgicas mais ou menos repetidas, a disfonia evolui para a rouquidão, tendendo ao esforço vocal e ao timbre roufenho, e, às vezes, para uma afonia mais ou menos marcada na medida em que a mucosa laríngea perde sua flexibilidade.

O segundo sintoma, mais tardio, é a *dispnéia*. Resulta de uma inflamação grave da laringe. A dispnéia deve ser evitada a tempo pela intervenção cirúrgica dos papilomas.

### Exame laringoscópico

Esse exame evidencia a proliferação papilomatosa que se apresenta na forma de um conjunto de vilosidades rosas, cinzentas, espécie de aglomeração de pequenas massas moles, arredondadas, tendo cada uma ao centro um ponto vermelho correspondente a um vaso sangüíneo. Esse aspecto *muriforme* é muito característico. Quando, no final da evolução, a afecção perde sua virulência, esse caráter muriforme atenua-se ao mesmo tempo em que a coloração evolui para o rosa pálido. Esses tufos de vilosidades atingem seletivamente as pregas vocais. Podem se estender, entretanto, à face posterior da epiglote, atingir a subglote, a traquéia, mais raramente os brônquios e mesmo os alvéolos pulmonares. Podem igualmente aparecer nos pilares anteriores das amígdalas.

Na criança, o desenvolvimento das vilosidades papilomatosas pode ser bastante rápido, exigindo ablações repetidas, às vezes, em alguns meses, e até mesmo com algumas semanas de intervalo.

No adulto, a evolução é muito mais lenta, mas pode avançar para uma queratinização e mesmo (raramente) para a transformação maligna.

### Exame histológico

O exame histológico confirma o diagnóstico, evidenciando os eixos conjuntivo-vasculares dos papilomas revestidos por um epitélio malpighiano hiperplásico com células regulares e basais intactas.

### Evolução

A evolução da afecção perdura, na maioria das vezes, por vários anos, atenuando-se e depois desaparecendo espontaneamente ou sob a influência do tratamento.

Recidivas são sempre possíveis a longo prazo.

### Tratamento

Vários tratamentos foram experimentados para combater essa doença de evolução desconcertante e imprevisível.

*A irradiação e a quimioterapia* foram, há muito tempo, abandonadas, embora sejam utilizados ainda certos produtos citotóxicos, como a bleomicina ou ainda o flurouracil por pinceladas ou pulverizações locais.

A destruição cirúrgica dos papilomas, praticada antes por tirotomia, deixando graves seqüelas laríngeas, é realizada atualmente sob laringoscopia em suspensão. O tratamento que utiliza o frio (crioterapia), por meio de hastes esfriadas no nitrogênio líquido, foi abandonado, sendo substituído pela *intervenção microcirúrgica*, pela *vaporização a laser* $CO_2$ ou, mais raramente, pela *eletrocoagulação*.

A auto-antigenoterapia pareceu ser, durante muito tempo, um procedimento interessante, mas com o distanciamento, revelou-se, porém, mais decepcionante. A auto-antigenoterapia é realizada por meio de injeções subcutâneas de um líquido obtido a partir dos papilomas removidos, triturados, refrigerados a -80ºC e submetidos a uma compressão muito forte (10 toneladas por $cm^2$).

Um tratamento futuro provavelmente seja o *interferon*, cujo custo atualmente é impraticável.

**Reeducação vocal**

Na papilomatose laríngea, a *reeducação vocal* (cf. *A voz*, Volume 4), ajudando o indivíduo a realizar uma fonação isenta de esforço tanto quanto possível, garantirá paralelamente uma função de apoio psicológico no caso dessa afecção, bastante penosa por suas recaídas e por sua duração.

Os antivirais até então não tinham dado muitos resultados. Tentativas feitas, porém, com injeções intralesionais de *Cidofovir* parecem dar bons resultados.

Esses tratamentos medicinais e cirúrgicos deverão, cada vez mais, ser complementados por *tratamentos reeducativos* contra o eventual esforço vocal, sobretudo nos casos em que as intervenções repetidas nas pregas vocais produzirem uma mucosa cicatricial mais difícil de vibrar ou mesmo sinéquias.

## Tuberculose laríngea

No início do século, a infecção pelo bacilo de Koch constituía a infecção mais freqüente deste órgão. Seguindo-se a uma tuberculose pulmonar avançada, marcava, na maioria das vezes, a fase terminal da doença.

Numa regressão constante, com a melhora das condições de vida e com melhores hábitos de higiene, torna-se rara, após o surgimento de antibióticos durante os anos 60, e seu prognóstico torna-se favorável. Há alguns anos, a reincidência de colônias resistentes resulta em um certo ressurgimento dessa afecção.

A tuberculose laríngea é aproximadamente três vezes mais freqüente no homem do que na mulher. A idade média de incidência fica essencialmente em torno dos 50 anos. No início do século XX, costumava ocorrer em torno dos 25 anos. O álcool, o tabaco, a desnutrição e, já há algum tempo, a AIDS são fatores favorecedores freqüentemente mencionados.

A tuberculose laríngea é geralmente secundária a uma doença pulmonar. Pode, no entanto, revelar a afecção.

Além dos sintomas clássicos da afecção tuberculosa pulmonar (febre, suores noturnos, astenia, perda de peso), a doença laríngea manifesta-se por uma *disfonia* variável, uma *tosse* seca de irritação e sobretudo por uma *deglutição dolorosa* (odinofagia), tanto dos alimentos quanto da saliva.

### *Exame laringoscópico*

➤ **Fig. 1.2**
**Fibro-tuberculoma (segundo Aubry e Lemariey).**

Nas pregas vocais, o exame laringoscópico (Figura 1.2) mostra inicialmente lesões inflamatórias observadas, antes, na parte posterior da laringe (constituindo, às vezes, a clássica pincelada aritenóidea) o que correspondia às secreções com bacilos que se acumulavam atrás num paciente deitado. Atualmente, observa-se que essas doenças inflamatórias atingem sobretudo a parte anterior da laringe. Em um estágio mais avançado, encontram-se zonas de infiltração irregulares que lembram facilmente o câncer, surgindo, em seguida, zonas de necrose de aspecto gredoso com secreções cinzentas mais características.

Outras doenças laríngeas podem ser observadas conjuntamente às das pregas vocais, envolvendo a epiglote, a subglote, as cavidades ventriculares, etc. Podem adquirir o aspecto de um volumoso granuloma irregular (tuberculoma).

**Tratamento reeducativo**

Após a cura bacteriológica da tuberculose laríngea, o *tratamento reeducativo* eliminará, neste como em outros casos, o eventual comportamento de esforço, sobretudo se houver seqüelas fibrosas. As manipulações laríngeas serão, às vezes, úteis nos exercícios de fonação.

### *Tratamento*

Com tratamento antibiótico, a disfonia e a dor na deglutição regridem de forma extraordinária, ao mesmo tempo em que as lesões laríngeas perdem seu caráter secretante.

A regressão das lesões ocorre em seguida mais lentamente, deixando cicatrizes fibrosas responsáveis por uma disfonia definitiva, relativamente marcada. A fibrose cicatricial pode inclusive bloquear uma aritenóide, o que deve ser levado em conta no momento de um eventual tratamento reeducativo.

## Sífilis laríngea

O tratamento antibiótico com penicilina fez praticamente desaparecer a sífilis laríngea. Manifestava-se essencialmente no período secundário da doença por uma disfagia e uma disfonia com lesões de eritema inflamatório de erosão e de hiperplasia pseudopoliposa verificáveis no exame laringoscópico.

Na fase terciária da doença, observavam-se lesões passíveis de atingir a subglote, descritas tradicionalmente sob quatro aspectos: infiltração, goma, úlcera viscosa e hiperplasia (Figura 1.4).

Atualmente, a associação da sífilis laríngea com a infecção pelo vírus da HIV acelera a evolução da doença, na qual as lesões laríngeas adquirem um aspecto granulomatoso. O diagnóstico baseia-se na anamnese e na anatomopatologia.

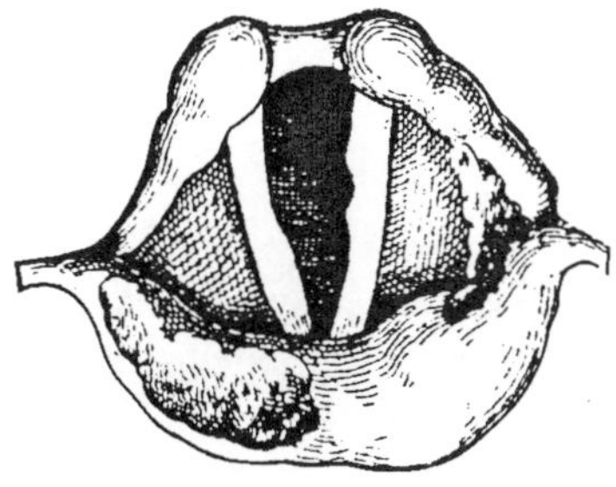

➤ **Fig. 1.3**

**Ulcerações da epiglote e do vestíbulo (segundo Aubry e Lemariey).**

## Outras laringites específicas

Citaremos simplesmente a sarcoidose e as micoses que integram o quadro das laringites granulomatosas e cujo diagnóstico depende do exame geral e anatomopatológico.

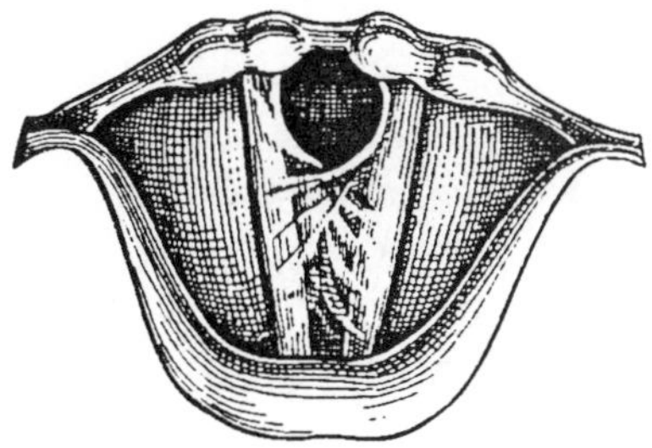

➤ **Fig. 1.4**

**Estreitamento sifilítico da laringe (segundo Aubry e Lemariey).**

## LEITURAS SUGERIDAS

FRANÇOIS M. Aspects actuels de la papillomatose laryngée de l'enfant. *Revue de la Société française d'ORL* 1990 ; 5 : 23-28.

PINSON L, TRAISSAC L, MATTERNE P, ROCHE JC, PATRIS D. Résultats concernant le traitement par immunothérapie des papillomatoses infantiles graves. *Rev Laryngol* 1976 ; 97, 9/10 : 371-378.

PERRIN C *et al. Leucoplasies et dysplasies des cordes vocales.* Paris : Arnette, 1985.

TRAISSAC L. Le papillomatose laryngée. *Rev Laryngol* 1987 ; 108, 4 : 285-286.

VERHULST J *et al.* Les laryngites chroniques. Dossier d'enseignement nº 8. *Rev Laryngol* 1998 ; 119, 1 : 65-72.

ZANARET M *et al.* Tuberculose laryngée. *Encycl Med Chir* (Paris-France) 1992; ORL, 20646 B-10.

ZANARET M *et al.* Syphilis laryngée. *Encycl Med Chir* (Paris-France) 1992 ; ORL, 20646 A-10.

# Disfonia consecutiva a um traumatismo laríngeo

# 2

A laringe é exposta a traumatismos variados, mais ou menos violentos, por via externa ou interna, com conseqüências dramáticas que ameaçam a vida, a respiração e a voz. Felizmente, esses traumatismos são bastante raros, mas as seqüelas respiratórias e vocais podem ser muito debilitadoras, exigindo cuidados prolongados.

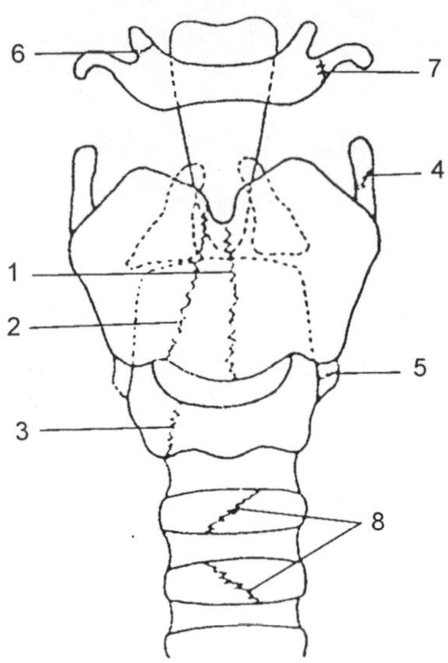


➤ Fig. 2.1

**Traços de fratura clássica da laringe, da traquéia e do osso hióideo (segundo R. Charachon).**

1. Fratura mediana da cartilagem tireóide.
2. Fratura paramediana da cartilagem tireóide.
3. Fratura pré-articular da cartilagem cricóide.
4. Fratura do corno superior da cartilagem tireóide.
5. Fratura do corno inferior da cartilagem tireóide.
6. Fratura do corno menor do osso hióideo.
7. Fratura do corno maior do osso hióideo.
8. Fratura oblíqua do primeiro e do segundo anéis traqueais.

## TRAUMATISMOS EXTERNOS

### Traumatismos externos fechados

Os traumatismos fechados (os mais freqüentes) correspondem a agressões da laringe sem rompimento do tecido cutâneo e produzidas em *circunstâncias* variadas.

Citemos, no caso de acidentes de trânsito, o choque da laringe na borda superior do volante, ou o do encosto do banco da frente para o passageiro de trás. E ainda, o impacto da laringe contra um objeto qualquer, no caso do condutor de um veículo de duas rodas (bicicleta, motocicleta), projetado no acidente. Na prática de esportes, podemos citar, entre outros, o rompimento do cabo do ascensor (para esquiadores) ou do balanço. O traumatismo laríngeo pode ser resultante ainda de uma agressão de estrangulamento ou de um soco. Quanto ao clássico "enforcamento", pode resultar igualmente em lesões laríngeas mais ou menos graves.

Todos esses casos podem gerar contusões, hematoma, estiramento ou desinserção das pregas vocais, fraturas das cartilagens laríngeas (Figura 2.1), particularmente da cartilagem tireóide, podendo chegar até ao esmagamento da laringe. Pode-se observar também uma paralisia recorrencial por secção, compressão ou estiramento do nervo recorrente ou uma luxação aritenóidea.

#### *Clinicamente*

O traumatismo pode resultar, no momento do acidente, em uma crise de inconsciência, espasmo laríngeo ou dispnéia intensa, ameaçando o prognóstico vital. Dispnéia, deglutição dolorosa, disfonia (e até afonia) serão os distúrbios mais freqüentemente constatados nos dias seguintes. A longo prazo, o problema será constituído principalmente por insuficiência respiratória e disfonia.

#### *No plano fônico*

Pode-se constatar uma afonia completa com voz sussurrada, forçada, de timbre sibilante, uma voz muito rouca ou surda, com comportamento significativo de esforço ou ainda uma voz superaguda e estridente de caráter inestético.

O traumatismo laríngeo é normalmente acompanhado por um traumatismo psicológico bastante particular, resultante de uma perda de confiança na habilidade do órgão fonatório, o que gera, por sua vez, fenômenos de inibição vocal relativamente graves.

Quando um traumatismo craniano com coma estiver associado a um traumatismo laríngeo, a reeducação será, muitas vezes, difícil devido à perda de concentração mental característica dos traumatismos cranianos.

#### *Evolução*

A evolução do distúrbio respiratório e/ou vocal será freqüentemente muito longa (vários anos). Às vezes, o paciente sofrerá intervenções múltiplas, tais como explorações cirúrgicas, traqueotomia, calibragens, enxertos, tentativas de reconstituição, laringectomia parcial, etc. Essas intervenções visam, acima de tudo, a restabelecer uma cadeia respiratória satisfatória. A melhora respiratória resulta com freqüência, infelizmente, mesmo com reeducação, em uma diminuição dos desempenhos vocais. Na verdade, se a função respiratória reclama uma melhor abertura da laringe, a função vocal necessita de uma melhor possibilidade de fechamento.

### Traumatismos externos abertos

Mais raros são os traumatismos laríngeos externos abertos, isto é, produzidos por rompimento do revestimento cutâneo. Apresentam, devido a isso, uma ferida mais ou menos extensa, propensa a uma infecção. Ocorrem principalmente por uma agressão ou por uma tentativa de suicídio. Podem ser observados também em acidentes de trânsito ou de trabalho.

As feridas com arma branca podem resultar em uma ruptura traqueal com secção de um nervo recorrente ou dos dois, bem como com secção do nervo laríngeo superior.

As feridas com objetos pontudos ou com projéteis provocam lesões mais complexas, cuja exploração cirúrgica é mais difícil. O risco infeccioso de condrite ou estenose deve então ser temido, sobretudo se a intervenção cirúrgica não foi realizada com urgência. O traumatismo psicológico pode ser grande para esses pacientes que estiveram muito perto da morte.

No plano fônico, os traumatismos externos podem resultar, como os anteriores, em uma grave disfonia com grande desperdício de ar, e até mesmo em uma afonia completa.

**Reeducação vocal**

A técnica de reeducação vocal (cf. *A voz*, Volume 4) que deve ser proposta nos casos de traumatismos externos da laringe (abertos ou fechados) depende, evidentemente, das lesões residuais e particularmente das eventuais secções musculares e sobretudo nervosas. Seus procedimentos serão análogos àqueles propostos na falta de mobilidade das pregas vocais (cf. Capítulo 3).

Em caso de paralisia recorrencial dupla, o paciente talvez deva ser advertido de que sua afonia é definitiva. É aconselhável, no entanto, informá-lo que uma voz de substituição aceitável é perfeitamente possível em tal caso, utilizando as pregas ventriculares ou o contato da face posterior da epiglote contra uma aritenóide ou uma prega ariepiglótica.

## TRAUMATISMOS INTERNOS

Trata-se mais freqüentemente de agressões laríngeas consecutivas a um ato cirúrgico. Fala-se então de traumatismos *iatrogênicos*. Dessa forma, as lesões laríngeas podem resultar de uma intervenção cirúrgica que envolva a cadeia respiratória, de uma intubação, do exame prolongado com uma sonda nasoesofágica ou, acidentalmente, de uma intervenção microcirúrgica por uma lesão benigna da laringe. Outras etiologias, porém, são possíveis: queimaduras da laringe por inalação de vapores ou de produtos cáusticos, radioterapia cervical ou traumatismo vocal.

### Disfonia após cirurgia da cadeia respiratória

A função respiratória pode ser alterada por uma *estenose* laringotraqueal cuja origem é diversa: traumática, congênita, neurológica, etc. Intervenções cirúrgicas ou

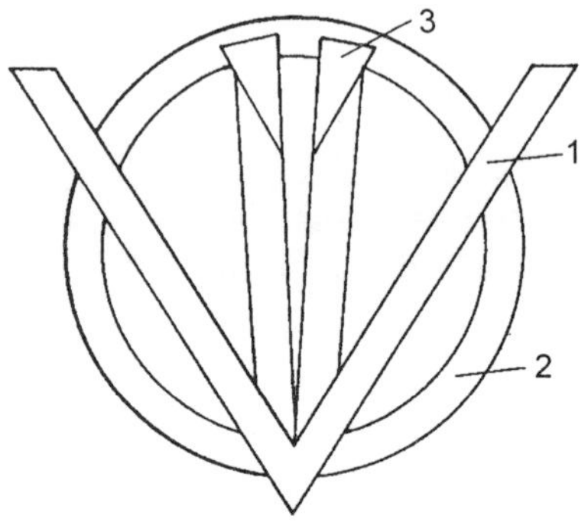


➤ a

Espaço glótico estreitado.

1. Asa tireóidea.
2. Arco cricóideo.
3. Aritenóide.

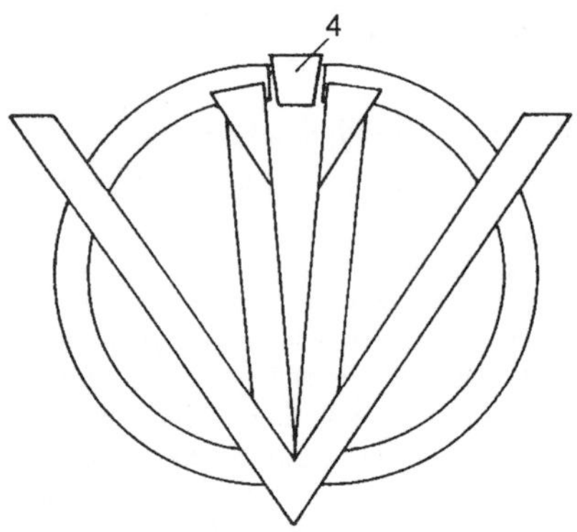


➤ b

Alargamento do espaço glótico por interposição de um enxerto.

4. Enxerto interposto na parte de secção da lâmina cricóidea.

➤ **Fig. 2.2**

**Intervenção de Rhéti (representação bem esquemática).**

procedimentos de calibragem são, às vezes, necessários nesses casos. Devem garantir as necessidades respiratórias da vida comum, e também – sobretudo no jovem – tornar possível o esforço físico. "A multiplicidade dos procedimentos descritos para obter-se um diâmetro laringotraqueal satisfatório mostra bem as dificuldades de uma escolha relacionada à variedade das lesões estenosantes" (H. Laccourreye). Falaremos um pouco sobre alguns desses procedimentos mais conhecidos.

## *Intervenções devido à estenose*

A *intervenção de Rhéti* (Figura 2.2) propõe-se-á alargar o espaço glótico, seccionando verticalmente a lâmina cricóidea e interpondo um enxerto cartilaginoso entre os dois fragmentos. O enxerto pode ser substituído por uma prótese dilatadora, mantida no lugar durante alguns meses. A esse alargamento posterior, acrescenta-se a secção na parte dianteira do arco cricóideo.

A *intervenção de King* (ou aritenoidopexia via externa) consiste em desarticular uma aritenóide e fixá-la à asa tireóidea homolateral por meio de fios metálicos.

Pode-se ainda praticar uma *aritenoidectomia* (ablação completa de uma cartilagem aritenóide), instrumental ou a *laser*, ou uma *cordopexia* (fixação de uma prega vocal à asa tireóidea homolateral) via endoscopia.

Essas intervenções e algumas outras permitem restaurar mais freqüentemente uma função respiratória satisfatória, mas essa restauração é feita com algum custo para a função fonatória podendo resultar em afonia completa e durável.

Espontaneamente, no entanto, ou por meio da *reeducação vocal*, produções sonoras podem ser readquiridas. Estas podem ser geradas pela vibração da parte anterior das pregas vocais, com vazão de ar posterior, o que resulta numa voz surda e ofegante. Podem ser geradas também pela vibração de estruturas supraglóticas: pregas ventriculares, por exemplo, ou face posterior da epiglote em contato com a face interna de uma aritenóide, o que resulta em uma voz mais rouca e grave, como no caso de certas laringectomias parciais que estudaremos mais adiante.

Dificuldades vocais podem resultar igualmente da utilização de *tubos de calibragem*, tal como o tubo de *Montgomery* (Figura 2.3). Esse tubo em silicone apresenta uma parte vertical longa intratraqueal que se insere para cima, entre as pregas vocais e uma parte horizontal curta, diante do orifício da traqueotomia, neste caso, necessária. A vibração das pregas vocais não pode ser produzida devido à presença do tubo no espaço glótico. A fonação é possível, porém, obstruindo-se com o dedo a parte horizontal do tubo, pela vibração das pregas ventriculares ou, havendo falha destas, pela vibração de outras estruturas supraglóticas, como nos casos anteriores. Havendo ablação do tubo, necessita-se de uma reeducação vocal a fim de permitir às pregas vocais, após alguns meses de imobilização, retomar sua função.

## *Traqueotomia*

A *traqueotomia* consiste em criar um orifício respiratório na parte anterior do pescoço, geralmente entre o segundo e o terceiro anéis traqueais. Esse orifício (o traqueostoma) é mantido aberto graças a uma cânula de metal ou de matéria plástica. Essa intervenção é realizada em caso de necessidade respiratória quando uma entubação é impossível. "Quando uma cânula de traqueotomia é colocada e mantida aberta durante um longo período, as pregas vocais não ficam mais mobilizadas regularmente, não apenas pela atividade fonatória, mas ainda na respiração e, desse modo, uma ancilose cricoaritenóidea deve ser temida" (J.M. Pelisse). Sabe-se, de fato, que no sono leve, as pregas vocais são animadas por discretos movimentos, mas estes desaparecem em caso de traqueotomia. As posturas cotidianas de mobilização cervical são suscetíveis de prevenir uma ancilose, cujas conseqüências podem ser catastróficas para a voz.

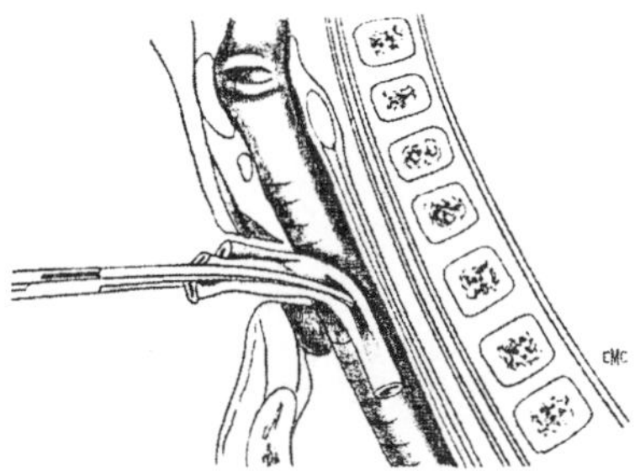

➤ Fig. 2.3
**Colocação de um tubo de Montgomery (segundo H. Laccourreye et al.).**

## Disfonia após entubação

Utiliza-se com muita freqüência a entubação em intervenções cirúrgicas para garantir a proteção das vias respiratórias inferiores e facilitar a anestesia. A entubação é igualmente realizada nas situações de urgência respiratória e na reanimação.

As complicações laríngeas não são raras. Ocorrem, inicialmente, nos casos em que a entubação foi realizada com urgência em condições difíceis, podendo a introdução da sonda laríngea provocar, por exemplo, uma *luxação* de uma aritenóide. Outras lesões podem resultar de uma intubação prolongada, podendo a presença da sonda provocar irritação e infecção da mucosa. Por fim, a dilatação do balão que envolve a sonda, destinada a garantir a estagnação, pode alterar a mucosa subglótica ou provocar lesões nervosas (compressão recorrencial).

As complicações resultantes da entubação podem ser precoces ou tardias.

### *Complicações precoces*

Precocemente, isto é, nos dias que se seguem à entubação, a rouquidão é bastante freqüente, mesmo sem nenhuma lesão laríngea. Mas se pode observar, às vezes, um *hematoma* numa prega vocal com uma disfonia marcada. O hematoma e a disfonia que o acompanha regridem em geral espontaneamente em alguns dias. Nesse momento, entretanto, sobretudo se o paciente for inquieto e mal-informado, pode ocorrer um comportamento de contenção ou de esforço vocal com aumento de duração da disfonia, apesar da regressão completa do hematoma. É importante ter essa noção para conduzir bem o tratamento reeducativo.

Mais raramente, podem-se observar *lacerações* das pregas que curam, em geral, sem seqüelas, ou a luxação de uma articulação cricoaritenóidea. Essa última apresenta como sintoma uma deglutição dolorosa e uma disfonia mais ou menos marcada. No exame laringoscópico posterior a aritenóide atingida aparece imóvel, edematosa e virada freqüentemente para frente. Procedimentos de redução instrumental dessa luxação podem ser tentados sob anestesia geral (Chevalier-Jackon).

### *Complicações tardias*

Mais tardiamente, ou seja, várias semanas após a entubação, é possível observar a persistência da disfonia. Esta, talvez muito variável, pode ir de uma pequena alteração do timbre à afonia completa. Pode ser explicada, primeiramente, por lesões laríngeas secundárias, mas pode existir também sem qualquer lesão orgânica.

No primeiro caso, o exame laringológico pode revelar *ulcerações* da mucosa na apófise vocal de uma aritenóide que se estende, às vezes, até a mucosa, recobrindo a articulação cricoaritenóidea e podendo ser acompanhada por uma artrite que bloqueia a aritenóide, o que resulta na imobilidade da prega vocal. Podem aparecer *granulomas*, seja nas apófises vocais, seja na face interna das aritenóides, seja na região interaritenóidea. Uma *sinéquia* pode se formar na parte anterior das pregas vocais, diminuindo o comprimento da fenda glótica. A sinequia pode igualmente resultar da junção das apófises vocais, aparecendo então unidas como por uma *ponte mucosa*.

A imobilização de uma aritenóide observada após entubação ainda é atualmente objeto de controvérsias. Essa imobilidade pode, com efeito, ser explicada ou por deficiência do nervo recorrente, ou por bloqueio mecânico da articulação cricoaritenóidea.

Pela *hipótese neurogênica*, têm-se as seguintes explicações:

– *elongação do ramo anterior do nervo recorrente* por hiperextensão da cabeça durante a entubação;

– *compressão isquêmica do nervo* no nível glótico pela sonda de entubação na comissura posterior, criando lesões inicialmente superficiais, depois mais profundas, acompanhadas de lesões inflamatórias;

– *subluxação* para fora da *apófise vocal* da aritenóide que, em indivíduos de laringe estreita, comprimiria o ramo anterior do nervo recorrente;

– balão da sonda comprimindo o nervo recorrente na subglote no nível da cricóide.

*A hipótese mecânica* encontra a explicação da imobilidade da prega vocal na existência de uma *fibrose subglótica* – invisível em laringoscopia – que bloqueia a articulação cricoaritenóidea.

A prática de exames eletromiográficos sistemáticos certamente permitiria verificar se se trata de uma ou outra explicação.

O tratamento dependerá evidentemente do tipo de lesão, mas não deverá negligenciar a desordem funcional que resulta da reação do indivíduo diante de seu próprio distúrbio.

No caso de o exame laríngeo não revelar nem lesão nem problemas de mobilidade, o distúrbio vocal puramente funcional pode ser explicado da seguinte forma: nos dias posteriores à entubação, lesões inflamatórias simples da mucosa laríngea puderam provocar uma alteração vocal mais ou menos significativa que seria somente passageira, como é o caso mais freqüente. Mas o medo de uma deficiência irreversível do órgão vocal devido a uma falha cirúrgica, sobretudo no indivíduo para o qual a voz tem uma grande importância, pode acarretar o agravamento da disfonia pela instalação de um comportamento reacional de esforço ou de retenção. Este é agravado por uma atitude reivindicativa mais ou menos consciente: o paciente não esperava por tal complicação, porque não fora prevenido.

**Informar**

Para o paciente preocupado com o seu futuro vocal e, particularmente, para aquele que apresenta uma atitude reivindicatória, a informação sobre o órgão da fonação e sobre o mecanismo de sua disfonia permite tranqüilizá-lo e esperar uma recuperação vocal quase imediata, mas que, na maioria das vezes, exige uma *reeducação* mais ou menos longa.

## Disfonia por sonda nasoesofágica

A conservação prolongada de uma sonda alimentar nasoesofágica pode gerar lesões da mucosa faringolaríngea por isquemia nos pontos de pressão. As lesões ocorrem sobretudo na face posterior da epiglote e no nível da parede faríngea posterior. Podem, entretanto, estender-se à região interaritenóidea e gerar uma alteração da voz juntamente com uma deglutição dolorosa que constitui o sintoma principal. Esses sintomas regridem em geral rapidamente com a retirada da sonda associada a um tratamento médico.

## Disfonia após microcirurgia laríngea iatrogênica

A microcirurgia laríngea endoscópica é indicada mais freqüentemente para lesões benignas da laringe, tais como pólipos, nódulos, cistos, etc. Pode ser realizada a *laser* ou por meio da instrumentação microcirúrgica.[1] Em geral, possibilita a restituição de uma mucosa laríngea normal, condição altamente favorável para o retorno de uma voz satisfatória. Certos acidentes suscetíveis de comprometer o prognóstico vocal, no entanto, podem ocorrer.

[1] Cf. *A voz*, Volume 4, Capítulo 2.

### Fissura cordal

Um primeiro acidente que pode ocorrer é a fissura cordal. Este acontece quando a tomada cirúrgica da lesão a ser extraída com a pinça não foi estritamente limitada à mucosa e lesou o ligamento vocal, e inclusive o músculo subjacente. Nesse caso, produz-se uma retração cicatricial que resulta, conforme se vê no exame laringoscópico, em uma perda de substância que entalha a borda livre da prega vocal e acarreta uma perda de flexibilidade da mucosa adjacente. Paralelamente, nota-se uma alteração mais ou menos significativa do timbre vocal que se torna rouco. A disfonia que resulta do entalhe é em geral mais marcada do que a resultante da lesão que motivou a exérese. O tratamento deve ser reeducativo e, ao mesmo tempo, cirúrgico, observando que a reintervenção cirúrgica não pode ser considerada antes de um prazo de alguns meses. O resultado dessa reintervenção é ainda bastante aleatório. Quanto à reeducação vocal, possibilitará mais freqüentemente apenas uma melhora limitada.

### Sinéquia

Um segundo acidente possível é a constituição de uma sinéquia. Esta resulta da junção de uma porção da borda livre de uma prega vocal contra a porção correspondente da borda livre da prega vocal oposta. A sinéquia pode atingir a comissura anterior quando esta foi tocada pela intervenção (Figura 2.4a). Essa sinéquia apresenta-se como uma membrana cuja borda (livre) é estreita, mas cuja espessura aumenta consideravelmente junto à comissura anterior (Figura 2.4b). Pode ser mais ou menos extensa para trás, estreitando o espaço glótico que pode, em último caso, apresentar-se na forma de um orifício ovalado de grande eixo transversal (Figura 2.4c).

A sinéquia pode, em outros casos, limitar-se à parte mediana das pregas vocais quando a intervenção for bilateral. A superfície aberta de uma prega vocal é então soldada à superfície aberta da prega vocal oposta num comprimento variável, às vezes, muito reduzido ou mesmo puntiforme, permanecendo as comissuras anterior e posterior livres (Figura 2.5).

*No plano fônico*, a sinéquia traduz-se, de um lado, por uma falha de intensidade e, de outro, por uma elevação da altura tonal. Isso resulta numa voz "estridente" de caráter, muitas vezes, inestético, principalmente no homem. Freqüentemente, observa-se um comportamento de esforço. Às vezes, o indivíduo opta pelo registro de falsete; às vezes, ao contrário, descobre as pregas ventriculares, o que não é necessariamente uma má eventualidade.

O tratamento cirúrgico das sinéquias anteriores é bastante decepcionante, tendo esta uma tendência a se reproduzir após a intervenção. "Tentar curar uma sinéquia é sempre uma aventura, às vezes, dividida em episódios" (Ch. Frèche). Múltiplos procedimentos foram propostos para evitar essa recidiva (cf. *A voz*, Volume 4, Capítulo 2), apresentando resultados variáveis.

**Tratamento reeducativo**

O *tratamento reeducativo* (cf. *A voz*, Volume 4), após microcirurgia laríngea iatrogênica, constitui um auxílio muito importante. Às vezes, as manipulações laríngeas permitem ao indivíduo descobrir possibilidades vocais relativamente satisfatórias. Em contrapartida, no caso de uma sinequia que envolva a parte mediana da glote (Figura 2.5), a voz, com sua intensidade e seu timbre muito alterados, pode voltar completamente ao normal com a intervenção cirúrgica.

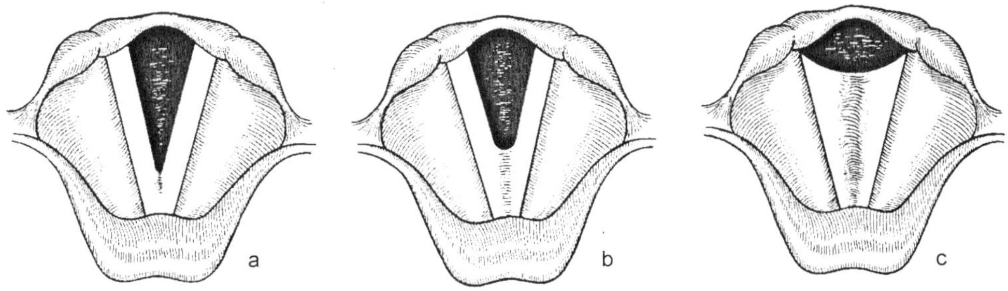


➤ **Fig. 2.4**
**Sinéquias da comissura anterior.**

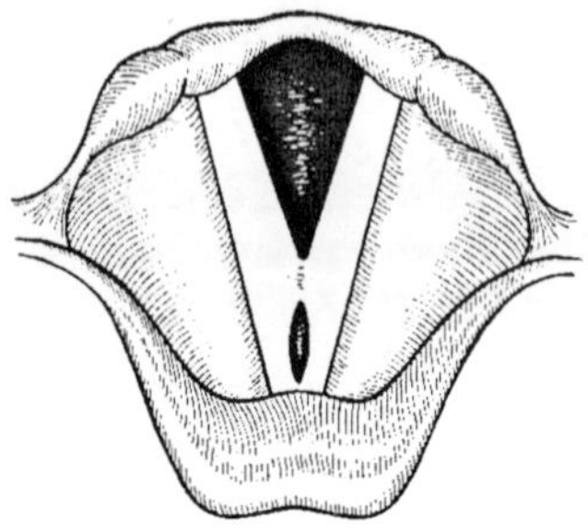

➤ **Fig. 2.5**

**Sinéquia da parte mediana da glote.**

### *Imobilização de uma prega vocal*

Um terceiro acidente constitui-se pela *imobilização de uma prega vocal* devido a uma deficiência da articulação cricoaritenóidea e à reação fibrosa periarticular. Esse caso de imobilidade da prega vocal será tratado no próximo capítulo.

## Disfonia após queimadura da laringe

As queimaduras da laringe propriamente ditas podem ser provocadas pela inalação de fumaças quentes e sobretudo vapores. Eventualmente, podem resultar da inflamação da sonda traqueal durante uma intervenção laríngea a *laser*. Pode se tratar ainda de uma agressão causada por agentes químicos na ingestão acidental de produtos cáusticos. E também podem ser observadas queimaduras laríngeas nos engolidores de fogo.

As lesões laríngeas são muito variáveis. Às vezes, limitam-se à borda, provocando, em outros casos, perdas de substâncias e destruições cartilaginosas mais ou menos grandes. Estenoses laríngeas podem resultar disso, exigindo intervenções repetidas de calibragem, que, por sua vez, acarretam alterações vocais, muitas vezes, significativas, podendo ir até a afonia completa.

Lembremos uma outra causa de agressão química da laringe, o refluxo gastroesofágico (RGE) que provoca a irritação da borda da laringe, às vezes, apresentando *úlcera* e *granuloma*[2] na aritenóide.

## Disfonia após radioterapia

A irradiação da região cervical para fins terapêuticos provoca normalmente reações inflamatórias na mucosa laríngea, constituindo a *radiomucite*. Esta aparece, em geral, do 15º ao 20º dia após a irradiação. Manifesta-se por uma deglutição dolorosa, uma secura na boca e uma alteração variável do timbre vocal com agravamento da altura tonal.

No exame, observam-se uma mucosa laríngea vermelha e a presença de edema, atingindo preferencialmente a borda laríngea, as pregas ventriculares e as aritenóides.

As lesões regridem após o término do tratamento dentro de algum tempo, ocasionando geralmente o retorno de uma voz normal. Entretanto, em 5% dos casos aproximadamente, a alteração vocal persiste com fatigabilidade e deficiência de maneabilidade vocal associadas ou não às alterações laríngeas, tais como *edemas residuais, fibrose, ancilose articular*, etc.

## Disfonia após traumatismo vocal

Como vimos no Volume 2, ao estudar as laringopatias disfuncionais, uma emissão vocal intensa e repentina, por ocasião de um grande susto ou de uma fúria brusca, pode resultar em um *hematoma* da prega vocal ou, no máximo, em uma chicotada laríngea, ocasionando uma ruptura do músculo vocal. Um traumatismo menos violento pode gerar um pólipo ou um pseudocisto seroso. Quanto ao traumatismo crônico, lembremos que pode provocar a constituição de nódulo(s) ou, com menos freqüência, a formação de úlceras e de granulomas da aritenóide.

[2] Cf. *A voz*, Volume 2.

### Tratamento reeducativo

Seja um traumatismo interno ou externo, o tratamento reeducativo das disfonias causadas por traumatismo laríngeo começará, mais neste caso do que em outros, pela *informação ao paciente*. Este deverá ter uma idéia clara e concreta do que é seu órgão vocal, das lesões que apresenta e de suas possibilidades de recuperação.

Para esses traumatismos – deixando de lado o caso dos traumatismos vocais –, a técnica reeducativa é muito semelhante àquela praticada nas *imobilidades laríngeas*, e especialmente àquelas ocasionadas por uma *paralisia recorrencial*[a]. Aqui, no entanto, não há dados precisos quanto aos movimentos de compressão laterocervicais. A única regra é tentar realizar o que realmente funcione ("Vai-se em busca do som!").

Como na paralisia recorrencial, tenta-se conseguir a produção de sons tão musicais quanto possível, executados com o mínimo de esforço em tonalidades determinadas. O desejo de obter um volume tonal alto deve ser intercalado e substituído pela preocupação em ajustar a tonalidade com precisão. O problema do volume será mais fácil de resolver posteriormente.

A prática de relaxamento (cf. *A voz*, Volume 4) será, muitas vezes, necessária, mas, assim como na paralisia recorrencial, iniciará somente após algumas sessões.

A cinesioterapia cervical com objetivo foniátrico[b] será útil em certos casos para evitar a ancilose das articulações laríngeas e, particularmente, a das articulações cricoaritenóideas.

[a] Cf. Capítulo 3.

[b] Cf. *A voz*, Volume 4.

## LEITURAS SUGERIDAS


CHABOLLE F. *Les sténoses laryngées et trachéales non tumorales de l'adulte. À propos de 145 cas.* Paris: Thèse de médecine, 1983.

CHARACHON R. *Traumatismes du larynx.* Paris: Éditions scientifiques et médicales Elsevier, 1969.

DE SAXE H, DECUGNIÈRE V. *Les traurnatismes externes mécaniques du larynx et leurs séquelles phonatoires.* Paris: Mémoire d'orthophonie, 1988.

DUTOIT MARCO ML, SCHWANDER D. Complications laryngeés de l'intubation endotrachéale. *Ann Fr Anesth* 1987 ; 6: 182-184.

FABRE A, MÉNARD M, LACAU ST-GUILY J, BRASNU D, LACCOURREYE H. Traumatismes externes du larynx. *Encycl Med Chir* (Paris-France) ; ORL, 20720 A-10 : 2-1987.

FRACHET B, MORGON A, LEGENT, F. *Larynx postradiothérapie. Pratique phoniatrique en* ORL. Paris: Masson, 1992.

GUERRIER Y *et al.* Les traumatismes externes du larynx. *Les Cahiers d'ORL* 1979 ; 14, 8 : 767-788.

LACAU ST-GUILY J, FABRE *A*, LACCOURREYE H. Traumatismes iatrogènes du larynx. *Encycl Med Chir* (Paris-France) ; ORL, 20720 A-30: 2-1987.

LACCOUREYE H, CHABOLLE F, BRASNU D, LACAU ST-GUILY J. Les immobilités laryngées après intubation. *Annales d'ORL* 1984 ; 101 : 253-259.

LACCOURREYE H, MÉNARD M, LACCOURREYE O. *Chirurgie des sténoses laryngo-trachéales de l'adulte.* Paris : Éditions scientifiques et médicales Elsevier, 1993. Tête et cou ; 46, 390.

MONTGOMERY WWT. Tube tracheal stent. *Arch Otolaryngol* 1965 ; 82 : 320-321.

PELISSE JM, DEMALDENT JE, PERLES B.Traitement des sténoses laryngo-trachéales graves. *Ann Otolaryngol* 1980 ; 97, 9 : 675-683.

PILIER *et al.* Les traumatismes externes du larynx. Notre experience à propos de 55 cas. *Revue de laryngologie* 1991 ; 112, 3 : 199-204.

RETHI A. An operation for cicatricial stenosis of the larynx. *J Laryngol Otol* 1956 ; 70: 283-293.

TRAISSAC L *et al.* Les traumatismes du larynx. *À* propos de 21 cas. *Les Gahiers d'ORL* 1979 ; 14, 8 : 805-813.

VERHULST J, CROS AM, ESTEBEN, LARGUEINIE A, ARNE P. Les paralysies récurrentielles post-intubation. *Revue de laryngologie* 1982 ; *103,* 2.

VERHULST J. *et al.* Les complications Laryngées et trachéales de l'intubation prolongée. *Revue de laryngologie* 1992 ; *113,* 4.

VILENSY G., DUVERGER D. *Contribution aux études portant sur l'épidémiologie et le devenir des immobilisations laryngées* (à *propos de 26 cas).* Paris: Mémoire d'orthophonie, 1989 : 115-122.

# Disfonia relacionada a uma falta de mobilidade das pregas vocais

# 3

O diagnóstico de falta de mobilidade tanto uni quanto bilateral das pregas vocais exige, obviamente, um exame laringoscópico realizado com espelho ou com fibroscópio. Embora evidente, isso deve ser lembrado!

## FALTA DE MOBILIDADE UNILATERAL

Freqüentemente, a falta de mobilidade de uma prega vocal está relacionada a uma lesão do nervo recorrente (ou nervo laríngeo inferior). Por isso, na presença de uma imobilidade unilateral, fala-se logo de paralisia recorrencial. Trata-se de um exagero, pois muitas imobilidades laríngeas são explicadas pelo distúrbio do órgão laríngeo sem que haja qualquer complicação de sua inervação.

A imobilidade de uma prega vocal pode ser total ou parcial.

Quanto à paralisia do nervo laríngeo superior, resulta não em uma deficiência da mobilidade, mas em um defeito de tensão da prega vocal. Isso será tratado no Capítulo 9 junto com as disartrias.

A imobilidade de uma prega vocal é conhecida desde a Antigüidade. Galien observava, já no segundo século de nossa era, que a secção do nervo recorrente resulta na perda da voz. Mais próximo de nós, Traube, em 1861, início da era laringoscópica, foi o primeiro a observar uma paralisia recorrencial esquerda num paciente que apresentava um aneurisma aórtico.

Mais freqüente, de fato, é a deficiência do nervo recorrente que é responsável pela imobilidade de uma prega vocal. Essa deficiência neurogênica pode ser causada por uma lesão orgânica localizada em um ponto qualquer do trajeto recorrencial, desde o núcleo ambíguo (origem do nervo pneumogástrico, X) no bulbo raquidiano até suas terminações nos músculos laríngeos.

Pode, entretanto, tratar-se de lesões do próprio órgão vocal, lesões que impedem mecanicamente a mobilidade laríngea, tais como uma artrite cricoaritenóidea, um traumatismo ou um tumor que bloqueie mais ou menos o movimento da prega vocal.

A falta de mobilidade de uma prega vocal resulta mais freqüentemente na imobilidade completa (imobilidade total) desta. Nesse caso, nenhum movimento ativo da prega vocal aparece nas tentativas de fonação. Pode tratar-se, entretanto, somente de uma redução de mobilidade (imobilidade parcial), manifestando-se no exame laringoscópico por um movimento de abdução-adução menos visível em relação ao do lado sadio.

Observemos, finalmente, a possibilidade de uma imobilidade intermitente: havendo imobilização da prega vocal somente após algumas tentativas fonatórias e uma imobilidade dita "*caprichosa*", alternando o lado de um exame laringoscópico a outro, evocando a origem disfuncional ou psicogênica do distúrbio vocal.

A falta de mobilidade de uma prega vocal pode-se manifestar clinicamente por distúrbios *vocais*, *respiratórios* e da *deglutição*.

## Paralisia recorrencial (PR) unilateral isolada

### *Etiologia*

O nervo recorrente pode ser atingido, como vimos, por uma lesão situada num ponto qualquer de seu percurso que, sabe-se, é diferente conforme se trata do recorrente direito ou do recorrente esquerdo.

*Revisão:* à direita, o nervo recorrente parte do pneumogástrico (X) na base do pescoço, no nível da artéria subclavicular. Contornando esta, sobe, em seguida, rumo à laringe, seguindo a borda direita da traquéia e do esôfago. O trajeto do nervo recorrente esquerdo é maior. De fato, ele parte do X no tórax, no nível do arco da aorta. Contornando esta, sobe em direção à laringe, seguindo a borda esquerda da traquéia. Tanto à direita como à esquerda, um pouco antes de chegar à laringe, cada nervo recorrente segue pela face posterior do pólo inferior do lóbulo lateral da glândula tireóidea.

Esquematicamente, a lesão causal pode estar situada no *pescoço* (afecções e cirurgia do corpo tireóideo especialmente), no *tórax* (câncer brônquico, aneurisma, estenose mitral, afecção ganglionar) e ao longo do trajeto do *esôfago*.

Essa lesão pode ser de ordem traumática, pode resultar da compressão devido à lesão benigna ou maligna de um órgão adjacente ou corresponder a uma *neurite* ou a um neurinoma, isto é, à lesão do próprio nervo.

#### LESÃO TRAUMÁTICA

A lesão traumática do recorrente pode ser consecutiva a um acidente no contexto de um traumatismo aberto ou fechado com secção, compressão ou estiramento do nervo, como vimos no Capítulo 2.

Às vezes, a paralisia constitui-se apenas secundariamente, algumas horas ou alguns dias após o traumatismo, devido a um hematoma, e algumas semanas depois, devido à constituição de uma fibrose cicatricial.

Certas intervenções cirúrgicas apresentam um risco de estiramento para o nervo recorrente (tração dos afastadores cirúrgicos), de aquecimento (eletrocoagulação próxima demais ou em contato) e de secção (às vezes, inevitável em caso de câncer ou mais raramente acidental).

Esse risco afeta principalmente, em primeiro lugar, a cirurgia do corpo tireóideo e das paratireóides, depois, a curetagem das áreas ganglionares cervicais, a cirurgia dos divertículos carotídeos ou dos condutos carotídeos (glomo). Em relação ao recorrente esquerdo, convém acrescentar, além dessas, a cirurgia pulmonar e a do canal arterial. Ainda nesse caso, a paralisia pode ser imediata ou intervir somente nas seqüências operatórias em caso de hematoma ou de fibrose cicatricial.

Citemos, por fim, o traumatismo obstétrico, podendo haver um estiramento dos nervos recorrentes no momento do parto por fórceps.

#### COMPRESSÃO

A compressão do nervo recorrente pode ocorrer devido ao desenvolvimento de um nódulo tireóideo.

Um nódulo tireóideo é um tumor na maioria das vezes benigna, mas, às vezes, canceroso. A ecografia permite localizá-lo; seu volume é variável; pode ser múltiplo, possuindo, em geral, um invólucro que o cobre, Seu conteúdo pode ser homogêneo, heterogêneo e às vezes líquido. A cintigrafia realizada após a absorção de iodo radioativo permite saber se se trata de um nódulo frio, que não produz hormônio tireóideo, ou de um nódulo quente que o produz normalmente (eutireóideo) ou em excesso (adenoma tóxico). O nódulo tireóideo pode impedir o funcionamento de um nervo recorrente por *compressão*, se for muito volumoso, ou por *invasão* maligna do nervo, se for de natureza cancerosa.

Citemos por ordem de freqüência decrescente outras causas possíveis de compressão: câncer do esôfago, câncer dos brônquios, aneurisma do arco da aorta, estenose mitral.

#### NEURITE

Fala-se freqüentemente de neurite *a frigore* supondo-se que resulte de uma ataque viral. Sendo esta hipotética, a maioria dos autores prefere falar em paralisia de origem indeterminada. Há, no entanto, neurites autenticamente infecciosas (gripal, diftérica, malárica, etc.). Citemos ainda as neurites tóxicas ao chumbo (saturnino), ao cobre, ao arsênico, entre outros.

Lembremos, por fim, a discussão suscitada no capítulo anterior sobre as imobilidades laríngeas consecutivas à intubação laríngea, imobilidades interpretadas, conforme o autor, como neurogênicas (paralisia recorrencial) ou de origem mecânica (bloqueio da articulação cricoaritenóidea).

### Anamnese

#### PÓS-TIREOTOMIA

Estudaremos, primeiramente, o caso mais encontrado pelo fonoaudiólogo, o de uma imobilidade de uma prega vocal por lesão de um nervo recorrente após a tireoidectomia parcial devido a um nódulo tireóideo. O melhor, nesse caso, para a voz é que o paciente seja visto duas ou três semanas após a intervenção. Não é raro, entretanto, que um período de seis meses, ou até mais, seja esperado.

Devido à regressão espontânea quase freqüente do distúrbio vocal, um exame fonatório não é, infelizmente, sistematicamente solicitado. Trata-se de um dado lamentável. A ausência de retomada reeducativa acarreta, muitas vezes, o desenvolvimento progressivo de um comportamento de esforço que dificulta o trabalho reeducativo posterior, como no caso, por exemplo, em que o indivíduo, a contragosto, é orientado a utilizar a voz das pregas ventriculares. Por outro lado, aguardando o retorno espontâneo de sua voz, o indivíduo, sobretudo se necessita profissionalmente dela, atravessa uma fase de inquietude que aumenta a cada semana.

Na anamnese, o paciente observa que, ao acordar da anestesia, sua voz era particularmente fraca. Contando esse episódio de astenia pós-operatória, em geral, é somente alguns dias depois que ele se preocupa com a falta de eficiência vocal. Ressalta, freqüentemente, além disso, uma certa *asfixia*, bem como *falsas rotas* alimentares.

Teoricamente, as falsas rotas alimentares não deveriam ser produzidas na medida em que, sendo conservados os movimentos de elevação laríngea e de abaixamento epiglótico, a proteção das vias aéreas inferiores deveria ser garantida no segundo momento da deglutição. O fechamento glótico constitui, no entanto, na deglutição, um esfíncter de segurança. Esse fechamento reflexo impede a entrada na traquéia de gotículas de saliva ou partículas de alimentos que poderiam entrar no vestíbulo laríngeo. Normalmente, essas gotículas e essas partículas ficam retidas na junção das pregas vocais e são em seguida expulsas por movimentos discretos, como pigarrear ou tossir. Em caso de deficiência glótica, continuam seu trajeto em direção à traquéia. Devido à grande sensibilidade da mucosa traqueal, sensações de irritação muito intensas ocorrem, desencadeando acessos de tosse repetidos e violentos muito desagradáveis. Conseqüentemente, o medo dessas falsas rotas cria um comportamento de apreensão no momento da deglutição, atrapalhando o bom funcionamento de sua segunda fase e provocando precisamente as falsas rotas que o paciente tanto teme. É semelhante ao que ocorre na piscina com o aprendiz de mergulho, que, quanto mais teme se afogar mais engole água.

### OUTROS CASOS

Descrevemos detalhadamente como os distúrbios surgem e evoluem em caso de cirurgia tireóidea. O quadro clínico se apresenta, evidentemente, de maneira mais ou menos distinta quando se trata de uma outra etiologia.

Após uma complicada cirurgia torácica, por exemplo, com ablação de todo ou parte do pulmão esquerdo, o estado geral do paciente, em geral, não é tão bom e a asfixia que gera alguns problemas pode modificar imensamente a situação.

Na paralisia recorrencial *a frigore*, é face à negatividade de todos os exames complementares que o diagnóstico é realizado por eliminação. Uma certa inquietude pode então persistir na cabeça do paciente que pode sempre temer que uma causa, despercebida até então, manifeste-se de repente. A resolução dessa inquietude é nesse caso essencial.

Às vezes, a paralisia é intermitente e, após o exame laringoscópico, que mostra uma mobilidade normal, a disfonia pode ser considerada disfuncional. O fonoaudiólogo poderá talvez, nesse caso, suspeitar que o diagnóstico esteja errado segundo o timbre característico da voz durante os exercícios vocais ou por meio da constatação de uma melhor qualidade da emissão vocal conforme a cabeça esteja virada para um lado ou para o outro. O exame estroboscópico servirá então para confirmar ou não sua intuição.

Caso se trate de um traumatismo laríngeo por acidente de trânsito, a paralisia pode ficar submersa em um contexto de lesões múltiplas que ameaça o prognóstico vital. O problema vocal poderá então ficar relegado ao segundo plano.

A paralisia recorrencial pode estar ainda associada a outras crises nervosas implicando o VIII (neurilemoma acústico), o IX, o X, o XI e o XII, para mencionar síndromes complexas que abordaremos no Capítulo 9.

## *Sinais subjetivos*

Nas semanas que seguem à paralisia, o paciente sofre, inicialmente, com a *falta de eficácia* de sua voz. Mesmo no caso em que a tonalidade é subnormal, ele a sente "particularmente baixa". Ser ouvido em meio a barulho ou à distância, parece-lhe, de qualquer modo, totalmente impossível. De modo geral, a fonação torna-se, para ele, um exercício fatigante, e até mesmo insuportável. Freqüentemente, quando tem de manter uma conversa mais ou menos prolongada, deve interrompê-la devido a *sensações de tontura*.

O esforço espontâneo dispensado pelo paciente para compensar a falta de eficiência de sua voz resulta inevitavelmente em um grande desperdício de respiração pulmonar. A hiperventilação resultante disso determina um excesso de evacuação do gás carbônico ($CO_2$). Ora, a taxa de gás carbônico dissolvida no sangue intervém na regulação do grau de acidez sangüínea (pH). O desperdício de ar acarreta, em suma, uma alcalose. É essa alcalose sangüínea que está na origem da sensação penível de "pseudovertigem" e de fadiga que dá ao indivíduo a impressão de estar completamente sem ar. Essa sensação é análoga àquela que podemos ter, por exemplo, levantando-se após ter, por muito tempo, assoprado brasas para reanimar o fogo que se apagava. Tem como efeito interromper a respiração, o que permite eleva a taxa de $CO_2$.

O indivíduo queixa-se ainda de secreções e de sensações de corpo estranho resultando em movimentos irritantes de pigarro. Quanto à asfixia do início, pode persistir com sensação de peso torácico ou impressão de falta de ar. Esse incômodo global que afeta a respiração não tem outra causa senão a sensação de anomalia decorrente da modificação da cinética laríngea. Pode acarretar, às vezes, reações de pânico respiratório que podem ser muito desagradáveis.

## Sinais fônicos

### VOZ CONVERSACIONAL

É a alteração do timbre que chama a atenção desde o início. De fato, mais freqüentemente, a voz encontra-se fora do timbre, velada, dessonarizada de forma irregular no contexto de um *desperdício de ar* muito característico, a tal ponto que podemos, muitas vezes, supor uma paralisia, ao escutar as primeiras palavras emitidas pelo paciente. Além disso, observa-se uma nasalação que corresponde não a uma incompetência velar, mas sobretudo a um comportamento de retenção. Freqüentemente ainda, nota-se um timbre roufenho que adquire a forma da clássica *bitonalidade*.

A bitonalidade, chamada *diplofonia*, é tão característica da paralisia recorrencial que é comum esquecer que ela só se manifesta em dois terços dos casos aproximadamente. Ela consiste na superposição de duas alturas distintas "relacionadas harmonicamente" (G. Cornut), sendo que o segundo som está numa relação simples com o primeiro (1/2, 1/3 ou 1/4).

No homem, a altura tonal fica, geralmente, acima da média, com passagens freqüentes em registro de falsete. Em compensação, na mulher, fica abaixo da média, às vezes.

Essa diferença referente à altura tonal segundo o sexo pode ser explicada pela perda, na mulher, do registro agudo normalmente utilizado antes, ao passo que, no homem, os esforços vocais reacionais mal-adaptados resultam em produções no registro agudo até então nunca utilizados.

### VOZ PROJETADA

O teste da contagem projetada evidencia particularmente a falta de eficiência vocal. A intensidade da voz fica limitada, não passando nunca de 80 dB. Tal diminuição explica-se evidentemente pela falta de junção das pregas vocais. Os esforços do indivíduo resultam apenas em um aumento do desperdício de ar, bem como eventualmente no aparecimento ou na acentuação da bitonalidade.

Essas mesmas observações podem ser feitas para a voz de chamamento. Notemos, entretanto, que esta pode ser realizada de forma satisfatória em registro agudo.

### VOZ CANTADA

A voz cantada aparece com mais freqüência muito desorganizada. Pode ser totalmente impossível, quando objeto de um comportamento de retenção bem compreensível, em que algumas tentativas realizadas resultam em produções inesperadas, geralmente descritas como "horríveis" pelo paciente. Às vezes, o paciente pode produzir espontaneamente sons em registro agudo de muita qualidade.

TESTE DE COMPRESSÃO LÁTERO-CERVICAL

Serão obtidas muitas vezes, no decorrer do exame, produções vocais cantadas, depois faladas bastante satisfatórias por meio de certos movimentos de compressão látero-cervical que descreveremos ao abordar o tratamento reeducativo. Essas produções serão mais facilmente obtidas, primeiramente, no registro agudo.

### *Exame laringoscópico*

Praticado com espelho, fibroscopia nasal ou faringoscópio rígido, o exame laringoscópico comprova a imobilidade da prega vocal paralisada tanto na respiração quanto nas tentativas de emissão do som "e", bem como eventualmente num momento de tosse. No entanto, um movimento do ápice da cartilagem aritenóide é possível devido, provavelmente, à conservação da inervação da borda laríngea garantida pelo nervo laríngeo superior. Esse pequeno movimento pode dar a ilusão de um início de reinervação recorrencial e induzir a uma restituição *ad integrum* que a evolução posterior talvez não confirme.

A prega vocal pode ser imobilizada em posição *paramediana* (caso mais freqüente) ou em posição *intermediária* (Figura 3.1). Mais raramente, pode estar em posição de adução. Excepcionalmente, está em *hiperadução paradoxal*, estreitando mais ou menos assim a semiglote contralateral.

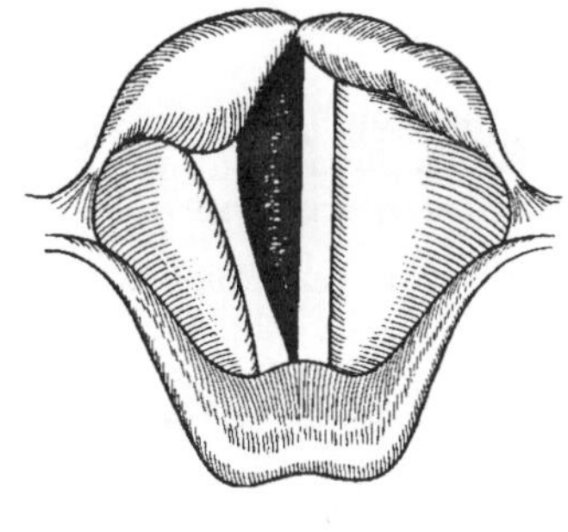

**➤ Fig. 3.1**

**Paralisia recorrencial direita em posição intermediária.**

Observar a báscula da aritenóide direita (à esquerda na figura) da qual se vê a face posterior, a incurvação da borda livre da prega vocal direita e uma leve hipertrofia da prega ventricular do mesmo lado.

Certamente seria interessante saber por que a prega vocal se imobiliza mais em uma posição do que em outra. Apesar das inúmeras pesquisas, infelizmente ainda é impossível saber se isso tem alguma significação. Sustentou-se, por outro lado, o que pode parecer lógico, que a imobilização em adução seria um mau prognóstico quanto ao tratamento reeducativo. Isso nem sempre é confirmado pela prática. É preciso observar ainda que a posição de imobilização é suscetível de evoluir, passando progressivamente da abdução à posição paramediana.

A borda livre da prega vocal imóvel pode parecer *incurvada* (à esquerda na Figura 3.1), o que demonstra sua hipotonia ou sua atrofia. É, no entanto, na maioria das vezes, perfeitamente retilínea.

Observa-se com freqüência, mas de modo inconstante, uma *báscula* da aritenóide do lado atingido para frente relacionada à paralisia do músculo cricoaritenóideo posterior que leva a um desnivelamento para baixo da prega vocal imobilizada.

Pode-se notar, finalmente, uma diferença de coloração das duas pregas vocais, sendo que a prega vocal paralisada – ou às vezes paradoxalmente a prega vocal sadia – apresenta um aspecto levemente inflamatório associado a um comportamento reacional de esforço.

Na *estroboscopia*, é possível observar a assimetria da vibração das pregas vocais com diminuição ou ausência de vibração da prega vocal imobilizada ou, ao contrário, e mais freqüentemente, com aumento da amplitude vibratória dessa mesma prega vocal. A hipotonia do músculo paralisado favorece, de fato, uma certa oscilação da massa muscular no fluxo de ar.

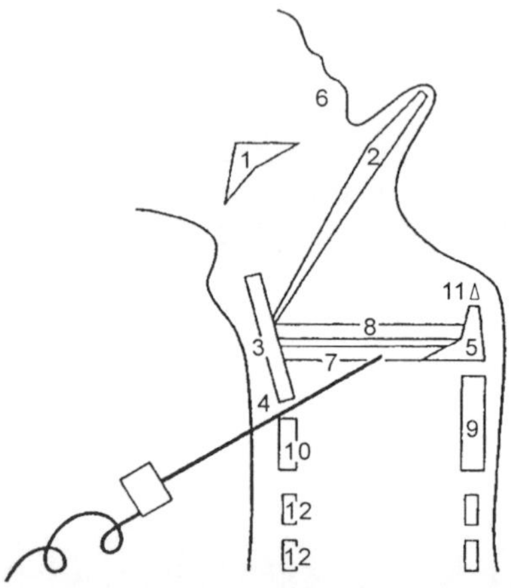


➤ **Fig. 3.2**

**Exame eletromiográfico. Observar a passagem da agulha no espaço intercricotireóideo.**

1. Osso hióideo. 2. Epiglote. 3. Cartilagem tireóide. 4. Espaço intercricotireóideo. 5. Cartilagem aritenóide. 6. Base da língua. 7. Prega vocal. 8. Prega vestibular. 9. Pedra cricóide. 10. Arco cricóide. 11. Cartilagem corniculada. 12. Anel traqueal.

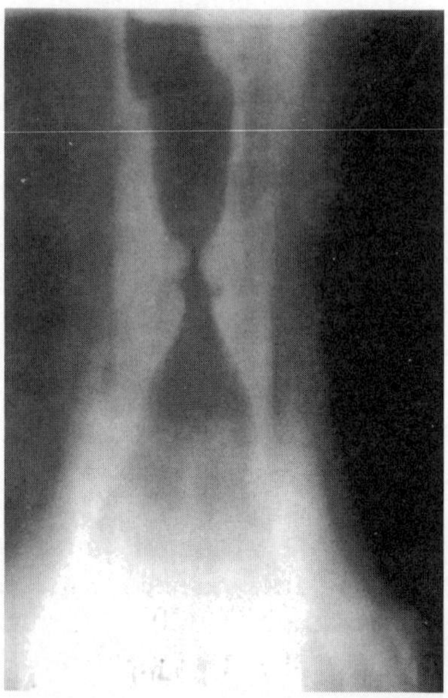

➤ **Fig. 3.3**

**Tomografia: abaixamento da prega vocal esquerda (à direita na imagem).**

## *Exames paraclínicos*

### EXAME ELETROMIOGRÁFICO

O exame eletromiográfico, em geral, é realizado somente quando há dúvida sobre o diagnóstico. Trata-se, de fato, de um exame que pode ser, às vezes, malsuportado pelo paciente. É praticado atualmente por via externa, sem anestesia, introduzindo-se uma agulha monopolar no espaço cricoaritenóideo passando alguns milímetros da linha mediana (Figura 3.2).

Inicialmente, é constatada a integridade do músculo cricoaritenóideo (inervado pelo nervo laríngeo superior). Em seguida, após ter perfurado a membrana cricoaritenóidea, a agulha é conduzida pelo músculo vocal (tireoaritenóideo inferior). Observa-se nesse nível um traçado de enervação. Este é caracterizado, em repouso, por potenciais de fibrilação e, durante tentativas fonatórias ou inspiratórias, por uma ausência de traçado de contração voluntária que marca a enervação total ou por alguns potenciais de ação, se a paralisia for incompleta. A reinervação será marcada eventualmente pelo surgimento de potenciais polifásicos. É possível explorar igualmente a atividade do músculo cricoaritenóideo posterior cujo acesso, porém, é mais difícil.

Recentemente, propôs-se (S. de Corbière) a estimulação elétrica do recorrente na região paratraqueal. Essa estimulação permite sensibilizar o exame eletromiográfico a fim de confirmar ou não a paralisia.

### EXAME ELETROGLOTOGRÁFICO

A eletroglotografia[1] permite medir o coeficiente de fechamento glótico em relação à superfície de junção das pregas vocais. Este fica muito baixo (entre 0% e 20%). Esse exame possibilitará eventualmente acompanhar a recuperação obtida com tratamento reeducativo ou cirúrgico.

### EXAME RADIOGRÁFICO

O exame radiográfico comum, seja de frente ou de perfil, não interessa muito devido à superposição dos planos anatômicos. Em compensação, a *tomografia*[2] da face mostra o abaixamento da prega vocal atingida e o apagamento relativo da parte mais larga subglótica do mesmo lado (Figura 3.3). Essas características podem ser igualmente reveladas por *scanografia*.

## *Tratamento*

### REEDUCAÇÃO VOCAL

Na paralisia recorrencial, a reeducação vocal é bem codificada. O fonoaudiólogo que utiliza exercícios específicos e variados sabe perfeitamente onde chegar. O paciente em geral coopera muito facilmente, indo regularmente às sessões e tentando, na maioria das vezes, avançar o máximo possível na recuperação de sua voz. Ambos, fonoaudiólogo e paciente, constatam progressos regulares; obtêm sempre algo a mais a cada sessão. É uma reeducação particularmente gratificante.

#### ■ Precauções para o uso da voz

Um primeiro princípio bastante evidente é moderar o uso da voz. Convém, no entanto, não cair em um mutismo completo, rompendo com qualquer chance de uma

[1] Cf. *A voz*, Volume 2, Capítulo 2.
[2] Cf. *A voz*, Volume 2, Capítulo 2.

recuperação espontânea. Uma boa dica consiste em propor ao indivíduo que solicite a um suplemento de articulação o que voz não pode atualmente lhe dar, evitando forçar a voz sussurrada. Por outro lado, o paciente não deve se assustar se começar a emitir sons inesperados, agravados ou superagudos ou ainda uma voz bitonal com um caráter inestético. É preciso que saiba que os verdadeiros perigos para o futuro de sua voz são o comportamento de esforço, por um lado, e o comportamento de retenção, por outro. A idéia de um tratamento ORL e fonoaudiólogo, após receber todas as informações necessárias sobre seu problema vocal, será, para o paciente, a melhor proteção contra um eventual mau trato de sua laringe deficiente.

## Informação

Em matéria de paralisia recorrencial, qualquer que seja a etiologia, a informação tem uma importância particular e certamente deve ser mais detalhada do que para qualquer outro distúrbio. É extremamente necessário que o paciente tenha uma idéia clara do que é seu *órgão vocal* e de seu funcionamento e, especialmente, do papel do movimento de abdução/adução das pregas vocais e das conseqüências do não-contato destas últimas. Deverá compreender como o nervo recorrente pôde ser lesado. No caso de uma intervenção cirúrgica e, particularmente, de uma intervenção no corpo tireóideo, o paciente deverá saber, em primeiro lugar, que se trata de um *acidente freqüente*, mesmo sob responsabilidade de um cirurgião hábil e experiente e, em segundo lugar, que, se esse nervo não foi secionado, as fibras nervosas podem regenerar dentro de alguns meses. Deverá ser convencido finalmente de que, mesmo que a paralisia persista, a voz pode se tornar praticamente normal devido à compensação exercida pela prega vocal sadia. Por outro lado, sabendo que a recuperação espontânea não é rara e que o cirurgião pode querer esperá-la por alguns meses, dificilmente será possível esconder do indivíduo que a *precocidade da reeducação* é um fator importante de recuperação. Essa precocidade permite, de fato, minimizar as reações de esforço inadequadas que, sobretudo se está com pressa em recuperar a voz, não deixam de ocorrer e de se instalar como um hábito durante as semanas que se seguem à intervenção, hábito que se tornará difícil de combater.

Para ilustrar a noção de compensação pela prega vocal sadia e permitir sua integração durável na cabeça do paciente, poder-se-á utilizar a seguinte apologia: duas amigas moravam perto da praça da cidade, uma de um lado e a outra de outro. Há muito tempo, mantinham o hábito de se encontrar todos os dias na praça para conversar. Ficando uma delas doente, a segunda não demorou a entender que bastava simplesmente alguns passos a mais para ter o prazer de conversar novamente com sua amiga como antes.

## Primeiras tentativas fonatórias

As primeiras tentativas fonatórias são governadas por três ordens cujo respeito permite freqüentemente produzir em seguida sons de aspecto perfeitamente normal, mesmo num paciente praticamente sem voz há várias semanas, e até mesmo vários meses. A primeira é a eliminação do desperdício de ar, a segunda, a obtenção do contato das pregas vocais por meio de manipulações látero-cervicais, a terceira, a busca de sons de tonalidade precisa e tão musicais quanto possível.

### Eliminação do desperdício de ar

A eliminação do desperdício de ar é obtida, em geral, sem muita dificuldade – contrariamente ao que ocorre nas disfonias disfuncionais – mostrando-se ao indivíduo simplesmente como utilizar, durante os exercícios, a respiração abdominal no contexto da postura de projeção vocal (verticalidade, olhar para frente, etc., cf. *A voz*, Volume 4). Os esclarecimentos sobre a respiração levarão *ao desaparecimento rápido das pseudovertigens* que resultam da hipocapnia. Esse pode ser o primeiro benefício obtido pela reeducação.

### Obtenção do contato das pregas vocais

Quanto à obtenção do contato das pregas vocais, necessita-se, para isso, levantar (em princípio) a parte posterior da prega vocal paralisada para *corrigir o subdesnivela-*

• • •

*mento*, exercendo uma tração para frente a fim de tencionar essa prega vocal. Esses dois procedimentos conjuntos provocam, além disso, uma relativa adução dessa mesma prega vocal, o que facilita a ação de compensação da prega vocal sadia por hiperadução. A hiperadução da prega vocal sadia faz com que esta ultrapasse a linha mediana para se posicionar em direção à prega vocal paralisada.

Essas tentativas serão executadas, de preferência, com o paciente sentado, com a condição de que o indivíduo não se apoie no eventual encosto da cadeira e utilize somente a metade, ou melhor, seu quarto anterior. Se for considerado o caso de uma paralisia recorrencial esquerda, o fonoaudiólogo de frente para o perfil esquerdo do indivíduo (Figura 3.4), coloca seu polegar esquerdo na borda inferior da asa tireóidea esquerda do indivíduo e seu dedo indicador da mesma mão na borda superior da asa tireóidea direita. Pode então fazer lentamente um movimento de báscula frontal e, ao mesmo tempo, horizontal da laringe, imprimindo com seu polegar um deslocamento para cima e para frente e, com seu indicador, um deslocamento para baixo. Para que tal procedimento, porém, seja funcional, é preciso, além disso, que a musculatura cervical esteja relaxada. Isso é obtido solicitando-se ao paciente para que vire a cabeça para a esquerda, inclinando-a levemente para baixo, levando então seu mento ao encontro do polegar do fonoaudiólogo. O indivíduo adquire, dessa forma, uma postura dita "*melindrosa*". Esse relaxamento cervical será acentuado pela ação da mão direita do fonoaudiólogo colocada no occipício do paciente e também pela ação de seu antebraço em posição vertical, ficando o cotovelo apoiado nas costas entre as omoplatas.

➤ **Fig. 3.4**
**Manipulações látero-cervicais com o dedo.**

Os procedimentos que acabamos de descrever são os mais lógicos e, na prática, os mais freqüentemente eficazes. Em certos casos, seremos, entretanto, obrigados a modificar completamente a ação dos dedos sobre a laringe, dando-lhes uma *posição exatamente inversa* e pedindo ao paciente para que vire a cabeça para o outro lado. Procede-se, em suma, por tentativas. Pode ocorrer ainda que nenhum movimento apresente uma ação positiva. Produções de boa qualidade podem ser produzidas fortuitamente após, por exemplo, um simples movimento do mento para frente, depois da eliminação do comportamento de esforço. Para explicar tais eventualidades, é preciso certamente considerar a posição mais ou menos paramediana da prega vocal paralisada ou a situação desta no plano vertical.

### Precisão e musicalidade da emissão

Adquirindo a postura correta, chega o momento de produzir sons respeitando a terceira ordem: a busca de *sons de tonalidade precisa e tão musicais quanto possível*. O paciente freqüentemente está preocupado sobretudo com a potência e a extensão vocal e tende a exigir de seu órgão vocal afetado mais barulho. Deverá compreender, porém, que a "qualidade" do timbre é primordial e que a quantidade de voz só virá posteriormente. A instrução que damos então ao paciente é a seguinte: "Você vai se ocupar de seu abdome, controlando com a mão, vendo se está utilizando bem a respiração abdominal como lhe ensinei e eu vou me ocupar de seu pescoço. Juntos, talvez façamos sons muito bonitos, etc. Para isso, primeiramente, vou lhe dar um som, e você tentará produzi-lo dois segundos depois, após ter tomado um pouco de fôlego ao mesmo tempo que eu. Conduzirei você como um maestro, com um leve movimento da cabeça para que a sua voz e a minha partam *exatamente ao mesmo tempo*. Isso é fundamental!" O fonoaudiólogo então produz um som de um ou dois segundos, com uma tonalidade julgada adequada para o indivíduo e, dois segundos depois, o paciente produz o mesmo som, sendo que o fonoaudiólogo força levemente seus dedos sobre a laringe deste, bem como sua mão e seu antebraço direitos sobre a cabeça e suas costas, inclinando-o para produzir o som ao mesmo tempo que ele.

Muitas vezes, o paciente tende depois, na medida em que tem a impressão de que não produzirá nada de bom, de se sentir incomodado por essas ações imprevistas em seu pescoço, sua cabeça e suas costas. Às vezes, ao contrário, parte apesar disso, um pouco antes, como para prevenir esse incômodo. Pouco a pouco, no entanto, compreende que é justamente esse incômodo que lhe permite fazer felizes descobertas, impedindo as tensões cervicais inoportunas que realiza involuntariamente na situação de um comportamento de esforço já mais ou menos fixo nele como um hábito.

Posto isso, o fonoaudiólogo ajusta suas proposições de sons conforme os resultados obtidos por seu paciente, explorando o grave e o agudo, sem hesitar em recorrer eventualmente, quando se trata de um homem, ao registro de falsete. O importante é que os sons emitidos sejam produzidos exatamente na mesma nota dada, que sejam bem-timbrados e executados *sem esforço*. A exigência de precisão tonal resulta aliás automaticamente na redução do esforço.

No início, o fonoaudiólogo propõe mais sons de boca fechada: [m], por exemplo, depois, vogais fechadas: [i], [u], [o], etc. Às vezes, os primeiros sons válidos ocorrem com tosse, ou durante a inspiração! Neste último caso, poder-se-á passar do som inspiratório a produções ditas "frente/verso", imitando o barulho do serrote. Em suma, tenta-se. Dizemos que vamos "à pesca de sons". Outras vezes, os únicos sons possíveis provêm da vibração das pregas ventriculares (disfonia ventricular) ou da margem da laringe (face posterior da epiglote contra uma dobra ariepiglótica, por exemplo). Isso não constitui necessariamente algo ruim, seja a título provisório seja em definitivo.

Citaremos, a propósito, o caso de um paciente, chefe de empresa, totalmente satisfeito com uma voz produzida nas pregas ventriculares de boa qualidade para o uso profissional. Apesar de uma intensidade obrigatoriamente limitada, não hesitava em família a utilizar um registro agudo para que o escutassem melhor ou chamar à distância.

### Algumas orientações extras

Essas primeiras tentativas ficam somente em torno de sons simples (de tonalidade precisa como dissemos) e explorando diferentes alturas. Eventualmente, poder-se-á passar para produções de *dois tons* sucessivos ligados. Se isso não apresentar dificuldade, tendências ao esforço, poder-se-á, com prudência, ir além, propondo: *contagem cantada*, depois falada, sons de *sirenes*, e mesmo *texto* monotônicos ou voz de chamamento (cf. *A voz*, Volume 4). Tudo isso deve ser feito evitando-se, porém, avançar rápido demais. Todas essas produções, com efeito, devem ser acusticamente satisfatórias e não derrapar para "quacs".

Insistamos no *dedilhado* necessário – deve ser dito – na execução desses procedimentos que não devem em caso algum apresentar dor nem durar mais de alguns minutos. Por outro lado, a partir do momento em que sons interessantes são obtidos, pode-se tentar diminuir a ação dos dedos. Às vezes, é surpreendente constatar nesse momento que uma melhor qualidade dos sons resulta disso.

### Balanço dessas primeiras tentativas

Essas tentativas são evidentemente registradas, e a *escuta do registro* (salvo se nada de válido pôde ser produzido) convencerá o paciente que, de fato, esses movimentos provocam inegavelmente uma voz melhor e até mesmo uma voz normal. Este, muitas vezes, preocupa-se então com a seqüência dos acontecimentos. Deverá recorrer a tais procedimentos ele mesmo a cada vez que tiver de falar? A resposta obviamente é não. Tudo se passa, com efeito, como se os dedos mostrassem às pregas vocais a posição a ser tomada, e, depois disso, elas mesmas seguissem *automaticamente* com a ajuda sem dúvida da musculatura extrínseca que constitui, como se sabe, o aparelho suspensório da laringe. É surpreendente, aliás, constatar que freqüentemente, em alguns minutos em que se realiza essa "pesca aos sons", a voz está claramente melhor, sem que, no entanto, haja qualquer atitude do paciente para isso. Isso confirma a noção de que toda reeducação age de uma maneira geral mais no inconsciente do que na atividade motora consciente e voluntária.

## Seqüência da reeducação

Mesmo que uma quase normalização da voz seja obtida com comando desde as primeiras tentativas, a seqüência da reeducação mostra-se mais freqüentemente necessária. O paciente deve, qualquer que seja o problema, *aprender a realizar ele mesmo* as manipulações látero-cervicais. Às vezes, a técnica da respiração deverá ser objeto de uma prática cotidiana. Quanto ao exercício de relaxamento (cf. *A voz*, Volume 4), mesmo que nem em todos os casos ele seja indispensável, revelar-se-á bastante útil, sobretudo quando a reeducação tiver sido realizada tardiamente.

Pouco a pouco, as manipulações látero-cervicais tornar-se-ão cada vez menos necessárias, reduzidas, por vezes, ao simples contato de um dedo na borda inferior da asa tireóidea.

### Exercício para a glote

Em certos casos menos favoráveis, é necessário que se proponha o exercício para a glote destinado a desenvolver o fechamento das pregas vocais. Ativando a *função esfincteriana* da laringe, melhora-se a função fonatória.

O exercício da glote comporta as seis seguintes fases:

– leve inspiração (bucal ou nasal);

– deglutição de saliva;

– abertura imediata da boca sem respirar;

– tentativa de compressão subglótica. É a parte delicada. O impulso expiratório deve ser inicialmente bastante leve para que o bloqueio glótico resista e para que não se produza um desperdício de ar;

– relaxamento relativo da pressão subglótica, sendo que a glote deve permanecer fechada; rápida abertura glótica com barulho característico (o do relaxamento do esforço físico tal como ocorre normalmente). A pressão cervical com o dedo pode ajudar a descobrir tal movimento.

Notemos que, se esse barulho adquire um caráter como a náusea ou o vômito, isso significa que o bloqueio não foi glótico, mas sobretudo faríngeo (barulho de expulsão dito de vômito), o que corresponde a um erro de trajeto, perdendo o exercício todo seu interesse. Atenção igualmente para não confundir o exercício da glote com as manobras de esforço articulatório nas consoantes [k] ou [g] ou nos grupos consonantais [kr] ou [gr] cuja realização não intervém no fechamento glótico e que não apresenta por isso nenhuma vantagem para o tratamento das imobilidades laríngeas.

### Cinesioterapia cervical

Poder-se-á utilizar igualmente a cinesioterapia cervical de tratamento foniátrico codificada por Jean Igounet[a]. Essa técnica recorre a movimentos de flexão, de rotação e de extensão da cabeça, bem como a movimentos de abertura forçada da boca combinados ou não com tentativas de produção vocal. Esses movimentos, que devem ser praticados aproximadamente 15 minutos por dia podem, agir sobre a posição das aritenóides e das pregas vocais, o que permite a obtenção de uma emissão vocal melhor.

[a] Cf. *A voz*, Volume 4, Capítulo 1.

#### ■ Duração da reeducação

A duração da reeducação é muito variável. Ela dura em média seis meses, mas pode chegar a menos de um mês e, em certos casos, prolongar-se por mais de um ano. Observemos que se vêem recuperações satisfatórias se produzir repentinamente anos após o início da paralisia.

#### ■ Resultados

Um estudo em 81 casos, apresentado no 82º Congresso de ORL em Paris (Fugain C. et al.), mostrou que, quanto mais precocemente se inicia a reeducação, mais satisfatórios são os resultados. Dos 81% dos resultados muito favoráveis, quando o indivíduo é visto três meses após o início da paralisia, passa-se a 61%, quando é visto após três meses.

## TRATAMENTO CIRÚRGICO

O tratamento cirúrgico pode ser considerado na paralisia recorrencial unilateral quando uma compensação suficiente pela prega vocal sadia parece difícil ou mesmo impossível de ser obtida somente pela reeducação. É o que ocorre quando a borda livre da prega vocal paralisada fica incurvada devido à atrofia muscular. A imobilização da prega vocal em abdução pode ser também uma indicação, sabendo-se evidentemente que uma boa compensação pode ser obtida mesmo nesse caso.

A indicação operatória satisfaz igualmente à necessidade profissional de se obter um resultado rápido ou por etapas em caso de haver falsas rotas alimentares persistentes ou incapacidade de tossir, que pode ser temível no caso de pneumonectomia.

Esse tratamento consiste essencialmente em aproximar a borda livre da prega vocal paralisada da linha mediana. Tal resultado pode ser obtido via endoscopia (infiltração da prega vocal por substância amorfa) ou por via externa (laringoplastia redutora glótica unilateral.[3]

## ■ Aproximação por via endoscópica

Historicamente, a infiltração da prega vocal paralisada foi realizada com substâncias variadas desde a parafina (W. Brunnings, em 1911) até o *teflon*, muito utilizado nas décadas de 70 e 80, seguido mais recentemente do colágeno, abandonado por ser de origem bovina. Atualmente, utiliza-se o silicone[4] e principalmente a gordura autóloga (lipotransplante autólogo), cuja vantagem é de ser facilmente introduzida na prega vocal devido à sua fluidez e não provocar reações de rejeição. Essas infiltrações, muito eficazes num primeiro momento, apresentam o inconveniente de migrar nos meses seguintes à intervenção, o que se traduz por uma redução de eficiência vocal.

Certos autores propuseram recentemente esperar vários meses antes de se proceder à infiltração, sob pretexto de que a atrofia da prega vocal e a evolução para a fibrose favoreceriam a boa adaptação da substância injetada. Parece-nos que é aí que está o desconhecimento do incômodo, às vezes, considerável, imposto ao paciente pela falta de eficiência de sua voz, na espera de uma recuperação hipotética, etc. sobretudo se, além disso, o trabalho reeducativo for apresentado como inútil!

## ■ Laringoplastia redutora unilateral

Essa intervenção foi proposta por Y. Guerrier, em 1962. Consiste em empurrar a prega vocal paralisada para o interior por meio da perfuração de uma porção da asa tireóidea cortada de acordo com essa prega (Figura 3.5). Abordando a asa tireóidea por incisão cutânea, corta-se um pequeno retângulo de 15 mm de comprimento por 3,5 mm de altura em relação à prega vocal paralisada. Essa lâmina de cartilagem é empurrada para dentro e mantida no local por um enxerto cartilaginoso (removido da borda superior da asa tireóidea) introduzido verticalmente na face interna dessa asa. A intervenção de Guerrier permite obter resultados vocais notáveis e principalmente duráveis. Trata-se, no entanto, de uma intervenção relativamente pesada em relação às infiltrações.

Mais recentemente, propôs-se (W. Montgomery) substituir o enxerto cartilaginoso por um implante triangular em silicone que pode ser de vários tamanhos ou por um implante de *Gore-Tex* realizado sob medida pelo próprio cirurgião.

## ■ Outras intervenções

Excepcionalmente, outras intervenções cirúrgicas foram propostas. Tratam-se especialmente de tentativas de *descompressão* do nervo recorrente, de *reinervação* a partir de um ramo do nervo grande hipoglosso (XII) ou ainda de auto-enxerto a partir da prega ventricular homolateral.

[3] Cf. *A voz*, Volume 4, Capítulo 2.
[4] Mais recentemente, utiliza-se polímero de silicone em suspensão.

**1º tempo.** Corte do retângulo cartilaginoso (A) e do enxerto (B).

**2º tempo.** Colocação do retângulo (A), empurrado e mantido pelo enxerto (B) disposto verticalmente.

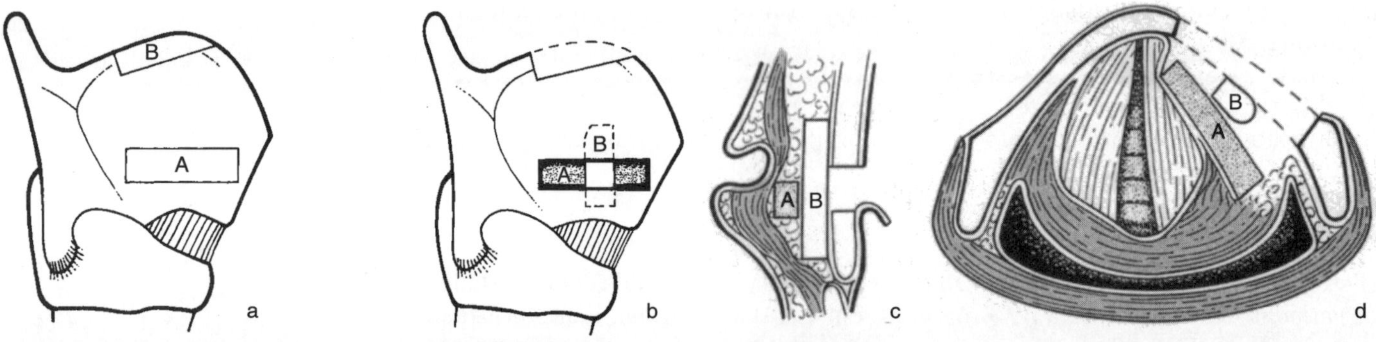


➤ **Fig. 3.5**

**Princípio da laringoplastia redutora glótica unilateral (segundo Guerrier, 1977).**

## *Evolução sem tratamento*

### DO PONTO DE VISTA FUNCIONAL

Sem tratamento, a evolução é variável. Pode-se observar uma *recuperação completa* ou quase completa da função vocal. Quando a recuperação ocorre, é produzida nas semanas ou nos meses que se seguem ao início da paralisia. Durante uma semana aproximadamente, o paciente sente que sua voz melhora consideravelmente a cada dia para voltar "ao que era antes". Em outros casos, a progressão é mais lenta.

A recuperação pode ser somente parcial com retorno de uma voz certamente utilizável e com chances de voltar ao normal, mas vivida pelo indivíduo como trocada ou revelando-se no exame claramente deficiente, com perda da voz de chamamento, redução da voz cantada, persistência constante ou não de uma certa bitonalidade, fatigabilidade, etc.

Quanto à *ausência total de recuperação*, não é rara, confinando o indivíduo com uma quase afonia que o invalida muito.

Na criança, a paralisia unilateral de origem obstetrícia é compensada em geral espontaneamente, apresentando, no entanto, performances vocais relativamente modestas.

### DO PONTO DE VISTA ORGÂNICO

No plano do aspecto laríngeo, pode-se observar no que diz respeito à prega vocal que foi paralisada, o *retorno de uma mobilidade normal*: restituição do movimento de abdução/adução e vibração simétrica no exame estroboscópico que marcam a reinervação que confirmaria o exame eletromiográfico (EMG). É o que ocorre mais freqüentemente na paralisia recorrencial dita *a frigore;* ou igualmente, no caso de uma paralisia de origem traumática ou pós-cirúrgica, quando o nervo não foi seccionado. As fibras nervosas contidas no interior do nervo – os axônios – são, de fato, suscetíveis de se regenerar em alguns meses (regeneração walleriana), com a condição de que o corpo da célula nervosa (no núcleo do pneumogástrico no nível do bulbo raquidiano) e o interior do nervo estejam intactos.

Em certos casos, *a prega vocal permanece imóvel* (com ou sem báscula para frente da aritenóide), mas o exame estroboscópico mostra uma *vibração simétrica*. Trata-se provavelmente aí de um retorno da inervação (que confirmaria o EMG) com bloqueio da articulação cricoaritenóidea. Sabe-se, com efeito, que uma articulação imobilizada pode durante algumas semanas bloquear-se definitivamente na ausência de movimentos mobilizadores instrumentais ou reeducativos.

Em outros casos, por fim, observa-se a persistência da imobilidade da prega vocal com ou *aspecto incurvado da borda livre* e vibração ampla no exame estroboscópico, ou, ao contrário, uma *borda livre rígida* com desaparecimento de qualquer vibração. Pode-se concluir então que a paralisia persiste (o que seria confirmado pelo EMG) com, no primeiro caso, atrofia muscular, e, no segundo caso, evolução para a fibrose.

### DISCORDÂNCIA ENTRE O FUNCIONAL E O ORGÂNICO

Notemos agora que não há necessariamente correspondência entre a reinervação da prega vocal (seja com mobilidade normal ou com bloqueio da articulação cricoaritenóidea) e a própria recuperação vocal.

Pode-se observar, de fato, uma *recuperação vocal muito satisfatória, apesar da imobilidade persistente da prega vocal* em posição mediana ou paramediana e às vezes mesmo em posição de abdução. Isso provém de uma boa compensação, constatada, aliás, no exame laringoscópico da prega vocal sadia que, ultrapassando eventualmente a linha mediana, vem ao encontro eficazmente da prega vocal imóvel. Essa imobilidade pode resultar tanto da persistência da paralisia com evolução para a fibrose quanto do retorno da inervação da prega vocal com bloqueio da articulação cricoaritenóidea. A compensação é obtida espontaneamente de forma tão rápida e tão perfeita que o episódio disfônico é totalmente esquecido pelo paciente. Sua paralisia só é então descoberta anos depois, por ocasião de um exame ORL realizado por qualquer outro motivo.

Certos autores preconizam, como dissemos, a abstenção terapêutica, contando com uma evolução espontânea ou, com a falta desta, com o recurso tardio à infiltração da prega vocal paralisada. Já dissemos o quanto tal atitude passiva nos parece lamentável.

Em uma outra linha de raciocínio, o retorno de uma voz satisfatória, apesar da persistência da imobilidade da prega vocal, é freqüentemente malvivido pelo paciente, decepcionado com a espera constante de seu órgão fonatório, enquanto a função vocal é restabelecida. Essa reação psicológica pode parecer surpreendente, mas é perfeitamente compreensível se se considera a importância para qualquer pessoa de sua integridade corporal.

Ao contrário, pode-se observar uma *recuperação completa da mobilidade da prega vocal com persistência de uma voz às vezes muito defeituosa*. Nesse caso, pode estar implicado um fator disfuncional que resulta dos esforços inadequados realizados pelo indivíduo para recuperar sua voz. É – paradoxalmente – muitas vezes o caso de um paciente que necessita profissionalmente de sua voz com urgência. Por não ser conduzido corretamente, corre o risco, de fato, de desenvolver produções sonoras inestéticas e fatigantes, num contexto de esforços intempestivos com desperdício da respiração, bitonalidade do timbre, etc. Em outros casos, é a atitude reivindicatória inconsciente do indivíduo que, apesar de uma restauração anatômica e neurológica completa, mantém a disfonia ou mesmo a afonia. Esta resulta então de um protesto involuntário face ao acidente vocal vivido pelo paciente como inaceitável.

## Evolução com tratamento

Pode se tratar, conforme o caso, somente do tratamento reeducativo, de um tratamento cirúrgico sem reeducação (o que nos parece sempre lamentável) ou ainda de um tratamento que associe cirurgia e reeducação.

A reeducação vocal, como dissemos, modifica imensamente a evolução quanto mais precoce for seu início. Em primeiro lugar, ela permite ao paciente compreender melhor seu distúrbio vocal que, como pudemos perceber, não é unívoco. Em segundo lugar, a prática de um tratamento racional e adaptado resulta em progressos muito rápidos para a normalização da voz, relativamente completa conforme o caso.

Quanto à cirurgia, seja praticada por via endoscópica ou por via externa, acaba freqüentemente, persistindo ou não a paralisia, com resultado imediato muito favorável. Esse resultado, porém, nem sempre é confiável a longo prazo, sobretudo quando se trata de infiltração. Qualquer que seja o caso, o eventual tratamento cirúrgico deve ser completado por um comprometimento reeducativo, às vezes, muito curto, mas que nos parece necessário em todos os casos.

Quaisquer que sejam as modalidades do tratamento, a recuperação ou não da inervação da prega vocal mantém evidentemente uma incidência no resultado final da evolução.

#### SEM REINERVAÇÃO

No caso de uma *paralisia persistente*, o tratamento deve possibilitar a recuperação de uma função vocal realmente satisfatória. Esta ficará limitada, no entanto, quanto à potência. Falar com barulho pode ser problemático, e fazer-se escutar a mais de cem metros em voz de chamamento poderá ser impossível.

É preciso informar a esse indivíduo que a função vocal humana se adapta às condições de vida que eram as de nossos longínquos ancestrais. Há 15 ou 20 mil anos, certamente era vital fazer-se escutar a 300 ou 500 metros, o que não é mais exatamente o caso hoje. Excetuando o canto de grande potência, nosso instrumento vocal tem possibilidades muito maiores do que as que nos são atualmente necessárias.

Quanto à voz cantada, pode ser de uma qualidade totalmente compatível com a busca, não certamente de uma carreira de canto lírico, mas de uma carreira de cantor de variedade (há célebres exemplos mais ou menos comuns, mas que não podemos evidentemente citar aqui).

Ocorre algumas vezes que, apesar da persistência da paralisia, o indivíduo, graças ao tratamento reeducativo, dispõe, a partir de então, de possibilidades vocais superiores às suas antes do acidente laríngeo. O indivíduo que não teve oportunidade no passado de desenvolver sua função vocal pode descobrir, por meio do trabalho reeducativo, o universo da voz, o prazer de se fazer melhor escutar, de cantar, de se ouvir cantar e mesmo de tomar gosto pela arte lírica. Isso é bem possível.

#### COM REINERVAÇÃO

No caso de uma *restituição ad integrum da inervação da prega vocal paralisada*, e mesmo se a imobilidade dessa prega vocal persistir devido ao bloqueio da articulação cricoaritenóidea, é possível, em quase todos os casos, permitir ao indivíduo recuperar uma voz ao menos tão satisfatória quanto antes do acidente laríngeo.

Vimos que, na ausência de tratamento, tal resultado nem sempre é obtido, se bem que preconizar na paralisia recorrencial a abstenção terapêutica nos parece constituir um verdadeiro *delito de não-assistência à voz em perigo*.

### Paralisia recorrencial unilateral associada

A paralisia recorrencial unilateral não pode mais ser isolada, mas associada a outras lesões nervosas.

As fibras nervosas que constituem os nervos recorrentes originam-se, com efeito, no nível do bulbo raquidiano, no núcleo ambíguo. Acompanham, em seguida, o trajeto do nervo pneumogástrico (X) que vem da face lateral do bulbo para sair da caixa craniana pelo orifício posterior feito conjuntamente com o nervo glossofaríngeo (IX) e o nervo espinal (XI). Após atravessar o gânglio plexiforme na base do crânio, seguem pelo tronco do nervo pneumogástrico até o nível da curva da aorta para a esquerda, até o nível da artéria subclavicular direita para a direita. A lesão das fibras recorrenciais nessa região de seu percurso, situado no topo da emergência dos nervos recorrentes, pode provocar síndromes complexas que associam a paralisia recorrencial aos distúrbios que resultam da lesão de outros troncos nervosos. Essas síndromes, ou ao menos as principais, serão estudadas no Capítulo 9, dedicado às disartrias. A seguir damos sua lista:

- lesão dos nervos IX, X, XI + síndrome cerebelar: síndrome de Wallenberg;
- lesão dos nervos X, XI: síndrome de Avellis;
- lesão dos nervos X, XI, XII: síndrome de Jackson;
- lesão dos nervos IX, X, XI: síndrome de Vernet;
- lesão dos nervos IX, X, XI, XII: síndrome de Sicard e Collet (Figura 3.6).

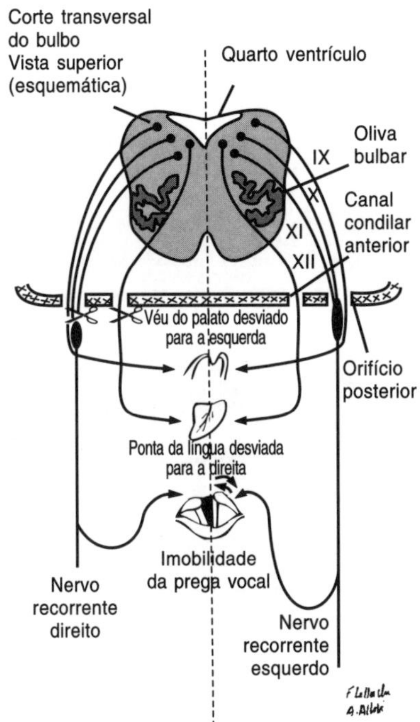


➤ **Fig. 3.6**

**Síndrome de Sicard e Collet. Paralisia unilateral direita dos nervos IX, X, XI e XII.**

## Falta de mobilidade de uma prega vocal sem lesão de sua inervação

Como dissemos no início deste capítulo, a falta de mobilidade de uma prega vocal nem sempre está relacionada a um defeito de inervação. No Capítulo 2, vimos que tal imobilidade pode resultar também de um *traumatismo*. Traumatismo externo, como nos acidentes de trânsito ou interno, após intubação, por exemplo, lembrando que, neste último caso, a imobilidade pode ser igualmente de origem neurogênica.

Podem ser observadas ainda imobilidades unilaterais por *artrite cricoaritenóidea* que bloqueia a articulação tanto após uma irradiação laríngea como ainda no quadro de uma *colagenose* (escleroderma, por exemplo, ou lúpus eritematoso).

Pode-se observar, finalmente, um bloqueio mais ou menos completo da prega vocal por uma *lesão tumorosa.*

### *Sinais fônicos*

Como na paralisia recorrencial, o distúrbio da voz poderá ser em cada caso muito variável, desde a alteração discreta do timbre com limitação pouco incômoda das possibilidades vocais até a afonia completa, passando por um timbre rouco.

### *Etiologia*

O diagnóstico etiológico que permite orientar o tratamento resulta da anamnese e do interrogatório do paciente que determina as circunstâncias do surgimento da disfonia e dos sintomas que a acompanham. A noção recente de uma intubação poderá levar a pensar na possibilidade de uma fibrose subglótica que bloqueia a articulação cricoaritenóidea. A deglutição dolorosa resultará na *artrite reumatóide* e, nesse caso, o exame laríngeo evidenciará um edema periaritenóideo. Em outros casos, a laringoscopia mostrará uma eventual *luxação* da aritenóide, indicando – se essa luxação for recente – uma redução sob neuroleptanalgesia.

Decidir entre o diagnóstico de *ancilose* da articulação cricoaritenóidea e o de *lesão neurogênica* nem sempre é fácil. Indicando ancilose, notar-se-á a simetria da vibração das pregas vocais no exame estroboscópico. Indicando lesão neurogênica, notar-se-á o aspecto estreitado e incurvado da prega vocal imobilizada, bem

**Reeducação vocal**

A *reeducação vocal* é indicada no caso em que a lesão causal não é evolutiva, mas deixa seqüelas. A título de exemplo, será contra-indicada em caso de artrite aguda, mas indicada em caso de ancilose da articulação. Essa reeducação utiliza as mesmas técnicas preconizadas para a paralisia recorrencial.

como seu subdesnivelamento. A integridade do nervo recorrente atestada pelo exame eletromiográfico orientará o diagnóstico para a lesão articulatória. Eventualmente, um erro de procedimento de Chevalier-Jackson, que consiste em uma tentativa de mobilização sob anestesia da aritenóide, confirmará o bloqueio dessa articulação.

## FALTA DE MOBILIDADE BILATERAL DAS PREGAS VOCAIS

A falta de mobilidade bilateral das pregas vocais é relativamente rara. Pode corresponder a uma lesão da inervação laríngea, de origem *central* ou de origem *periférica*. No exame laringológico, traduz-se por um aspecto em *abertura* ou em *fechamento*, acarretando, segundo o caso, distúrbios ou de respiração, ou de fonação, ou de respiração e fonação simultaneamente aos quais se associam distúrbios da deglutição.

A falta de mobilidade bilateral das pregas vocais nem sempre provém de uma lesão neurogênica, podendo haver outras etiologias possíveis.

### Falta de mobilidade bilateral das pregas vocais por lesão neurogênica

#### *Lesão central*

A falta de mobilidade bilateral das pregas vocais por lesão neurogênica central corresponde à *síndrome de Gerhardt*, ainda chamada *paralisia dos dilatadores*. Traduz-se clinicamente por uma voz aparentemente normal que contrasta com um incômodo respiratório mais ou menos marcado por estiramento e "cornagem" laríngea. Na criança, a paralisia dos dilatadores traduz-se essencialmente por um estridor (cf. Capítulo 5) e por dificuldades respiratórias que podem acarretar deformações torácicas (tórax afunilado).

No exame da laringe, observam-se pregas vocais em posição paramediana, que reduzem o espaço glótico a uma fenda estreita. Nenhum movimento de abdução é possível, ao passo que, na fonação, o movimento de adução se produz, ocasionando uma emissão vocal normal.

A síndrome de Gerhardt deve-se muito geralmente a uma lesão bulbária de origem variada: vascular, degenerativa (doença de Charcot, por exemplo), infecciosa (antigamente, sifilítica mais freqüentemente), entre outras. Pode, às vezes, corresponder a uma distonia (cf. Capítulo 9).

#### *Lesão periférica*

A lesão simultânea dos dois nervos recorrentes é rara. Pode datar da infância e resultar em um traumatismo obstetricial por estiramento do X, ser secundário a uma hidrocefalia ou resultar de intervenções cervicais por má formação. Pode se tratar igualmente de causas infecciosas ou virais. No adulto, pode ser de origem traumática. Um choque cervical anterior pode provocar uma ruptura da traquéia com seção dos dois recorrentes "em aparador de cigarro". Tal lesão bilateral pode ocorrer também após cirurgia do corpo tireóideo ou do esôfago por tumor maligno extenso.

Em geral, a diplegia laríngea instala-se em dois momentos: o nervo recorrente esquerdo é atingido, por exemplo, por um tumor esofágico, enquanto o direito é comprimido posteriormente por gânglios metastáticos supraclaviculares. Embora essa eventualidade seja rara, muitos pacientes que apresentam uma paralisia recorrencial unilateral temem ter seu outro recorrente atingido.

A sintomatologia varia muito conforme as pregas vocais estejam imobilizadas em abertura ou fechamento.

A imobilização em abertura corresponde à *síndrome de Ziemssen*. Nesse caso, o exame laríngeo mostra que não há nenhum movimento de adução das pregas vocais durante exercícios fonatórios (ao contrário do que ocorre nas afonias psicogênicas). Clinicamente, a afonia é completa, com perda de sonoridade da tosse. Falsas rotas alimentares são produzidas, ameaçando, às vezes, o prognóstico vital. O paciente tem dificuldade também em alguns atos que exigem o fechamento glótico, tal como o esforço para levantar algo pesado ou na defecação.

A imobilização em fechamento (ou quase-fechamento) corresponde à *síndrome de Riegel*. Traduz-se clinicamente por um incômodo respiratório mais ou menos intenso, como na síndrome de Gerhardt, mas, ao contrário do que ocorre neste último, a voz apresenta alteração de timbre, ficando surdo ou velado.

## Falta de mobilidade bilateral das pregas vocais sem lesão de sua inervação

Na origem dos casos de falta de mobilidade bilateral não-neurogênicos das pregas vocais, estão as mesmas etiologias das imobilidades unilaterais. Pode se tratar, por exemplo, de um traumatismo laríngeo por via externa ou de uma intubação prolongada com fibrose cicatricial, brida, artrite cricoaritenóidea, etc. Depara-se igualmente com as afecções reumatóides (reumatismo poliarticular, espondilartrite ancilosante), bem como com as colagenoses (esclerodermia, entre outras) e as seqüelas de radioterapia.

A sintomatologia varia conforme a imobilidade resulte numa forma em abertura com afonia e falsas rotas alimentares ou em fechamento com dificuldades respiratórias.

## Tratamento dos casos de imobilidade bilateral das pregas vocais (excluindo-se o tratamento causal)

### *Tratamento cirúrgico*

O tratamento cirúrgico diz respeito sobretudo às imobilidades em fechamento que se manifestam essencialmente por dificuldades respiratórias, como na síndrome de Gerhardt e na síndrome de Riegel.

Tratam-se de intervenções que visam a alargar a glote, tais como a *intervenção de King* (cf. p. 22): aritenoidopexia com fixação de uma aritenóide em posição de abdução; a *intervenção de Réthi* (cf. p. 22): abertura posterior do anel cricóideo com interposição óssea; *cordectomia a laser* (cf. p. 51): com ou sem conservação da aritenóide. Foi proposto também a *infiltração* das pregas vocais pela *toxina botulínica*[5] a fim de provocar sua hipotonia, da mesma forma que se realiza nas disfonias espasmódicas. Pode-se recorrer igualmente a uma *traqueotomia* de urgência no caso de uma síndrome de Riegel. Na síndrome de Ziemssen, às vezes, será necessário realizar uma *gastrostomia,* se a repetição das falsas rotas alimentares impõe o abandono da alimentação oral.

Em certos casos, a imobilidade bilateral em fechamento está relacionada à constituição de uma zona fibrosa ou de uma brida após a intubação. A simples secção de uma tal brida pode permitir recobrir instantaneamente uma respiração e uma fonação normais, comprometidas há anos.

[5] Cf. *A voz*, Volume 2, Capítulo 3.

## Tratamento reeducativo

Na síndrome de Ziemssen em que as pregas vocais ficam imobilizadas em abertura, é possível obter, apesar de tudo, produções sonoras a partir do contato da face posterior da epiglote com a face anterior de uma aritenóide ou de uma dobra ariepiglótica. Esse resultado pode ser obtido por manipulações laríngeas como nas laringectomias supraglóticas (cf. Capítulo 4). As eventuais falsas rotas alimentares serão beneficiadas pelas técnicas reeducativas utilizadas nas laringectomias parciais e nas disartrias paralíticas (cf. Capítulo 9).

Nas imobilidades não-neurogênicas, as manipulações laríngeas por via externa são igualmente indicadas e podem chegar a uma certa remobilização das articulações cricoaritenóideas.

Já após a intervenção de alargamento da glote, numa síndrome de Gerhardt ou de Riegel, a recuperação respiratória resulta inevitavelmente em uma perda mais ou menos grave das possibilidades fonatórias. A *reeducação vocal,* nesse caso, terá como objetivo restaurar em parte a voz perdida a fim de possibilitar ao paciente que encontre o melhor equilíbrio possível entre a respiração e a fonação.

Na síndrome de Gerhardt, as dificuldades respiratórias serão beneficiadas, em primeiro lugar, pela prática do relaxamento (cf. *A voz*, Volume 4). Em segundo, as eventuais crises de pânico respiratório poderão ser divididas em etapas por exercícios de expiração forçada, como indicado após uma laringectomia total (cf. Capítulo 4).

## LEITURAS SUGERIDAS


ARNOLD MD, GODFRFY E. Réhabilitation vocale de la dysphonie secondaire à une paralysie. *Arch Otolaryngol* 1965 ; 62, 1 : 1-15.

BOUCHAYER M, CORNUT G, COULOMBEAU B, PEYROUSE B, Injections intracordales de graisse autologue dans les paralysies laryngées unilatérales. *Bull Audiophonol* 1998 ; 14, 6: 307-316.

BOUCHE J, FRÈCHE C, BRUKER J, PEYNÈGRE R, FALTE M. Bilan de l'injection de teflon dans les paralysies récurrentielles (à propos de 28 cas). *Ann Otolaryngol* 1974 ; 91, 1-2 : 65-67.

BRUNNINGS W. Uber eine neue Behandlungs methode der Rekurrenslarnung. *Ver Deutsh Laryng* 1911 : 18-23.

CORBIÈRE DE S, HAUSSER-HAUW C, CHABOLLE F, FRÈCHE C. *La stimulation electrique du nerf récurrent dans le diagnostic des immobilités laryngées.* Congrès ORL, 1998. Paris: L'Européenne d'editions.

CORNUT G, GAILLARD MC. Contribution à ORL Fétude acoustique de la paralysic récurrentielle *Journal français d'ORL* 1970 ; 19, 7 : 555-559.

CORNUT G, PERUCCI B. Contribution à l'étude de la paralysie récurrentielle du point de vue phoniatrique. *Journal français d'ORL* 1971 ; 20, 8 : 945-947.

COURTOIS A *et al.* Médialisation de corde vocale par injection de graisse autologue. *Journal français d'ORL* 2000 ; 49 : 1.

CRUMLEY R, MC CABE B. Regeneration of the recurrent laryngeal nerve. *Laryngoscope* 1982 ; 90: 442-447.

DAYA H *et al.* Pediatric vocal fold paralysis, a long-term retrospective study. *Arch Otolaryngol Head Neck Surg* 2000 ; 126 : 21-25.

DEJONCKERE PH. Injection de téflon et thyroplastie : resultats et objectifs. *Rev Laryngol Otorhinol* 1998 ; 119, 4 : 265-269.

DELOL J. *et al.* Place de la thyroplastie de type I dans le traitement de la paralysie laryngée unilaterale. À propos de 19 cas. *Rev Laryngol* 1995 ; 116, 4 : 293-298.

FRÈCHE *C et al. L'aryténoidectomie laser dans les paralysies des dilatateurs. Sa difficulté, ses résultats.* 83e congrès ORL. Paris: Arnette, 1986.

FUGAIN C, ALLALI A, CHABOLLE F, CHOUARD CH. *Rôle de la rééducation orthophonique dans la réhabilitation vocale des paralysies récurrentielles unilatérales.* 82e congrès ORL. Paris : Arnette,1985.

HARRIES ML. Unilateral vocal fold paralysis : a reviev of the current methods of surgical rehabilitation. J. *Laryngol Otol* 1996 ; 110 : 111-116.

KING BT. A new and function restoring operation for bilateral abductor cord paralysis *JAMA* 1939; 112 : 814-823.

KRESA Z, REMS J, WICHTERLE O. Hydron gel implants in vocal cords. *Proceedings of the 18th congress of the IALP. vol. 1 speech.* Washington, 1980.

LACCOUREYE, H, CLIABOLLE F, BRASNU D, LACAU ST GUILY J. Les immobilités laryngées après intubation. *Ann Otolaryngol* 1984 ; *101,* 4: 253-259.

MARIE JP *et al.* Troubles de la mobilité laryngée bilatérale et syncinéies : intérêt de la toxine botulique. À propos d'un cas. *Rev Laryngol Otorhinol* 1998 ; 119, 4 : 261-264.
MATHEX P. *Traitement phoniatrique de la paralysie récurrentielle.* Paris: Thèse de médecine, 1936.
MOUNIER-KUHN P, HAGUENAUER JP. Séquelles laryngées vocales des intubations de courte durée ; incidences médico-1égales. *J Med Lyon* 1976 ; 57 : 7-13.
MONTGOMERY W. Montgomery thyroplasty implant system. *Ann Otorhinol* 1997 ; 106, 9 : 1-16.
NARCY P *et al. Paralysies laryngées chez l'enjant. Diagnostic et traitenient.* 83ᵉ congrès ORL. Paris : Arnette, 1986.
OSSOFF RH, SISSON GA, DUNCAVAGE JA, MOSELLE HI, ANDREWS PE, Mc MILLAN WG. Endoscopic laser arytenoidectomy for the treatment of bilateral vocal cord paralysis. *Laryngoscope* 1984 ; 94: 1293-1297.
PEYNEGRE R, LE LIEVRE G. Paralysies laryngées. *Encycl Med Chir* (Paris-France), Oto-rhino-laryngologie, 20675 A-10, 1989.
PIQUET JJ *et al. Les immobilités laryngées bilatérales en fermeture. Aspect étiologique, clinique et thérapeutique.* 83ᵉ congrès ORL. Paris : Arnette, 1986.
PIQUET JJ *et al.* Le traitement des paralysies laryngées bilatérales en fermeture. *Anti Otolaryngol* 1981 ; 98 : 55-57.
REMACLE M *et al.* La correction de la béance glottique par injection de collagène. *Ann Otolaryngo Chir cervico-faciale* 1987 ; 104: 37-43.
RoCH JB, DUBREUIL C, ANDRÉ L. Apport de l'électroglottographie aux troubles de la mobilité laryngée. *Rev Laryngol Otorhinol* 1995 ; 116, 4: 285-288.
ROMANET P, RATTIN Ch, OBADIA JF, WEILLER-RACAMIER J. Intérêt de l'injection de téflon dans les dysphonies par paralysie récurrentielle. 79ᵉ congrès ORL. Paris : Arnette, 1982, 155-160.
ROULLEAU P, BLONDEAU P, TROTOUX J. Le risque récurrentiel en chirurgie thyroïdienne (étude d'une série de 1 000 interventions). *Ann Otolaryngol* 1973 ; 90, 9 : 519-525.
SOUDANT J, DESPREAUX G. *Les paralysies récurrentielles après chirurgie thyroïdienne peuventelles règresser* ? 79ᵉ congrès ORL. Paris : Arnette, 1982 : 153-154.
TUCKER HH. Human laryngeal reinervation. *Laryngoscope* 1976.
VERHULST J, CROS AM, ESTEBEN D, DANION PM, LAGUENIE A, ARNE P. Les paralysies récurrentielles post-intubation. *Rev Laryngol* 1982 ; 103, 2 : 115-119.
VERHULST J *et al.* Intérêt et rôle de l'électromyographic dans l'evaluation d'un trouble de la mobilité laryngée et son pronostic. *Rev Laryngol Otorhinol* 1995 ; 116, 4 : 289-292.

# A voz após laringectomia

# 4

## Câncer da laringe

Com exceção de alguns casos excepcionais de traumatismos laríngeos particularmente importantes, a ablação parcial ou total da laringe é um ato cirúrgico motivado por um câncer. Pode se tratar de um câncer limitado à laringe, de um câncer da laringe estendido à faringe ou de um câncer que tenha se originado na faringe e particularmente nos sinus piriformes com uma extensão possível à base da língua.

Os cânceres da laringe e da faringe são afecções freqüentes – 10 vezes mais freqüentes no homem do que na mulher – favorecidos pelo consumo de álcool e pelo uso de tabaco.

Clinicamente, o câncer da laringe manifesta-se de forma variável. Pode se tratar de uma alteração progressiva do timbre vocal, inicialmente banal, e adquirir pouco a pouco um aspecto ao mesmo tempo rouco e surdo característico, qualificado, às vezes, de "voz artificial". O câncer da faringe resulta mais em uma disfagia dolorosa. Um como o outro podem entretanto resultar somente num simples incômodo durante a deglutição ou ainda, o que dissimula mais, em uma dor auricular gerada pela contratura do suspensório superior e posterior do aparelho da laringe. A principal característica desses sintomas é sua persistência e seu agravamento progressivo, daí o porquê de se realizar um exame laringoscópico quando estes persistem e, particularmente, diante de qualquer disfonia ou qualquer incômodo na deglutição que perdure por mais de três semanas. Um outro indício de câncer pode ser a constituição de um gânglio cervical jugular ou pré-laríngeo.

O exame laringológico permite suspeitar de um câncer pelo aspecto da lesão apresentada pela prega vocal atingida na forma de uma tumefacção mais ou menos ulcerada ou verrucosa. O diagnóstico será confirmado pela remoção biópsica. O examinador avalia o tamanho da lesão e sua extensão que será precisada pelo exame radiográfico e escanográfico, bem como pela eventual diminuição da mobilidade da prega vocal atingida. A apalpação, por sua vez, determinará a eventual presença de gânglios (adenopatia cervical). Os resultados desses exames permitirão classificar esse câncer conforme sua gravidade. A cotação mais utilizada é feita segundo a classificação TNM em que T, marcado de 1 a 4, é aplicado à extensão da lesão, N corresponde à existência ou não de gânglios e M indica a eventual deficiência da mobilidade das pregas vocais.

Os cânceres da laringe e da faringe podem ter três tipos de tratamento. Em primeiro lugar, a cirurgia: conforme o caso, optar-se-á por uma laringectomia parcial, por uma laringectomia total, por uma faringolaringectomia mais ou menos estendida à base da língua, e até mesmo por uma faringolaringectomia circular, intervenções complementadas eventualmente por um esvaziamento ganglionar. Um segundo tipo de tratamento é a radioterapia. Um terceiro, por fim, é a quimioterapia que, provavelmente, num futuro mais ou menos próximo, venha a se tornar o principal tratamento, ou mesmo o tratamento exclusivo.

## LARINGECTOMIAS PARCIAIS

A cirurgia parcial da laringe tem como objetivo evitar a mutilação realizada em uma laringectomia total, conservar funções de respiração, de fonação e de deglutição próximas do normal. (*H. Laccourreye*)

Quando possíveis, as laringectomias parciais permitem preservar a possibilidade de uma fonação e de uma respiração pelas vias naturais.

Como veremos no próximo capítulo, a laringectomia total exige, em compensação, a realização de uma traqueotomia no nível da parede anterior do pescoço, o que acarreta graves problemas fonatórios e respiratórios.

Porém, essa vantagem apresentada pelas laringectomias parciais tem também sua contrapartida. Essas intervenções geram, de fato, distúrbios da deglutição que podem-se tornar preocupantes.

*Historicamente*, a laringectomia total foi precedida em 40 anos pela cordotomia (que é uma laringectomia parcial), executada pela primeira vez em 1833, por Bowes.

Até a década de 20, com o aparecimento da hemilaringectomia de Hautant, a cordotomia e a laringectomia total foram praticamente as únicas intervenções propostas em caso de câncer da faringolaringe. Em seguida, vieram a laringectomia supraglótica (Huet, 1938) e a laringectomia frontolateral (Leroux-Robert, 1948). A partir de 1965, finalmente, após as experiências de Sérafini, desenvolveram-se as laringectomias supracricóideas. Estas são chamadas, de forma controversa, de laringectomias reconstrutivas, na medida em que têm a ambição de restituir todas as funções da laringe que intervêm, como se sabe, nos atos da fonação, da respiração e da deglutição.

Nas publicações e nas obras dedicadas aos ORL, as laringectomias parciais são mais freqüentemente classificadas em verticais e em horizontais, conforme as modalidades geométricas da exérese.

Não seguiremos essa *classificação*, que diz respeito ao ato cirúrgico e não é adequada aos distúrbios funcionais pós-operatórios que envolvem a reeducação vocal. Em contrapartida, distinguiremos:

– as intervenções *supraglóticas* que, em princípio, não geram distúrbios vocais, mas distúrbios da deglutição;

– as intervenções que envolvem o plano glótico sem retraimento do trato laríngeo que resultam essencialmente em problemas vocais;

– as intervenções, ditas *supracricóideas* que, como as anteriores, intervêm igualmente no plano glótico, mas são caracterizadas pela ressecção de um ramo horizontal inteiro da cadeia laríngea que é assim encurtado. As laringectomias supracricóideas geram problemas de deglutição e de fonação muito particulares.

Acrescentemos ainda que essas intervenções comportam inúmeras variantes que não descreveremos a fim de nos determos nas "técnicas originais" bem-codificadas.

A escolha do tipo de intervenção praticada depende, evidentemente, sobretudo da localização e da extensão da lesão, mas esse problema não será abordado aqui. O que interessa, de fato, ao fonoaudiólogo são as conseqüências funcionais dessas intervenções e os meios de remediá-las. No entanto, este deve poder determinar com clareza a que realmente corresponde cada tipo de intervenção. Com esse objetivo, propomos alguns esquemas a partir de matrizes (Figura 4.1) que representam de modo estilizado os principais elementos anatômicos da faringolaringe. As partes que são objeto de exérese estão contornadas no esquema por uma linha descontínua.

Para cada intervenção, daremos os procedimentos específicos referentes à reeducação vocal. Trata-se aqui de restaurar a função vibratória da laringe ou da neolaringe, função que depende do *mecanismo leve* para a escola de Montpellier.

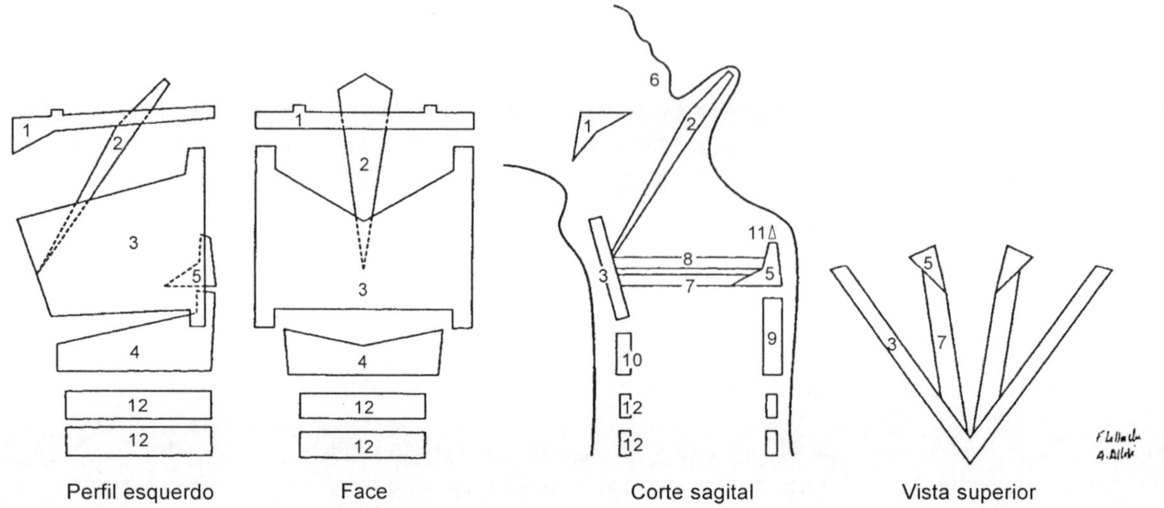


➤ **Fig. 4.1**

**Representação esquemática das diversas estruturas laríngeas.**

1. Osso hióideo. 2. Epiglote. 3. Cartilagem tireóide. 4. Cartilagem cricóide. 5. Cartilagem aritenóide. 6. Base da língua. 7. Prega vocal. 8. Prega ventricular. 9. Eminência cricóidea. 10. Arco cricóideo. 11. Cartilagem corniculada. 12. Anel traqueal.

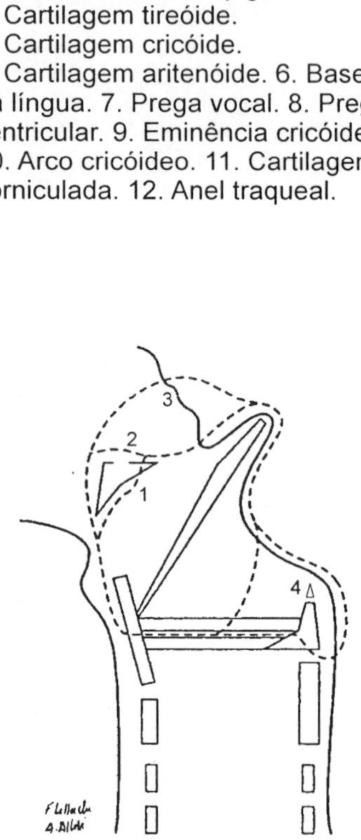

➤ **Fig. 4.2**

**Laringectomias supraglóticas.**

1+2 Hiotireoepiglotectomia.
1+2+3 Hiotireo-subglosso-epiglotectomia.
1+2+4 Extensão a uma aritenóide.

Quanto à função reeducativa da deglutição, será abordada no final do capítulo. Trata-se, nesse caso, de restaurar a função esfincteriana da laringe ou da neolaringe, função que depende do *mecanismo pesado* para a mesma escola.

## Laringectomias parciais supraglóticas[1]

### DEFINIÇÃO

Essas intervenções que comportam muitas variantes (Figura 4.2), segundo a extensão da lesão, compreendem mais freqüentemente a ablação da *epiglote*, da parte anterior das duas *pregas ventriculares*, do todo ou parte do osso *hióideo*, de uma porção mais ou menos estendida do terço ântero-superior da *cartilagem tireóide (hiotireoepiglotectomia)*.

A intervenção pode se estender ou na frente, para a *base da língua (hiotireo-subglosso-epiglotectomia)*, ou a uma *dobra ariepiglótica* ou a uma *aritenóide*.

Pode ainda limitar-se à meia laringe, mas estendendo-se à faringe (hemilaringofar ingectomia supraglótica), levantando por via lateral a metade da epiglote, uma prega ventricular e a parte superior da aritenóide do mesmo lado.

### CONSEQÜÊNCIAS PARA A FONAÇÃO

Essas intervenções não deveriam em princípio provocar nenhuma alteração da função vocal já que conservam integralmente as pregas vocais. Dificuldades vocais podem ser observadas, porém, na prática, de acordo com o traumatismo da intervenção.

### CONSEQÜÊNCIAS PARA A DEGLUTIÇÃO

Uma deglutição correta, teoricamente, é garantida pelo contato da base da língua com o bocal posterior da laringe. No início, esse contato é regularmente deficien-

[1] Incluem-se, às vezes, nas laringectomias supraglóticas, intervenções estendidas ao todo ou à parte de uma prega vocal sob o nome de laringectomias parciais supraglóticas alargadas. Devido a problemas funcionais muito distintos, preferimos classificar essas intervenções com as que interferem no plano glótico.

te, e líquidos podem entrar no vestíbulo laríngeo durante a absorção por goles ininterruptos. A falsa rota então é evitada (ou mais exatamente bloqueada) somente pelo contato das pregas vocais. Mas, desde o término da deglutição com retomada de ar, a falsa rota segue para a traquéia, produzindo um violento acesso de tosse. O remédio não está evidentemente aqui no melhor funcionamento do fechamento glótico. A evolução favorável é feita pela ação conjugada do recuo da base da língua, da elevação da laringe, do aumento do peristaltismo faríngeo e da diminuição da progressão do bolo alimentar. Nos casos mais favoráveis, uma hipertrofia muscular desenvolve-se a partir da base da língua, formando, em suma, uma "neoepiglote".

Quanto mais a intervenção se estende para a base da língua (laringectomia supraglótica alargada em cima), mais os distúrbios da deglutição correm o risco de perdurar devido, em primeiro lugar, ao volume reduzido da língua, mas também à supressão relativamente extensa da zona reflexógena do V lingual que impede a ação do reflexo de deglutição. A falta de sensibilidade laríngea por lesão (freqüente) do nervo laríngeo superior pode igualmente favorecer os distúrbios da deglutição.

Embora na metade dos casos, o paciente estime que se alimenta de maneira satisfatória, o exame radiológico mostra que a proteção das vias aéreas inferiores só é completamente assegurada em um caso sobre cinco aproximadamente. A ocorrência de uma pneumopatia de deglutição parece, entretanto, rara.

**Tratamento reeducativo**

Após a laringectomia parcial supraglótica, nenhuma necessidade real de tratamento reeducativo impõe-se obrigatoriamente. Em geral, basta informar ao paciente sobre o órgão vocal e o mecanismo de suas eventuais falsas rotas líquidas para garantir uma fonação e uma deglutição normais.

Em certos casos, porém, em que o traumatismo operatório tenha provocado um comportamento de retenção ou de esforço vocal ou falsas rotas persistentes, uma reeducação sistemática é evidentemente indicada.

## Laringectomias parciais do plano glótico

Descreveremos sucintamente seis intervenções que entram nessa categoria, classificando-as segundo a importância da exérese:

- 1. Cordectomia;
- 2. Laringectomia frontolateral;
- 3. Hemiglotectomia;
- 4. Glotectomia;
- 5. Hemilaringectomia;
- 6. Laringectomia frontal anterior.

### *Cordectomia*

DEFINIÇÃO

Essa intervenção[2] consiste na ablação de uma prega vocal. Esta pode ser realizada por via externa, por tirotomia[3], isto é, pela incisão da cartilagem tireóide no nível da comissura anterior. Pode igualmente ser feita por via endoscópica, utilizando o *laser* (*cordectomia laser*).

A exérese da prega vocal é realizada por desinserção de sua extremidade anterior. Atrás, ela pode, conforme o caso, respeitar ou incluir a apófise vocal (Figura 4.3). Pode ainda ser completada por uma intervenção de reconstrução, utilizando-se, por exemplo, um retalho de abaixamento da prega ventricular.

Na ausência de reconstrução, uma "neocorda" constitui-se em alguns meses ou mais. Trata-se de uma formação cicatricial fibrosa cujo aspecto é inflamatório durante as semanas que se seguem à intervenção. Após um ou vários anos, pode dar a impressão de uma prega vocal espantosamente normal.

[2] A cordectomia é, às vezes, denominada impropriamente como tirotomia.
[3] A tirotomia é também chamada de laringofissura.

➤ Fig. 4.3

**Cordectomia respeitando ou removendo a apófise vocal.**

Observar na figura da direita (vista superior) que a prega ventricular foi respeitada (a linha descontínua torna-se a linha pontilhada, indicando a ressecção da prega vocal subjacente).

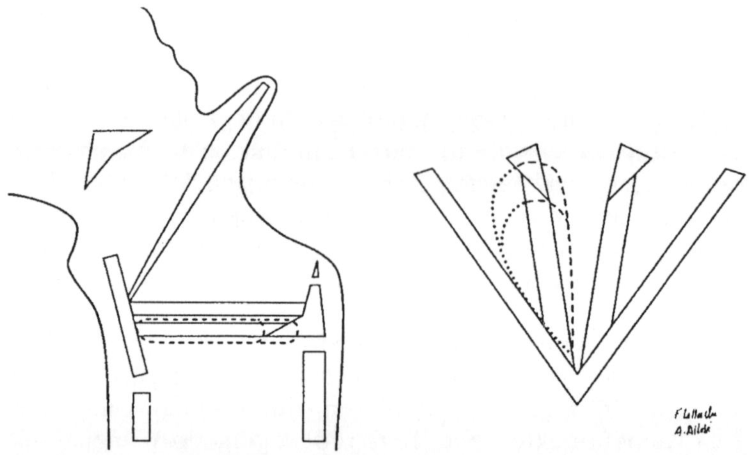

CONSEQÜÊNCIAS PARA A FONAÇÃO

Nas semanas que se se seguem à intervenção, a voz é caracterizada por uma intensidade fraca, com desperdício de ar e um timbre surdo. A alteração vocal pode mesmo chegar até à afonia completa.

O paciente pode descobrir espontaneamente, pela união faringolaríngea, a voz das pregas ventriculares ou uma voz produzida pelo contato das estruturas posteriores da laringe (aritenóides, bocal posterior) com a epiglote. Em certos casos, observa-se um contato entre a prega vocal restante e a prega ventricular oposta (voz "cordoventricular"). Notemos que na cordectomia a *laser*, que necessita de ressecção da prega ventricular homolateral, o paciente tem mais dificuldade em aproveitar esse tipo de recuperação.

Apesar de seu caráter inestético, essas vozes de substituição são paliativos que podem revelar-se muito úteis, na espera da constituição da neocorda e do retorno progressivo ou em etapas de uma voz cada vez mais eficiente.

COMPLICAÇÕES

Às vezes, observa-se o desenvolvimento de um granuloma cicatricial que pode dificultar a fonação, mas que também pode favorece-la. Neste último caso, a queda do granuloma ou sua exérese cirúrgica traduz-se por uma regressão mais ou menos marcada das possibilidades vocais. Pode-se observar ainda a evolução para a atrofia da prega vocal sadia (incurvação da borda livre) por falta de uso ou por um comportamento contido. É possível, ao contrário, constatar a presença de um nódulo dessa mesma prega vocal sadia relacionada a um comportamento de esforço.

**Tratamento reeducativo**

O prognóstico fonatório da cordectomia é considerado favorável. Espontaneamente, o paciente operado pode descobrir, como dissemos, diversas possibilidades de emissão vocal, embora a reeducação vocal não seja às vezes prescrita.

Essa reeducação parece essencial, no entanto, para uma recuperação perfeita. Será realizada duas a três semanas após a intervenção e deverá, como sempre, começar por uma informação ao paciente.

Como na paralisia recorrencial, essa reeducação tem por base três princípios básicos:

– evitar os esforços de respiração, dominando a técnica respiratória (cf. *A voz*, volume 4);

• • •

– provocar um contato vibrante, utilizando tanto quanto possível a prega vocal restante por meio de movimentos de mobilização laterocervical (cf. p. 35);

– orientar a produção vocal para sons de caráter tão musicais quanto possível, deixando para resolver mais adiante o problema da intensidade.

Após alguns meses, o timbre vocal perde mais ou menos seu caráter surdo e ofegante, a intensidade aumenta, mas raramente a voz retorna de modo integral a suas performances anteriores, mesmo que continue em geral a melhorar com o uso no decorrer dos anos.

Quando a reeducação não dá ao paciente um resultado satisfatório, certos autores propõem uma infiltração local de substância amorfa.

## *Laringectomia frontolateral*

Proposta por *Leroux-Robert*, em 1948, essa intervenção consiste na ablação não somente de uma prega vocal (respeitando ou não a apófise vocal), mas que envolva a comissura anterior e uma certa porção anterior da prega vocal oposta. A ablação é feita também em monobloco, removendo um fragmento justacomissural mais ou menos extenso da cartilagem tireóide (Figura 4.4).

Como na cordectomia, a intervenção pode ser complementada por uma reconstrução, utilizando, por exemplo, um retalho de abaixamento da prega ventricular. O fechamento é feito por uma nova fixação da base da epiglote, da prega vocal contralateral e das duas pregas ventriculares com aproximação das duas asas tireóideas.

Atualmente, essa intervenção parece ter sido suplantada pelas laringectomias supracricóideas.

No período pós-operatório, a afonia completa normalmente apresenta um aspecto de glote ovalada por falta de tensão da parte conservada da prega vocal contralateral. Em seguida, ouvem-se emissões sonoras de caráter freqüentemente agudo devido ao estreitamento da glote.

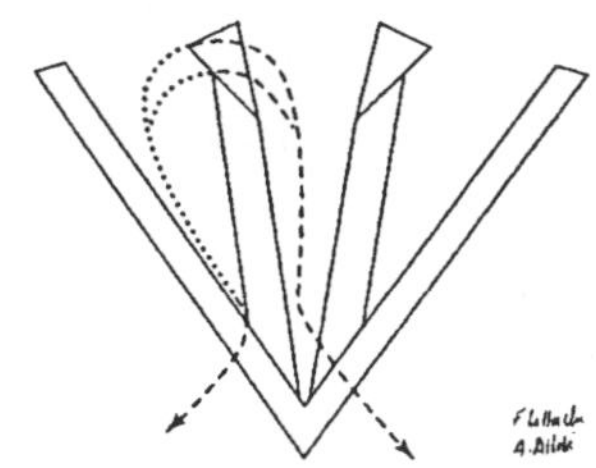

**➤ Fig. 4.4**
**Laringectomia frontolateral respeitando ou removendo a apófise vocal.**

**Reeducação vocal**

Na laringectomia frontolateral, a *reeducação vocal* obedece aos mesmos princípios que na cordectomia. Um objetivo particular será aqui – ao menos quando se trata de um homem – obter sons graves, não hesitando para isso em recorrer eventualmente à voz das pregas vestibulares.

## *Hemiglotectomia*

Proposta por *Y. Guerrier*, consiste na ablação da totalidade de uma prega vocal que inclui, na frente, a comissura anterior com uma porção da parte anterior da cartilagem tireóide (Figura 4.5). Remove, em cima, uma parte da prega vestibular e, atrás, a totalidade da cartilagem aritenóide, mantendo no lugar a cartilagem corniculada. A fonação poderá ser garantida pelo contato da face posterior da epiglote com uma aritenóide ou pela prega vestibular contralateral.

## *Glotectomia*

Proposta por *Calero e Teatini*, compreende a exérese das duas pregas vocais, a comissura anterior com a porção subjacente ântero-inferior da cartilagem tireóide (Figura 4.6). Atrás, remove eventualmente uma aritenóide. Mantém as duas pregas vestibulares que permanecem portanto disponíveis para a fonação.

## *Hemilaringectomia*

Proposta por *Hautant* na década de 1920, consiste na ablação dos dois terços anteriores de uma asa tireóidea, incluindo uma parte da asa tireóidea oposta no nível da comissura anterior (Figura 4.7). Mais embaixo, comporta a metade da cartilagem cricóide desde a linha mediana na frente até à *eminência* atrás. Comporta a

➤ **Fig. 4.5**

**Hemiglotectomia**

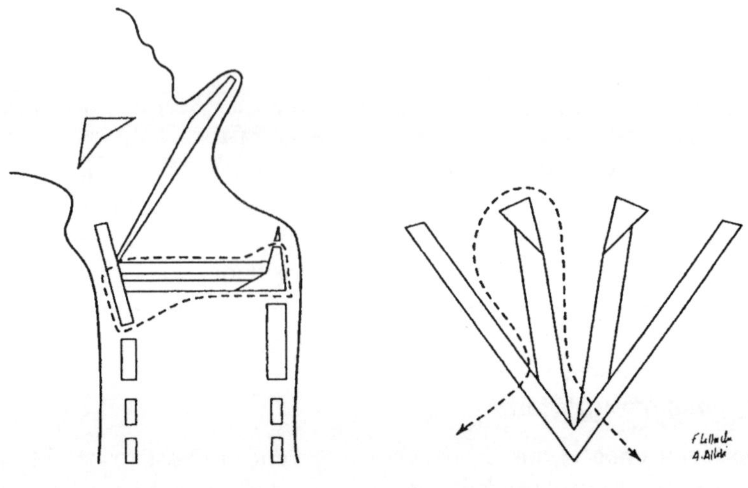

➤ **Fig. 4.6**

**Glotectomia respeitando ou removendo uma aritenóide.**

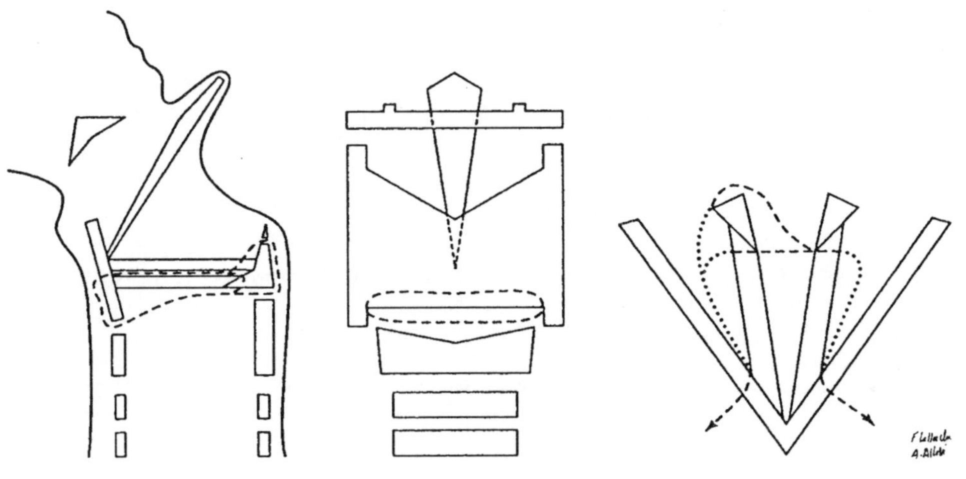

prega vocal até a comissura anterior inclusa e uma parte da cartilagem aritenóide atrás. Em cima, a exérese limita-se ao soalho do ventrículo.

A fonação é produzida pelo contato da prega vocal restante com uma dobra fibrosa cicatricial que se forma progressivamente do lado oposto.

Essa intervenção parece não ser tão praticada atualmente.

### *Laringectomia frontal anterior com epiglotoplastia*

Proposta por *HM. Tucker*, em 1978, essa intervenção consiste na ablação em monobloco do terço anterior da cartilagem tireóide, das duas pregas vocais, respeitando, de um lado, a apófise vocal, removendo, do outro, não somente a apófise vocal, mas eventualmente a totalidade da cartilagem aritenóide (Figura 4.8). Em cima, estende-se do lado mais atingido à parte inferior das pregas vestibulares. Comporta, além disso, o declive da epiglote e sua fixação à cartilagem cricóide, de onde provém o qualificativo "reconstrutiva" dado a essa intervenção.

A fonação pode ser obtida de três formas diferentes (C. Pech):

– por contato *sagital* das duas aritenóides ou da aritenóide restante com uma dobra mucosa lateral;

– por contato *frontal* da mesma aritenóide com a face posterior da epiglote;

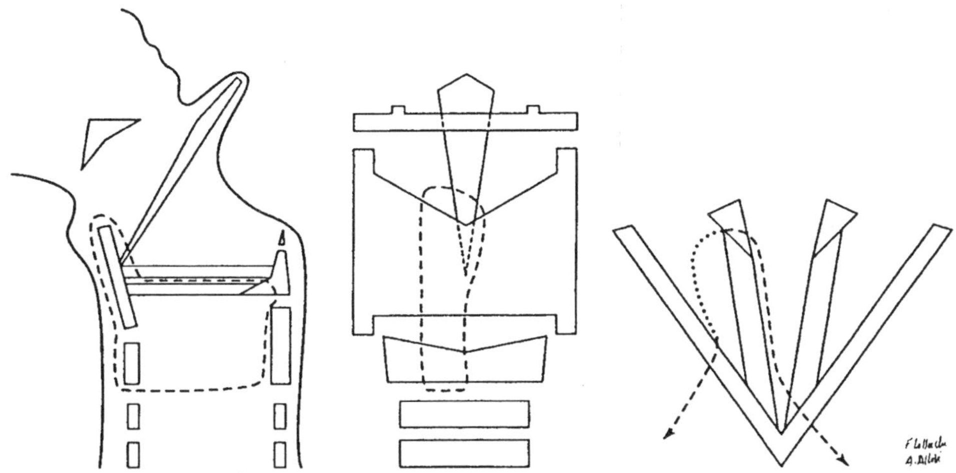

➤ **Fig. 4.7**

**Hemilaringectomia de Hautant.**

Notar que a vista superior não dá conta da exérese da metade da cartilagem cricóide subjacente.

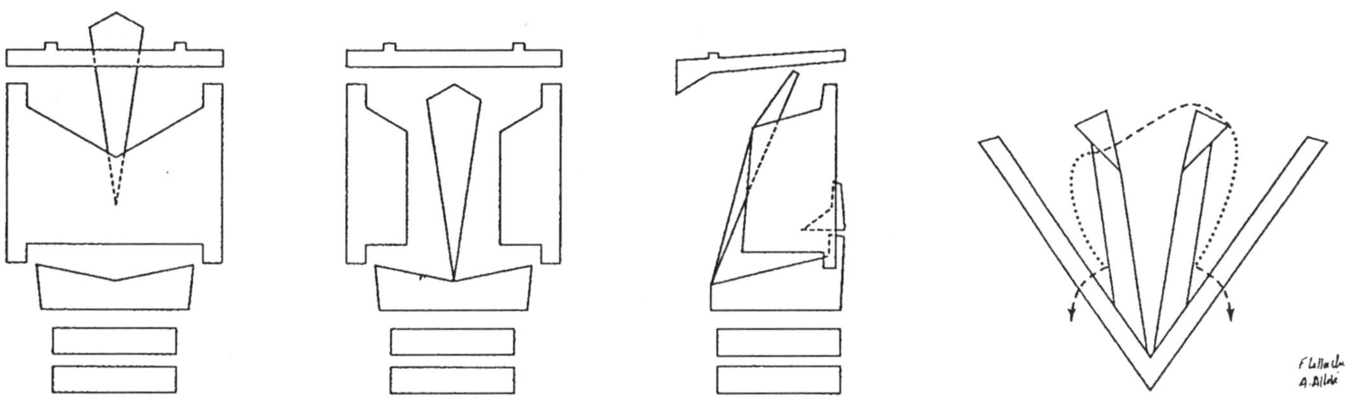

Antes da intervenção — Vistas da face e do perfil após a intervenção. — Vista superior

➤ **Fig. 4.8**

**Intervenção de Tucker.**

– por contato *misto*, combinando as duas modalidades precedentes.

Esse mecanismo fonatório aproxima-se daquele que ocorre nas laringectomias supracricóideas que descreveremos em seguida.

Notemos que a desinserção anterior das pregas ventriculares torna impossível, em princípio, sua participação na fonação.

## Laringectomias supracricóideas

As laringectomias supracricóideas (LSC) são chamadas também laringectomias *subtotais* ou, de modo mais discutível, laringectomias *reconstrutivas*. Como dissemos, essas intervenções comportam a ressecção de uma porção horizontal completa do conduto laríngeo, produzindo uma diminuição deste.

Descreveremos as duas principais intervenções desse tipo: a primeira suprime a epiglote e favorece uma "cricohioidopexia" (CHP), a segunda conserva a epiglote e favorece uma "cricohioido-epiglotopexia" (CHEP).

### *Laringectomia supracricóidea com cricohioidopexia (CHP)*

Proposta por *J. Labayle*, em 1970, essa intervenção consiste na ablação da totalidade da cartilagem tireóide, das duas pregas vocais, das duas pregas vestibulares, da epiglote e mais freqüentemente de uma aritenóide (Figura 4.9).

➤ **Fig. 4.9**

**Laringectomia supracricóidea com CHP.**

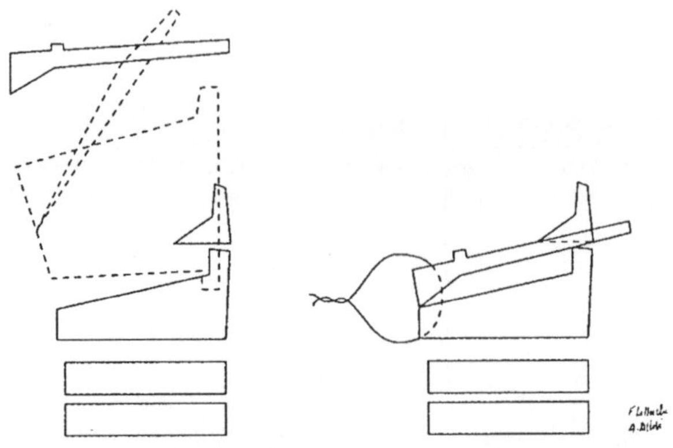

Comporta, além disso, a subida da traquéia. Após exérese da cartilagem tireóide, a cricóide deve, de fato, ser fixada ao osso hióideo.

No caso em que uma aritenóide é removida, certos autores preconizam sua reconstituição na forma de uma proteção, realizada a partir de sua própria mucosa posterior.[4] Notemos que essa intervenção conserva não somente uma aritenóide (ou as duas), mas também a musculatura desta, bem como sua inervação. A conservação de movimentos aritenóideos ativos é muito importante para a fonação. Essa intervenção busca, em suma, respeitar o que B. Guerrier chama de *unidade funcional cricoaritenóidea*.

## CONSEQÜÊNCIAS PARA A FONAÇÃO

No período pós-operatório, a neolaringe aparece um pouco inerte. Progressivamente, e sobretudo com a ajuda da reeducação, desenvolvem-se possibilidades de produções fonatórias a partir da mucosa da aritenóide restante. Essas produções sonoras são realizadas por meio de um movimento complexo que combina uma inclinação para frente da cartilagem aritenóide: a *saudação aritenóidea* e um movimento de translação para a linha mediana dessa mesma cartilagem: o movimento de *cortina de cena* (B. Arnoux-Sindt). Esse duplo movimento traduz-se pelo contato do ápice da aritenóide, na frente, com a base da língua (contato frontal) ou da mucosa da aritenóide com uma dobra mucosa lateral (contato sagital).

Os sons produzidos são inicialmente, na maioria das vezes, muito graves, lembrando grunhidos. Progressivamente, graças à reeducação, o timbre se torna mais fino e resulta, em 80% dos casos, numa voz de intensidade relativamente forte e de timbre aceitável, com modulações tonais surpreendentes.

## CONSEQÜÊNCIAS PARA A DEGLUTIÇÃO

Os distúrbios da deglutição são inevitáveis no início. Sua persistência pode exigir a utilização de uma sonda gástrica provisória, buscando evitar as perdas de peso significativas ou as pneumonias brônquicas de deglutição.

Em casos extremos, a laringectomia total será o último recurso.

Em geral, a deglutição é recuperada de modo progressivo, dentro de alguns dias, com ou sem a ajuda da reeducação da qual falamos mais adiante.

[4] Alguns casos de síndromes de apnéia do sono pós-operatórios foram observados, exigindo a vaporização a *laser* do excesso de mucosa aritenóidea e a realização noturna de uma pressão positiva contínua nasal.

**Reeducação vocal**

Na laringectomia supracricóidea com CHP, a reeducação vocal é realizada geralmente nas semanas seguintes à intervenção. Ela é abordada um pouco depois daquela, mais urgente, da deglutição e acompanha paralelamente esta última.

A reeducação vocal tem por base os seguintes princípios:

– a informação: aqui como em outros casos, o paciente deve ser bem informado de sua nova anatomia; deve ter uma clara consciência das conseqüências funcionais que resultam das transformações trazidas pela intervenção;

– a aprendizagem do recuo da base da língua juntamente com movimentos de tensão laríngea e bloqueio, com uma respiração pulmonar bem dosada (cf. *A voz*, Volume 4, "Pedagogia do sopro fonatório"), sem esquecer a obturação digital do orifício traqueal se este ainda não estiver fechado;

– a avaliação precisa do paciente das emissões produzidas, buscando progressivamente melhorar o timbre; o paciente se ajudará para isso com pressões digitais no pescoço associadas a movimentos de diducção da maxila e de flexão da cabeça.

### *Laringectomia supracricóidea com cricohioidoepiglotopexia (CHEP)*

Proposta por *E.H. Majer*, em 1959, e retomada na França por *J.J. Piquet*, em 1972, essa intervenção comporta, como a anterior, a ablação da totalidade da cartilagem tireóide, das duas pregas vocais, das duas pregas vestibulares e, mais freqüentemente, de uma aritenóide. Conserva, porém, os três quartos superiores da epiglote (Figura 4.10).

Como na intervenção de J. Labayle, a traquéia é elevada de forma a possibilitar a sutura da cricóide ao osso hióideo e à porção restante da epiglote.

CONSEQÜÊNCIAS PARA A FONAÇÃO E PARA A DEGLUTIÇÃO

A fonação é aqui garantida, como no caso anterior, ou pelo contato frontal do ápice da aritenóide com a face posterior da epiglote, ou pelo contato lateral. Sendo a mucosa da epiglote muito aderente à cartilagem, esta se torna pouco vibrante, o que explica uma fonação mais difícil do que no caso de uma cricohioidopexia (CHP). Em compensação, a presença da epiglote facilita a recuperação da deglutição, não somente por sua função direcional do bolo alimentar, mas também devido à sensibilidade de sua face anterior, facilitando o reflexo de elevação da neolaringe.

**Reeducação vocal**

Na laringectomia supracricóidea, a reeducação vocal procede quase exatamente aos mesmos princípios que no caso de uma cricohioidopexia (CHP) ou da intervenção de Tucker.

## Distúrbios da deglutição nas laringectomias parciais

Como vimos, as laringectomias parciais geram freqüentemente distúrbios da deglutição que saem do domínio estrito da fonoaudiologia. É desejável, porém, que

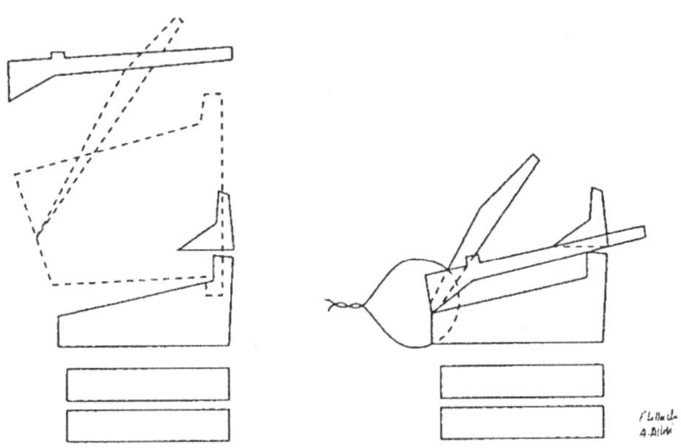

➤ **Fig. 4.10**

**Laringectomia supracricóidea com CHEP.**

o fonoaudiólogo que assumir a reabilitação fonatória do paciente possa tratar igualmente suas dificuldades de deglutição.

Esses distúrbios encontram-se essencialmente após as laringectomias supracricóideas com CHP ou CHEP e a um grau menor nas intervenções de Tucker e nas laringectomias supraglóticas.

## PROCEDIMENTOS DE ESTUDO

Às vezes, desde as primeiras tentativas, o paciente consegue realizar, principalmente se for conduzido de modo adequado, uma deglutição sem falsas rotas. Em outros casos, infelizmente freqüentes, as falsas rotas parecem difíceis de ser evitadas no início.

Um exame atento do estado anatômico, das possibilidades funcionais e do comportamento do paciente durante as tentativas de deglutição indicam a conduta a ser tomada e permitem prever a melhor estratégia reeducativa. Exames complementares: endoscopia, videoradioscopia e manometria faringoesofágica podem ajudar imensamente a compreender os mecanismos das falsas rotas.

### Primeiras tentativas da deglutição

Após a laringectomia parcial, as primeiras tentativas de deglutição deverão ser precedidas pela verificação dessas possibilidades de expectoração voluntária do paciente operado. Este deverá compreender o perigo de deglutir em seus pulmões. Será treinado, além disso, para produzir respirações breves e potentes, utilizando sua cinta muscular. Esses movimentos permitem soltar das mucosas faríngea, laríngea e traqueal qualquer mucosidade aderente e espessa.

As tentativas de deglutição iniciam pela da saliva, depois por pequenas quantidades de alimentos gelatinosos (mingaus, cremes, etc), de preferência coloridos, o que permite localizar mais facilmente as eventuais falsas rotas. Os líquidos, e particularmente a água, servem bem menos a uma deglutição satisfatória e devem ser excluídos, pelo menos em um primeiro momento. Entretanto, pequenas quantidades de água gasosa e congelada apresentam a vantagem de desencadear o reflexo de elevação da laringe ou da neolaringe. Poder-se-á indicar igualmente líquidos mais consistentes para ser tomados em pequenas quantidades com a ajuda de um canudo. Pede-se ao paciente para que observe a ascensão de sua laringe, colocando a mão na face anterior do pescoço, com a cabeça inclinada para frente e mais ou menos inclinada para um lado ou para o outro, o corpo inteiro mais ou menos curvado para frente. Cada deglutição deve ser executada com aplicação e preparação mental prévia, mas, no entanto, de maneira firme e segura, sem hesitação a partir do momento em que a decisão de engolir for tomada. As primeiras vezes são seguidas cada uma por movimentos de expectoração voluntária e por respiração abdominal com o objetivo de rejeitar o que se conseguiu introduzir pela traquéia.

Além dessa realização da deglutição sem falsas rotas, o paciente deve ser exercitado para mobilizar com facilidade e eficácia todos os órgãos envolvidos no ato da deglutição: lábios, bochechas, língua, soalho da boca, véu palatino, musculatura intrínseca da laringe (mobilidade vertical) e cervical, sem esquecer a respiração fonatória e o exercício de relaxamento (cf. *A voz*, Volume 4).

Isso poderá propiciar a prática de exercícios que devem ser executados frente a um espelho, tais como "clics" labiais, preensão labial, sucção, dilatação das bochechas, estalos com a língua, língua de gato-rato, língua presa, tracção-retropulsão, abertura da boca com resistência, gargarejos, exercícios com a glote, respiração ritmada, relaxamento com olhos abertos, entre outros. (cf. *A voz*, Volume 4).

## RESULTADOS

De modo geral, a deglutição torna-se relativamente satisfatória entre o 10º e o 20º dia após a intervenção.

Essa recuperação é mais rápida para as intervenções de Tucker e nos casos de laringectomias supraglóticas. É mais tardia nas laringectomias subtotais com cri-cohioidopexia.

Em certos casos, o paciente deverá, porém, continuar durante vários meses a respeitar as posições de facilitação, pelo menos para a deglutição dos líquidos.

## LEITURAS SUGERIDAS


ARNOUX-SINDT B. Réadaptation fonctionnelle après chirurgie reconstructive. *Cahiers d'ORL* 1991.

ARNOUX-SINDT B. Articulation crico-aryténoïdienne et laryngectomic reconstructive. *Rev Laryngol* 1992 ; 113, 4 : 339-342.

BONNET PH, GUERRIER B, ARNOUX-SINDT B. Réadaptation fonctionnelle après chirurgie reconstructive. *Cahiers d'ORL* 1988.

BONNET PH, GUERRIER B, ARNOUX-SINDT B. Réadaptation de la phonation et de la déglutition après chirurgie reconstructive laryngée. *Bull Audiophonol* 1987.

CALEARO C, TEATINI GP. Horizontal Glottectomy. *Laryngoscope* 1978 ; 88: 1529-1535.

CALEARO C, TEATINI GP. *La glottectomie horizontale.* 77ᵉ congrès français d'ORL. Paris: Arnette,1980.

DANOY MC *et al.* Laryngectomies reconstructives. Que faire en rééducation et pourquoi ? *Rev Laryngol* 1988 ; 109, 4: 379-382.

DECROIX G, PIQUET JJ, DESAULTY A, HEQUET B, BOSSUT M et Y, LACROIX L. Étude de la phonation après laryngectomie reconstructive. *Ann Otolaryngol* 1976 ; 93, 3 : 129-148.

DEMARD D, DEMARD F. Rééducation vocale après laryngectomies partielles. *Rev Laryngol* 1984 ; 105, 4 : 415-417.

DEVARS F, TRAISSAC L, WALTER V, GUATTERIE M, LOZANO V. Réhabilitation chirurgicale de la déglutition après chirurgie partielle du larynx. *Rev Laryngol* 1992 ; 113, 1.

GUATTERIE M, LOZANO V. Problématique des troubles de la déglutition. *Revue d'ORL* 1990 ; 11.

GUERRIER Y, MOUNIER-KUHN P. *Histoire des maladies de l'oreille, du nez et de la gorge.* Paris : R. Dacosta, 1980.

GUERRIER B, LALLEMAND JG, BALMIGERE G, BONNET LABAYLE J, BISMUTH L. La laryngectomie totale avec reconstruction. *Ann Otolaryngol* 1971 ; 88: 219-228.

LABAYLE J, DAHAN S. Laryngectomie reconstructive. *Ann Otolaryngol* 1981 ; 88 : 587-592.

LABAYLE J, VALLANCIEN B. Mécanisme de la voix parlée après laryngectomic reconstructive. *Folia Phoniatrica* 1974 ; 26 : 153-154.

LACAU-St-GUILY J, CHAUSSADE S. Troubles de la déglutition de l'adulte. Les maladies motrices du pharynx et de l'oesophage. Paris: *Monographies du CCA Wagram* 1994 ; 20.

LACCOURREYE H, ABOUCAYA JP, MÉDARD M, JANOT F *et al.* Hémilaryngo-pharyngectomie. Résultats fonctionnels et carcinologiques. *Ann Otolaryngol* 1988 ; 105 : 443-447.

LACCOURREYE H, LACCOUREYE O, WEINSTEIN G, MÉDARD M, BRASNU D. Supracricoid laryngectomy with CHP. *Laryngoscope* 1990 ; 100: 735-741.

LACCOURREYE H. La chirurgie partielle des épithéliomas du pharyngo-larynx. Paris: *Monographics du CCA Wagrarn* 1991 ; 15.

LE HUCHE. *La voix sans larynx.* Paris: Maloine, 1987, 4ᵉ éd.

LEVY C *et al.* La chirurgie conservatrice du cancer du larynx : cordectomies, hémilaryngectomies, laryngectomies sus-glottiques. *Ann Otolaryngol* 1986 ; 103 : 399-409.

LOGEMANN JA. Evaluation and treatment of swallowing disorders. San Diego College: Hill Press, 1983.

LOGEMANN JA, KAHRILLAS PJ, KOBARA M, VAKIL NB. The benefit of head rotation on pharyngo-oesophageal dysphagia. *Arch Phys Med Rehabil* 1989 ; 70 : 767-771.

MAJER EH, RIEDER W. Technique de laryngectomie permettant de conserver la permeabilité réspiratoire. *Ann Otolaryngol* 1959 ; 76 : 677-681.

MARTIN E. *Les troubles de la déglutition dans les laryngectomies partielles sus-cricoïdiennes avec CHP* on *CHEP et leur réducation.* Paris: Mémoire corthophonie, 1989.

MC CONNELL FM, MENDELSOHN MS, LOGEMANN JA. Mano-fluorography of deglutition after supra-glottic laryngectomy. *Head Neck Surg* 1986 ; 142-150.

PECH A, CANNONI M, GOUBERT JL, THOMASSIN JM, ZANARET M, GIOVANNI A. Laryngectomie frontale antérieure reconstructive (LFAR). Intervention de Tucker. *Rev Laryngol Otorhinol* 1984; 3 : 105.

PECH C, GIOVANNI A, HENINN N. La voix sans corde vocale. *Rev Laryngol* 1988 ; 109, 4: 373-377.

PECH C, GIOVANNI A. La voix aprè les laryngectomies reconstructives. *Bull Audiophonol* 1990 ; 6 : 33.

PIQUET JJ, DESAULTY A, DECROIX G. La laryngectomie horizontale sus-glottique dans le traitement des cancers sus-glottiques et de la margelle laryngée. *Ann Otolaryngol* 1972 ; 89, 1-2: 35-48.
PIQUET JJ, DESAULTY A, HOFFMANN Y, DECROIX G. La chirurgie subtotale et reconstructive dans le traitement des cancers du larynx. *Ann Otolaryngol* 1974 ; 91, 6 : 311-320.
PIQUET JJ *et al. Les Crico-hyoïdo-pexies.* 75^e congrès français d'ORL. Paris : Arnette, 1978.
PIQUET JJ, DARRAS JA, BERRIER A, ROUX X, GARCETTE L. Les laryngectomies subtotales Inctionnelles avec CHP. *Ann Otolaryngol* 1986 ; 103 : 411-415.
PIQUET JJ, La CHEP de Majer Piquet dans le traitement des cancers glottiques. *Journal français d'ORL* 1988 ; 37 : 63-66.
PIQUET JJ, CHEVALIER D, DARRAS JA, ROUX X. Laryngectomie avec épiglottoplastie de Tucker. *Ann Oto Laryngol* 1990 ; 107 : 555-558.
RENEVIER N. *Techniques de rééducation après laryngectornies reconstructives.* Montpellier : Mémoire d'orthophonie, 1985.
TRAISSAC L. *Réhabilitation de la voix et de la déglutition après chirurgie partielle* on *totale du larynx.* Rapport de la Société française d'ORL et de pathologie cervico-faciale. Paris: Arnette,1992.
TUCKER HM, WOOD BG, LEVINE H, KATZ R. Glottic reconstruction after near total laryngectomy. *Laryngoscope* 1979 ; 89: 609-618.
WOISARD V, PUECH M, SERRANO E, PESSEY JJ, LACOMME Y. Étude radiologique du mécanisme de la déglutition après chirurgie partielle horizontale sus-glottique. *Revue de la Societé française d'ORL* 1993 ; 19.

**Vidéocassettes**
GUERRIER B, ARNOUX B, BONNET Ph. *Réadaptation fonctionnelle après chirurgie reconstructive laryngée. VHS* 23 min, Laboratoires Bouchara.
GUATTERIE M, LOZANO V. *Rééducation des troubles de la déglutition. VHS* 22 min, Icône, Bordeaux.
LOZANO V, *Guatteric M. Toux et déglutition. Les fausses routes sans toux.* VHS 7 min, Icône, Bordeaux.

**Revue**
*Dysphagia. An international multidisciplinary journal devoted to swallowing and its disorders.* Springer International.

## LARINGECTOMIA TOTAL

### Modificações anatômicas e conseqüências pós-operatórias

LARINGECTOMIA TOTAL

A laringectomia é uma intervenção bastante pesada, e o paciente operado leva um certo tempo para se restabelecer. Essa intervenção altera gravemente a anatomia e a organização do aparelho fonatório (Figura 4.11). Mesmo que tenha sido preparado, é impossível ao laringectomizado adaptar-se imediatamente a essa nova organização anatômica em relação à qual seus reflexos fonatórios antigos estão constantemente desajustados.

A laringectomia é, em primeiro lugar, a perda das pregas vocais. Em segundo lugar – e ainda mais importante –, é a derivação da corrente de ar pulmonar. A ablação da laringe leva, de fato, o cirurgião a realizar na traquéia uma abertura no o pescoço, como podemos ver na Figura 4.12. O laringectomizado respira assim por um orifício (o traqueostoma) situado na parede cervical anterior, orifício no qual geralmente se coloca – na medida em que tende a se fechar – uma cânula, provisória ou definitiva.

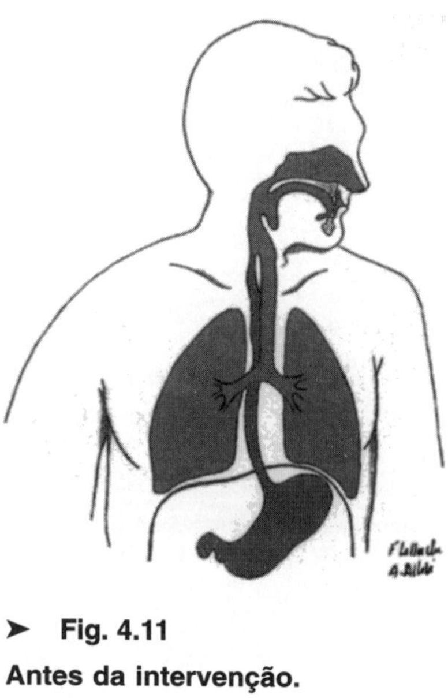

**➤ Fig. 4.11**
**Antes da intervenção.**

LARINGECTOMIA TOTAL COM CRIAÇÃO DE UMA COMUNICAÇÃO TRAQUEOESOFÁGICA

Cada vez mais freqüentemente, o cirurgião realiza, durante a laringectomia mesmo, uma comunicação entre a traquéia e o esôfago (na altura do traqueostoma). Esta pode resultar ou de uma simples "punctura", que permitirá a inserção de uma prótese fonatória interna, ou da confecção de uma canalização mucosa. Falaremos novamente mais adiante sobre esses procedimentos que permitem atenuar os inconvenientes da derivação da corrente de ar para a fonação, possibilitando a realização da voz traqueoesofágica (Figura 4.13).

QUANTO À ALIMENTAÇÃO

A ablação da laringe acarreta, por outro lado, a abertura da cavidade faríngea que o cirurgião fecha no final da intervenção. Para permitir a alimentação, uma sonda é introduzida no estômago pela narina (sonda nasogástrica). Esta deve permanecer no local de uma a duas semanas aproximadamente, isto é, até a cicatrização da sutura faríngea.

PROBLEMA DA FONAÇÃO

No plano fonatório, durante o período pós-operatório (tendo havido ou não a criação de uma comunicação traqueoesofágica), o operado, como dissemos, é brutalmente confrontado à dupla conseqüência da laringectomia: perda das pregas vocais e derivação da corrente de ar pulmonar. A perda das pregas vocais, evidentemente, priva muito o paciente de qualquer possibilidade de voz laríngea. O fato, porém, de o ar pulmonar entrar e sair pelo traqueostoma e não poder mais passar pelo nariz nem pela boca perturba também a articulação da fala. Esta, no entanto, não se torna impossível. Desde o período pós-operatório, o operado pode, de fato, espontaneamente e sem ajuda, realizar uma espécie de "sussurro" um pouco particular, que resulta da interação dos movimentos naturais dos órgãos da articulação da fala (lábios, língua, véu do palato, maxila) com o ar da boca e da faringe.

Graças a esse sussurro, o indivíduo consegue na maioria das vezes fazer-se mais ou menos compreender, mas somente com a ajuda do contexto. O laringectomizado não apresenta, com efeito, antes de sua reabilitação vocal, apenas a possibilidade de pronunciar as vogais em voz alta, mas também todas as consoantes "sonoras" (b, d, g, v, z, j) transformadas em suas homólogas surdas (p, t, k, f, s, ch), bem como as consoantes nasais (m, n) e, em um menor grau, pois permanecem reconhecíveis, a consoante (l) e as "semivogais". O operado é assim obrigado a recorrer freqüentemente à escrita, utilizando em geral para isso um "quadro mágico"/lousa mágica.

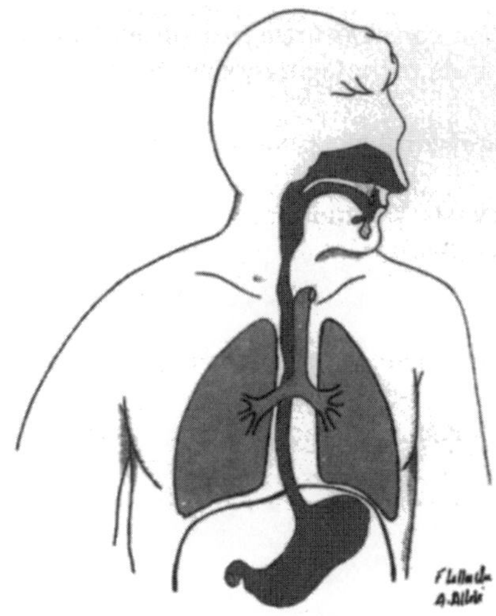

➤ **Fig. 4.12**

**Após laringectomia total simples.**
Separação das vias respiratórias e das vias digestivas.

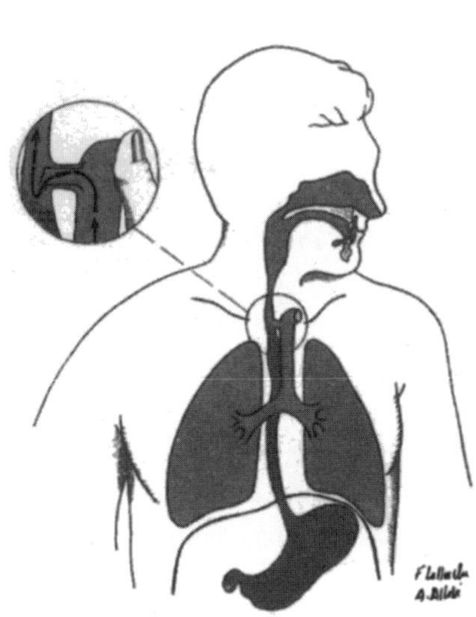

➤ **Fig. 4.13**

**Após laringectomia total com comunicação traqueoesofágica.**
Emprego de uma válvula (removível) ou de um implante (fixo) com válvula anti-refluxo. A fonação é obtida graças ao fechamento do traqueostoma com o dedo.

PROBLEMAS ANEXOS

À alteração da função fonatória acrescenta-se uma perturbação da possibilidade de *tossir*. A fase de compressão pulmonar preparatória à tosse torna-se realmente impossível na ausência do esfíncter glótico. Disso resulta um acúmulo de *secreções* na traquéia.

A perda do esfíncter glótico dificulta igualmente certos *esforços físicos*, particularmente o da defecação.

Finalmente, ressaltamos a *perda de olfato* (mais ou menos completa) que resulta da ausência de circulação do ar na cavidade nasal.

## Reabilitação precoce

Qualquer que seja a solução escolhida para sua reabilitação vocal, a importância de um apoio psicológico e técnico do novo operado nunca será dita suficientemente.

## APOIO PSICOLÓGICO

O apoio psicológico virá do cirurgião e da equipe médica primeiramente, que deverão responder às questões, muitas vezes, de angústia do operado sobre seu futuro frente à realidade de sua atual situação.

Esse apoio psicológico poderá igualmente ser dado pela visita de um operado que tenha alcançado sua reabilitação vocal e que traga o reconforto de "quem passou por isso". É o mérito das associações de laringectomizados em organizar tais visitas.

## APOIO TÉCNICO

Um apoio técnico é igualmente indispensável por parte do fonoaudiólogo. Cabe sobretudo a ele dar, desde essa etapa precoce, todas as informações e todas as indicações úteis à próxima reabilitação vocal do operado. O choque psicológico provocado pela intervenção que resulta geralmente em uma espécie de esquecimento – como se tudo o que se disse antes fosse ultrapassado – deve ser retomado integralmente: informação referente às conseqüências anatômicas e psicológicas da laringectomia na fala; informação sobre as modalidades de reabilitação com ou sem comunicação traqueoesofágica; informação igualmente sobre a perda (relativa) do olfato, os problemas respiratórios, as conseqüências da radioterapia, os problemas dentários, as secreções, a higiene, as proteções traqueais, etc.

## COMO FALAR EM TAL SITUAÇÃO

O recente operado, como observamos anteriormente, pode produzir espontaneamente um sussurro que lhe permite fazer-se mais ou menos compreender, apesar da impossibilidade de realizar a totalidade dos fonemas da língua. Há duas ou três décadas, era freqüente proibirem o laringectomizado de utilizar essa voz sussurrada sob pretexto de que tal proibição o incitaria ainda mais a adquirir e aperfeiçoar a voz esofágica. Dizia-se que o uso da voz sussurrada gerava, além disso, condutas fonatórias defeituosas, tais como o chiado do qual falaremos logo a seguir.

Atualmente, admite-se que o uso da voz sussurrada não apresenta inconveniente se o paciente for informado de que pode utilizá-la sem problemas com a condição de que não faça nenhum esforço articulatório, devendo recorrer, quando necessário, à lousa mágica.

O esforço articulatório pode, de fato, provocar três defeitos na emissão vocal: a emissão de uma respiração traqueal, a silabação e o chiado. Nessa fase pós-operatória, é preciso obrigatoriamente evitar que esses defeitos se instalem, resultando em hábitos que seriam difíceis de perder depois.

A emissão durante a fala de uma *respiração traqueal* resulta do hábito anterior do indivíduo de recorrer, quando sente necessidade, ao ar dos pulmões. Esse ar que escapa sem retenção pelo traqueostoma leva o indivíduo a esforços tanto ineficazes quanto intempestivos. A respiração traqueal apresenta, de fato, um duplo inconveniente: em primeiro lugar, o barulho que produz esconde o da fala sussurrada cuja intensidade é limitada; em segundo lugar, torna a fala cansativa para o indivíduo. Este, devido à ausência da resistência glótica habitual, encontra-se constantemente na situação de alguém que se esgotaria em empurrar repetidas vezes uma porta aberta. O desperdício de ar acarreta, além disso, uma diminuição da taxa sangüínea do gás carbônico que pode resultar em uma sensação de lassidão, com pseudovertigem e perda da incitação à fala.

A *silabação* resulta de uma tentativa de aumentar a inteligibilidade, articulando de modo separado cada sílaba, palavra por palavra. Esse procedimento, longe de aumentar a inteligibilidade, ao contrário, a reduz. Uma palavra cortada em pedaços é uma palavra morta. A fala viva exige a conservação do ritmo natural das palavras.

O *chiado* consiste, mais freqüentemente, em um barulho de rangido produzido pela passagem apertada do ar faríngeo entre a base da língua e o véu do palato, num contexto de esforço articulatório. Mais raramente, esse barulho é produzido mais acima, entre a base da língua e a parede posterior da faringe. Excepcionalmente, trata-se de um barulho produzido a partir do ar acumulado em uma das bochechas e expelido com força através das arcadas dentárias para a cavidade bucal.

O chiado certamente torna a fala mais inteligível, mas o timbre dessa voz, que lembra o coaxo da rã, é muito inestético. Além disso (e sobretudo), as contrações musculares bucofaríngeas necessárias à sua produção tornam mais difícil a aquisição posterior da voz esofágica.

## Reabilitação vocal

### REVISÃO HISTÓRICA

Desde 1873, data da primeira laringectomia total praticada por Billroth, existe o problema da aquisição de uma voz na ausência da laringe. Com esse objetivo, vários experimentos sucederam-se desde essa época até nosso dias, ultrapassando qualquer limite de imaginação de forma excepcional, cada novo procedimento buscando atenuar os inconvenientes dos procedimentos anteriores.

No início, é a era das primeiras laringes artificiais que copiam o quanto podem o mecanismo laríngeo com epiglote e vibrador metálico (Figura 4.14). Sua mecânica pouco confiável e sua tolerância limitada fazem com que sejam abandonadas (1898), obrigando então o paciente a se contentar com a voz sussurrada.

Paralelamente, nascem as próteses pneumáticas externas que utilizam ou o ar dos pulmões (Figura 4.15), ou o ar de um fole ou de uma forma análoga para produzir as vibrações que serão conduzidas para as cavidades bucofaríngeas por meio de uma tubuladura introduzida pela boca ou pelo nariz.

Em seguida, no início do século, é o desenvolvimento da voz esofágica (voz oroesofágica) que é produzida a partir da eructação. O aperfeiçoamento progressivo da técnica de aquisição dessa voz esofágica relega ao segundo plano os outros procedimentos. Essa supremacia da voz oroesofágica não impede, entretanto, o aperfeiçoamento de próteses elétricas ou pneumáticas que conseguem disfarçar relativamente bem os erros de aprendizagem.

Por outro lado, e desde o princípio, notam-se tentativas de reabilitação cirúrgica mais ou menos satisfatórias antes de se chegar às "próteses" internas[5] modernas e às canalizações mucosas que permitem a produção da voz traqueoesofágica. Notemos a diferença essencial que há entre as primeiras laringes artificiais e as próteses internas modernas. As laringes artificiais são providas, como dissemos, de uma palheta vibrante que produz o som. O que as próteses internas atuais (bem como as canalizações mucosas) possibilitam produzir é, pois, de fato, a voz esofágica, tornada particularmente satisfatória quando se torna traqueoesofágica.

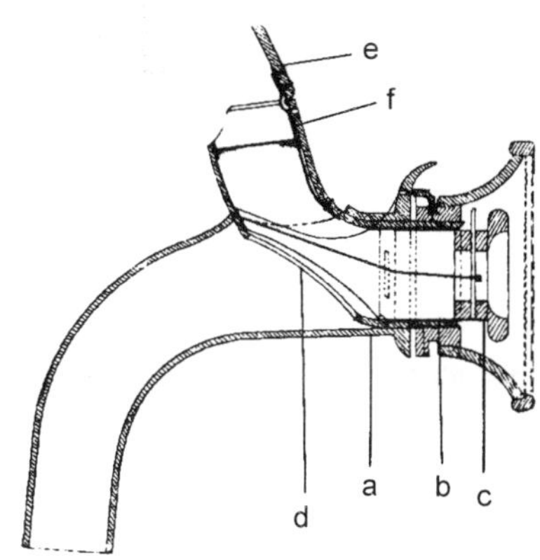


➤ **Fig. 4.14**

**Laringe artificial por Leiter, em 1873 (segundo Y. Lebrun).**

a. Cânula traqueal. b. Cânula "laríngea". c. Vibrador. d. Abertura para a cânula "laríngea". e. Epiglote. f. Cânula "fonatória".

[5] O termo prótese não convém na medida em que a voz não é produzida pelo aparelho. Este constitui somente um elemento protético que permite a vibração da boca esofágica que constitui, nesse caso, o verdadeiro órgão vocal.

➤ **Fig. 4.15**

**Aparelho de Narro-Casadessus (segundo Y. Lebrun).**

O vibrador é instalado no bolso da camisa. Uma válvula se fecha automaticamente sob a ação da respiração fonatória. As eventuais secreções são acumuladas em um tubo na parte inferior do vibrador.

ATUALMENTE

Hoje, o único meio realmente satisfatório de reabilitação vocal após laringectomia total é seguramente a aquisição de uma voz esofágica. Essa voz produzida pela vibração da boca esofágica apresenta-se como uma eructação controlada de duas variantes: a *voz traqueoesofágica* que exige a criação de uma comunicação entre a traquéia e o esôfago, que permita a utilização do ar pulmonar na fonação, e a *voz oroesofágica* (chamada também voz esofágica clássica) que necessita da introdução de ar no esôfago via oral. Essas duas modalidades podem, aliás, ser utilizadas alternativamente por um mesmo indivíduo conforme as circunstâncias.

É somente em caso de fracasso ou de alguma dificuldade particular que se deve recorrer a uma terceira modalidade oferecida pelas próteses externas pneumáticas ou elétricas – a *voz protética* – eventual recurso às vezes providencial.

## *Voz traqueoesofágica*

A produção da voz traqueoesofágica necessita, já vimos, da criação de uma comunicação entre a traquéia e o esôfago. Essa comunicação pode ser realizada por fístula ou por tubulização.

FÍSTULA TRAQUEOESOFÁGICA

A fístula traqueoesofágica é criada por uma simples punctura que permite a colocação de um elemento protético. Esse elemento poderá ser removível, utilizando-se então uma *válvula fonatória*, que poderá ser retirada e recolocada pelo próprio indivíduo (Figura 4.16). Poderá ser fixo, tem-se então a solução do *implante fonatório* cuja substituição (sua duração de vida é de fato limitada atualmente, não passando de alguns meses) exige a intervenção do laringologista.

A *válvula fonatória de Blom e Singer* é composta, por um lado, de um tubo (vertical na figura), de comprimento variável (de 1,8 a 3,6 cm), que será introduzido pelo próprio operado na fístula traqueoesofágica. No topo do tubo, nota-se um colarinho destinado a manter a extremidade do aparelho fixa ao esôfago. Essa extremidade possui uma válvula que impede a passagem da saliva e dos alimentos para a traquéia. À base do tubo, nota-se na borda esquerda (que é, na verdade, a borda inferior quando o aparelho está no lugar), um friso correspondente a uma janela que permite a passagem do ar pulmonar no esôfago durante a fonação. O ar respiratório

➤ **Fig. 4.16**

**Válvula fonatória de Blom e Singer** (imagem M. Remacle).

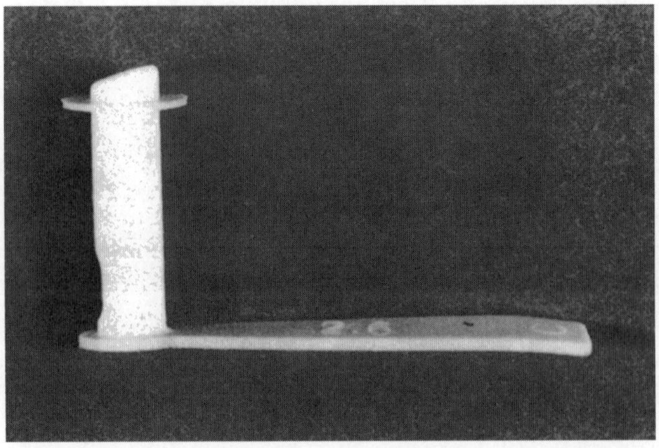

passa por um orifício (invisível na figura) situado na parte de baixo do tubo. Durante a fonação, esse orifício é fechado com o dedo ou por uma válvula traqueal.

Essa válvula apresenta, por outro lado, uma lingüeta (horizontal na figura) que será colada na pele com um adesivo, como se pode ver na Figura 4.18.

O *implante fonatório Provox* (Figura 4.17) é um elemento protético não-removível. Constitui-se de um tubo introduzido na fístula traqueoesofágica pelo cirurgião no momento da intervenção ou depois desta (em segunda intenção) via oral. Neste último caso, o operador utiliza um cano de inserção preso a um fio para colocar o aparelho, secionando-o depois. Observa-se, na parte alta da figura, a extremidade esofágica do tubo com sua válvula anti-refluxo e seu colarinho de retenção. Na parte baixa, um segundo colarinho é aplicado contra o orifício traqueal da fístula. Esse segundo colarinho apresenta um ângulo que deve ser orientado para baixo quando o aparelho está no lugar. O paciente cuidará disso de tempos em tempos, é a forma de garantir que a válvula esofágica anti-refluxo esteja corretamente posicionada. Vários modelos estão disponíveis com tubos de comprimentos e de diâmetros diferentes.

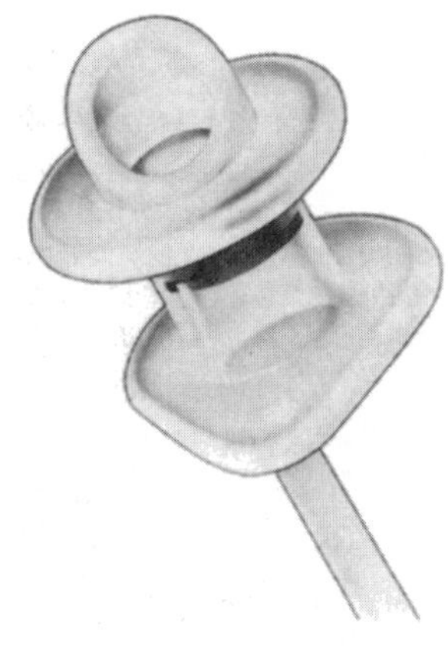

➤ **Fig. 4.17**

**Implante fonatório Provox.**

TUBULIZAÇÃO

Pode-se também confeccionar, por tubulização a partir da mucosa esofágica, um canal tornado continente pela passagem de um esfíncter muscular. É a solução da *canalização mucosa traqueoesofágica continente*.

MODALIDADES DA COLOCAÇÃO E DA UTILIZAÇÃO

Cada uma dessas soluções pode ser realizada em primeira intenção, isto é, durante mesmo a laringectomia. Podem, além disso, ser propostas em segunda intenção, isto é, um certo tempo (variável) após a intervenção, no caso de um resultado insatisfatório, por exemplo, quanto à aprendizagem da voz oroesofágica.

A emissão da voz traqueoesofágica exige o fechamento do orifício respiratório – o traqueostoma – durante a fala. O ar é então "injetado" no esôfago sob efeito da pressão pulmonar por meio da comunicação traqueoesofágica. Esse fechamento pode ser feito com um dedo, devendo este ser tirado no momento em que o indivíduo retoma o ar (Figura 4.18). Pode também ser feito com a ajuda de uma válvula que se fecha automaticamente a partir do momento em que a pressão expiratória aumenta (Figura 4.19).

A voz traqueoesofágica difere, sim, da voz laríngea por uma intensidade mais fraca, um timbre mais ou menos rouco e por possibilidades de modulação reduzidas. É, porém, em geral, uma voz relativamente *dinâmica* e bastante satisfatória quanto ao

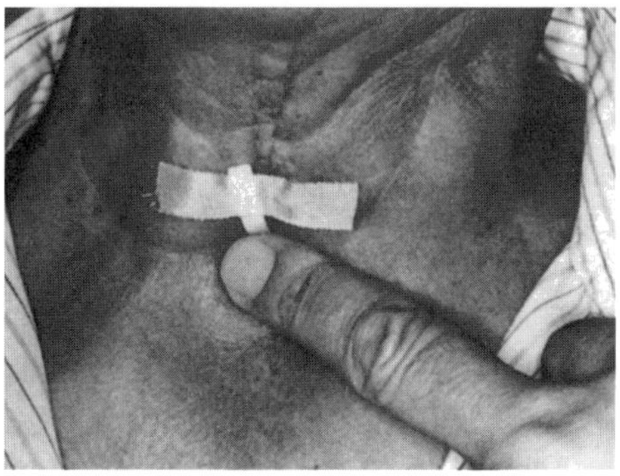

➤ **Fig. 4.18**

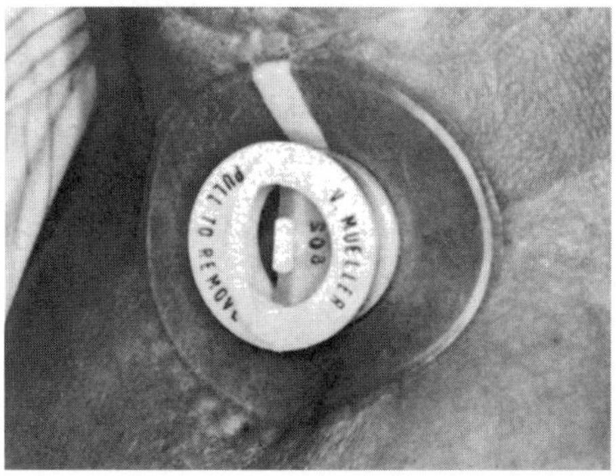

➤ **Fig. 4.19**

➤ **Fig. 4.18**

**Fechamento de uma válvula fonatória de Blom e Singer com o dedo durante a fonação.**

Observa-se, acima do dedo, a lingüeta do aparelho colada à pele por um adesivo.

➤ **Fig. 4.19**

**Válvula traqueal automática de Blom e Singer colocada no orifício traqueal.**

Observa-se, em torno da válvula, um vasto colarinho que o operado deverá colar à pele todos os dias para garantir a estanquidade no momento da fonação. A válvula se fecha automaticamente com o aumento brusco da pressão expiratória, o que permite então a orientação do ar expiratório para o esôfago.

plano estético. É emitida com *facilidade*, permite a emissão de sons prolongados e sobretudo conserva o caráter *expressivo* da fala. É pulsada, de fato, pelo ar expiratório com um fluxo aéreo suficiente para que seu ritmo siga as variações de pressão pulmonar que condicionam normalmente a expressividade natural da voz. A qualidade da voz traqueoesofágica não depende da solução escolhida (válvula, implante ou canalização mucosa), mas essencialmente da flexibilidade da boca esofágica e de sua morfologia, bem como das qualidades de adaptação do operado à sua nova anatomia.

**Tarefa da reeducação**

Diante do laringectomizado que recebeu uma prótese interna ou uma canalização mucosa, o fonoaudiólogo terá, na verdade, uma tripla tarefa. Primeiramente, deverá ajudar o indivíduo operado a descobrir a voz *traqueoesofágica* e a dar início à sua utilização na fala. Em segundo lugar, deverá lhe ensinar a manter o *instrumento* de sua nova voz em bom estado de funcionamento. Deverá, finalmente, incitar o indivíduo a *adquirir paralelamente a voz oroesofágica* que garante no dia-a-dia um complemento muito útil e um ganho de autonomia.

Essa tripla aprendizagem deverá começar sempre por uma orientação. Com o auxílio de esquemas e mesmo, se possível, de filmes em vídeo ou mostrando um modelo de "prótese", o fonoaudiólogo possibilitará ao indivíduo operado compreender como o cirurgião modificou sua anatomia e como, apesar da laringectomia, poderá encontrar uma voz relativamente satisfatória. Repetimos, essa informação pós-operatória precoce é psicologicamente muito importante, permitindo ao paciente criar uma imagem positiva de sua futura reabilitação vocal.

A reeducação propriamente dita, em caso de punctura em primeira intenção, poderá ter início uma ou duas semanas após a intervenção. Poderá começar 48 horas depois da punctura, se esta for praticada secundariamente. A necessidade de um tratamento radioterapêutico pós-operatório provocará freqüentemente uma regressão momentânea das performances vocais do paciente.

Após uma breve revisão da informação, o fonoaudiólogo verificará a não-obstrução do tubo traqueoesofágico. Será o momento então de introduzir ao paciente a limpeza ou controlar sua técnica, caso esta já tenha sido introduzida.

O problema é diferente se se trata de uma válvula (*removível*: Blom e Singer, Singh, etc.) ou de um implante (*fixo*: Traissac, Groningue, Provox, Herrmann, etc.). No primeiro caso, o paciente aprenderá a retirar e a recolocar seu aparelho para limpá-lo a cada dia. No segundo caso, aprenderá a limpá-lo no local, com um cotonete ou uma escova para remover as secreções suscetíveis de obstruí-lo.

A reeducação pode limitar-se a um número bastante reduzido de sessões. O paciente operado será exercitado sucessivamente, produzindo vogais isoladas, depois ligadas, pronunciando frases curtas, projetando interjeições e chamamentos. Isso permitirá mais freqüentemente constatar, desde o início, modulações possíveis. Em muitos casos, o resultado é espetacular: desde as primeiras tentativas, o paciente consegue pronunciar palavras e frases de modo relativamente fácil.

Lembremos que o termo reeducação vocal não corresponde exatamente à realidade. Não se trata, de fato, aqui de recuperar uma voz perdida ou alterada, mas de adquirir uma outra. Uma fórmula mais exata seria, na realidade, a de "restauração da fala pela utilização da voz traqueoesofágica".

DIFICULDADES EVENTUAIS

Às vezes, o resultado é mais demorado e as tentativas são infrutíferas por razões diversas, cuja comprovação nem sempre é fácil e pode exigir consultas repetidas com acompanhamento do cirurgião.

Pode tratar-se de um *espasmo faringoesofágico* engendrado de forma reflexa pelo aumento de pressão intra-esofágica. O ar insuflado da traquéia para o esôfago é, nesse caso, dirigido para o estômago. A eructação não é então produzida ou produz-se somente de modo muito tardio e intenso.

Esse espasmo pode ser evidenciado por meio do *teste de insuflação de Taub*, que consiste em injetar ar no esôfago com a ajuda de uma sonda nasal. O resultado é dito negativo quando essa insuflação não possibilita uma eructação imediata. Esse teste pode ser realizado a partir do ar exalado pelo próprio paciente, graças a um tubo flexível conectado hermeticamente ao orifício traqueal.

O problema do espasmo faringoesofágico pode ser solucionado ou com exercícios de relaxamento (cf. *A voz*, Volume 4), ou com a secção (miotomia) das fibras do músculo constritor inferior da faringe ou de sua inervação (neurectomia).

Pode tratar-se igualmente de problemas locais no nível da prótese, tais como *granuloma* cicatricial, *falta de flexibilidade* dos tecidos, *encastramento* do colarinho do aparelho num tecido cicatricial hipertrófico, entre outros.

O aparelho pode ainda ter sido posicionado *embaixo demais*. Pode ser obstruído por secreções e, ao menos no caso de um implante (fixo), pode ter sofrido uma *rotação* sobre seu eixo.

Outros problemas podem ter origem na *falta de destreza* motora do paciente, que pode ter dificuldade em fechar seu traqueostoma, em regular corretamente sua pressão pulmonar (cf. *A voz*, Volume 4, *Pedagogia da respiração pulmonar*) e, ao menos no caso de uma válvula fonatória (removível), em recolocar corretamente seu aparelho.

Constatam-se ainda, às vezes, dificuldades com uma *articulação da fala atônita* pela atitude ansiosa que o indivíduo apresenta em sua emissão vocal, apesar, muitas vezes, de ter a possibilidade de produzir vogais isoladas prolongadas de excelente qualidade.

## MANUTENÇÃO ASSISTIDA

Em caso de válvula fonatória, o paciente deverá, como dissemos, saber retirar e recolocar seu aparelho após realizar sua limpeza. Durante a limpeza, deve colocar em sua fístula algo que obstrua, evitando o escorrimento de saliva pela fístula, do esôfago até a traquéia. Uma outra possibilidade consiste em dispor de dois aparelhos: enquanto um está na fístula, o outro está mergulhado numa solução anti-séptica.

Em caso de implante, o paciente deverá saber desobstruir seu aparelho com um cotonete ou uma escova especial.

Deverá também detectar a saliva que escapa, produzida ou no exterior do tubo, o que indica um alargamento da fístula, ou em seu interior, o que indica um mau funcionamento da válvula intraesofágica consecutivo, mais freqüentemente, à proliferação de *Candida albicans*. O aparelho deve então ser trocado. A necessidade da substituição ocorrerá inevitavelmente após algum tempo que varia de alguns meses a um ano, excepcionalmente mais. Existe um modelo (*Provox 2*) que permite uma colocação rápida via traqueal por meio de um tubo de manutenção que dobra os colarinhos que, por sua vez, abrem-se quando o implante está no lugar.

Durante o período pós-operatório, o paciente será fortemente encorajado a adquirir a voz oroesofágica da qual falaremos mais adiante. Teoricamente, essa aprendizagem é muito facilitada pelo fato de que o paciente já possui a voz traqueoesofágica. A voz oroesofágica, certamente mais difícil de ser adquirida, fornece um complemento prático inegável em certas circunstâncias da vida.

O objetivo do acompanhamento pós-operatório é, evidentemente, proporcionar autonomia ao paciente. Esta é conseguida muito rapidamente: o paciente que já possui uma boa voz traqueoesofágica inicia paralelamente, após alguns meses, o uso da voz oroesofágica e compreende a necessidade (conforme o caso) de limpar diariamente sua válvula fonatória ou realizar, passado algum tempo, a substituição de seu implante.

Às vezes, o indivíduo operado permanece durante alguns meses um pouco perdido nessas novas condições anatômicas e reclama um acompanhamento psicológico e técnico mais ou menos regular.

RESULTADOS

Quando tal compromisso e o acompanhamento são realizados de uma maneira metódica, a voz traqueoesofágica pode dar resultados satisfatórios em até 90% dos casos. Como dissemos anteriormente, o resultado é muitas vezes espetacular desde as primeiras tentativas.

### *Voz oroesofágica*

A voz oroesofágica (ou voz esofágica clássica) baseia-se no princípio da *eructação controlada*. Para obtê-la, o ponto essencial é introduzir, *via oral*, ar no esôfago de tal modo que esse ar possa ser utilizado para sonorizar a fala.

Na voz oroesofágica, o tempo ativo é o da entrada do ar. O tempo propriamente fonatório, que corresponde à saída do ar, é mais passivo. O indivíduo deve aprender a deixar ocorrer a eructação. Isso apresenta um problema na medida em que é o contrário que ocorre na voz laríngea, em que o indivíduo inspira sem esforço e mobiliza uma certa energia no momento da fonação. É esta certamente uma das razões que tornam o aprendizado da voz oroesofágica difícil. Uma outra razão é o fato de que a eructação é considerada inconveniente e sua emissão provoca de inibição de origem social.

A esse princípio de eructação controlada, convém destacar dois objetivos importantes: o primeiro diz respeito à aquisição da *independência das respirações*, na qual o indivíduo deverá aprender a evitar a solicitação involuntária da respiração traqueal durante a fonação; o segundo diz respeito à preservação da articulação das consoantes suscetível de ser descaracterizada pelo esforço.

MODALIDADES DE APRENDIZAGEM

A aprendizagem da voz oroesofágica pode ser realizada de três formas: ou por meio de *internações* em um centro especializado, ou em ambulatório no âmbito de uma *consulta gratuita* ou em um *médico liberal*, com um reeducador foniatra ou fonoaudiólogo.

Recomenda-se geralmente iniciar a reeducação o mais precocemente possível, isto é, desde o décimo quinto ou vigésimo dia após a intervenção. Este seria o meio de evitar o surgimento de certos "maus hábitos" (tais como o sussurro e o chiado) e alcançar mais rapidamente um melhor resultado. É verdade que a reeducação pode ser empreendida desde a ablação da sonda esofágica.

Convém, no entanto, não se precipitar a princípio. Na verdade, são necessárias algumas semanas para que haja a recuperação psicológica após uma intervenção freqüentemente bastante pesada. Além disso, como dissemos, o período de radioterapia que dá seqüência geralmente à intervenção não é muito favorável devido a reações inflamatórias provocadas pelos "raios".

Na prática, observa-se que, em geral, há um certo intervalo entre a intervenção e o início real da reeducação.

TÉCNICA REEDUCATIVA

Da mesma forma que para a aprendizagem da voz traqueoesofágica, a reeducação começará pela informação do paciente. Aí também, será conveniente fazer com que o indivíduo compreenda as conseqüências práticas das modificações anatômicas que resultam da intervenção.

Adquirir a voz oroesofágica é uma tarefa difícil, o que explica a existência de vários métodos possíveis. Cada método de aprendizagem distingue-se dos outros por sua forma particular de responder aos diversos problemas que se apresentam: por onde se vai começar? quais objetivos sucessivos se propõem atingir? quais exercícios serão propostos? qual informação, quais orientações serão dadas? de que maneira tudo isso será apresentado?, etc.

Descreveremos os principais métodos utilizados, precisando que um dado método de aprendizagem não obriga o paciente a utilizar em sua prática somente uma única técnica.

## Diferentes métodos de aprendizagem

### Método dito "clássico" (Gutzmann, 1909)

Esse método tem por base a utilização da deglutição como meio de levar o paciente a descobrir a mecânica da eructação.

No início, propõe-se ao indivíduo deglutir água gasosa, o que lhe permite familiarizar-se com a eructação espontânea. Pouco depois, propõe-se a ele deglutir diretamente ar, solicitando-lhe para tentar rejeitá-lo logo, conforme a instrução: "Engula e arrote!". Orienta-se o indivíduo para que contraia sua musculatura abdominal a fim de facilitar o exercício.

Mais freqüentemente, a eructação é produzida somente após algum tempo (até vários minutos), após a injeção de ar produzida no esôfago pela deglutição. Pouco a pouco, no entanto, essa eructação tende a se tornar cada vez mais imediata. Artifícios tais como o abaixamento da língua (graças a um abaixador de língua) são necessários para desencadear a eructação de modo reflexo.

A partir do momento em que o indivíduo adquire o controle da eructação voluntária, propõe-se a ele produzir uma vogal, mais ou menos prolongada, em cada eructação, depois duas vogais sucessivas, palavras de uma sílaba, frases curtas, para chegar progressivamente à conversação.

Classicamente, o indivíduo deve treinar tais deglutições relativamente volumosas e expelir o ar com economia, de modo a deglutir o ar com menos freqüência, evitando assim a fragmentação demasiada de sua fala.

Atualmente, o procedimento de deglutição é mais freqüentemente considerado um eventual meio de dar início à aprendizagem, sendo apresentado ao indivíduo depois uma outra técnica, a do ato de sorver, por exemplo. Tal método apresenta a vantagem, porém, da simplicidade teórica. *Engolir ar e arrotar* são coisas muito simples de se compreender, muito fáceis de representar mentalmente. Isso às vezes pode se revelar útil.

### Método de Seeman (1922)

Esse método, chamado método por "inalação" ou por "sucção", propõe-se desde o início à aquisição da técnica do ato de sorver, substituindo a da deglutição.

O ato de sorver consiste em deixar entrar pequenas quantidades de ar no esôfago, buscando criar uma corrente de ar neste por diminuição de pressão na caixa torácica. Essa depressão é realizada, no início do exercício, por uma dilatação torácica em inspiração forçada com ventre contraído. As primeiras tentativas são feitas com a boca entreaberta, a maxila inferior levemente contraída por um movimento do mento para frente, com uma certa dilatação do pescoço. Esse ato dá a impressão de uma dilatação de toda a garganta com a intenção de *sorver* ar. A abertura da boca esofágica resulta num leve barulho de estalido. No momento de sorver no nível da boca e da faringe, pode-se associar um breve movimento inspiratório por dilatação abdominal (inspiração abdominal). É o abaixamento brusco do diafragma que está aqui implicado e que contribui para a introdução do ar no esôfago.

Afora essa substituição da deglutição de ar pelo ato de sorver, o processo de aprendizagem é exatamente calcado naquele do método clássico, com a mesma preocupação em obter, progressivamente, o maior número possível de sílabas de uma única vez.

• • •

• • •

**Método holandês (1952)**

Esse método nasceu das constatações feitas por um laringectomizado (J. Winter) da maior facilidade em produzir as palavras começando por certas consoantes, o que ocasionou, graças às pesquisas de P.H. Damste, a descoberta do fenômeno da injeção esofágica e da ação injetiva do movimento articulatório das consoantes plosivas surdas e sibilantes surdas.

Esse método[a] orienta a aprendizagem desde o início para a utilização das consoantes ingressivas. Dessa forma, as primeiras produções vocais não serão vogais isoladas, mas sílabas que iniciem por consoantes ingressivas (pa, pe, pi..., ta..., ca..., fa..., as..., cha...).

Desde o início, em suma, o indivíduo é incitado a utilizar o próprio movimento da fala para garantir a presença de ar em seu esôfago, tendo como conseqüência a produção de "vogais automáticas", não exigindo nenhum tipo de esforço de eructação. Essa ausência de esforço é a característica principal do comportamento de todos aqueles que conseguem falar bem, não importando a forma como aprenderam.

Por outro lado, o indivíduo não é encorajado a preencher abundantemente seu esôfago. O problema não é mais, com efeito, produzir o máximo de sílabas possível com a mesma introdução de ar. Trata-se, ao contrário, de aprender a injetar no esôfago de forma discreta, com o objetivo de perturbar o mínimo possível o ritmo da fala. Por ser pela utilização do movimento articulatório (modificado com esforço) que se injeta o ar no esôfago, a injeção pode tornar-se, sem inconveniente algum, freqüente. Pode permanecer, entretanto, de pequeno volume.

Naturalmente, o método holandês incita a uma aprendizagem lenta, mais preocupada com a realização de um "ato medido" do que com a produção a qualquer preço das eructações voluntárias o mais rapidamente possível.

[a] Esse método foi difundido na França após a publicação, em 1962, da primeira edição da obra de F. Le Huche, *La voix sans larynx*, *op.cit.*, pela Association des Mutilés de la Voix.

**Método dos bloqueios (Escola de Marseille, 1970)**

Esse método nasceu provavelmente do desejo de obter, antes de tudo, eructações voluntárias. O início do esclarecimento desse método coincide com o início da prática da reeducação com internação de várias semanas em casas especializadas (1962). Compreende-se a vontade de dar ao paciente recém-operado durante sua estadia, no mínimo, um início de domínio sobre o mecanismo essencial da voz oroesofágica, ou seja, da eructação controlada. Com a idéia de que, se o indivíduo já obteve isso, poderá talvez adquirir o resto sozinho.

Os bloqueios resultam de movimentos que agem criando uma compressão do ar da faringe diretamente, isto é, sem qualquer intenção de deglutir ou de articular uma sílaba ou uma palavra. A técnica dos bloqueios é menos discreta do que a das consoantes ingressivas, já que recorre a um movimento que, como o movimento da deglutição, sobrepõe-se aos da fala. Esse movimento sobreposto é, no entanto, indispensável quando se trata de pronunciar vogais isoladas ou palavras que não começam por consoantes ingressivas.

A aprendizagem, segundo esse método, visa, em primeiro lugar, à obtenção das vogais e uma certa energia é dispensada para produzir as injeções e as eructações, o que exclui – ao menos inicialmente – a obtenção de vogais automáticas. Uma etapa de silabações é eventualmente proposta.

RESUMINDO

Os diversos métodos de aprendizagem da voz oroesofágica diferenciam-se, inicialmente, pela forma preconizada no princípio para fornecer ao esôfago o ar necessário. Para isso, pode-se expelir esse ar *apoiando-se em cima* (método holandês, por bloqueio, por deglutição) ou levar o ar ao esôfago, expelindo-o *por baixo* (método que utiliza o ato de sorver).

Diferenciam-se, em segundo lugar, pelos objetivos prioritariamente propostos. Uma primeira forma de realização é condicionada pela preocupação em obter o *mais rapidamente possível* eructações voluntárias e sua utilização na fala, pensando que se algumas falhas aparecem, poderão ser corrigidas em seguida. De um outro ponto de vista, prefere-se proceder de modo mais tranqüilo (o que não quer necessariamente dizer mais lentamente) para a aquisição imediata de *um domínio mais ordenado* e mais consciente dos mecanismos da fala em voz oroesofágica.

RESULTADOS

A voz oroesofágica necessita, em geral, de uma aprendizagem relativamente longa. Conforme a capacidade natural do paciente, pode levar de 10 minutos a algumas semanas para emitir seus primeiros sons, alguns dias ou alguns meses para conseguir dizer palavras isoladas, de um a três meses para pronunciar frases mais ou menos longas, de 3 meses a 1 ano para estabelecer uma conversação sem grandes problemas e de seis meses a vários anos para que sua conversação não exija nenhum esforço particular, nem dele, nem de seu interlocutor.

Segundo os autores, a aprendizagem da voz oroesofágica dá resultados satisfatórios em 60 a 70% dos casos.

Não se deve nunca ficar desesperado para a obtenção de um bom resultado, mesmo que este deva ser esperado. Pôde-se ver laringectomizados adquirir uma boa voz oroesofágica após meses e mesmo anos de esforços sem resultados. Viu-se também produzirem-se melhoras espetaculares após anos de voz debilitada.

Notemos que a utilização da válvula fonatória, de um implante ou a realização de uma tubulização que permita descobrir a voz *traqueoesofágica* facilita imensamente a aprendizagem da voz *oroesofágica*.

Durante sua aprendizagem, o paciente deverá se esforçar para suprimir certas imperfeições. Buscará eliminar a *respiração traqueal*, adquirindo a "*independência das respirações*", isto é, aprendendo a lidar com o ar de sua boca sem movimentar, ao mesmo tempo, o dos pulmões. O *barulho de entrada* do ar no esôfago, o *chiado*, a *imprecisão articulatória* serão combatidas por exercícios específicos. O paciente operado deverá cultivar da mesma forma a *potência*, o *timbre* e a *modulação* de sua voz. Qualquer que seja a habilidade e a perseverança do indivíduo, ele deverá admitir evidentemente que as performances da voz oroesofágica são ainda, porém, limitadas. Contrariamente ao que ocorre com a voz traqueoesofágica, o *fluxo* permanece, na maioria das vezes, interrompido devido à necessidade de se introduzir seguidamente ar no esôfago. Sua *intensidade* é igualmente mais *limitada* e não permite que se escute o barulho. Seu *timbre* é menos *estético* e sobretudo sua *expressividade* continua sendo *reduzida* na medida em que não acompanha as variações da pressão pulmonar.

A voz oroesofágica tem o mérito, no entanto, de ser produzida de uma maneira natural, sem aparelhagem a ser manuseada ou substituída, e de deixar as duas mãos livres, o que confere ao paciente uma total autonomia.

### *Voz protética*

A voz protética é produzida por aparelhos que comportam um vibrador artificial colocado (ao menos nos aparelhos mais comuns) no exterior do corpo.

Assim, embora se recorra a elementos protéticos internos, a voz traqueoesofágica não integra a categoria das vozes protéticas, já que, nesse caso, é a boca esofágica que serve de vibrador.

A voz protética encontra uma eventual indicação em dois casos bem distintos. Por um lado, no período que se segue imediatamente à intervenção, para permitir ao paciente comunicar-se mais facilmente, esperando a aquisição da voz esofágica (seja oro ou traqueoesofágica). Por outro lado, em caso de fracasso provisório ou definitivo da aprendizagem da voz esofágica, como um quebra-galho, embora a tendência seja rejeitá-la sistematicamente em princípio.

Pode-se classificar as próteses externas segundo a fonte de energia (*pneumática* ou *elétrica*) e segundo o modo de transmissão da vibração (via *transcutânea* ou via *ponteira*).

PRÓTESES PNEUMÁTICAS

O aparelho mais comum comporta uma cúpula presa à mão contra o traqueostoma durante a fonação. Um vibrador colocado nessa cúpula é acionado graças ao ar pulmonar. As vibrações são conduzidas para a boca por uma tubuladura flexível e transformadas em fala por meio de movimentos articulatórios naturais (Figura 4.20).

**➤ Fig. 4.20**
**Prótese pneumática: Memacon DSP 8.**

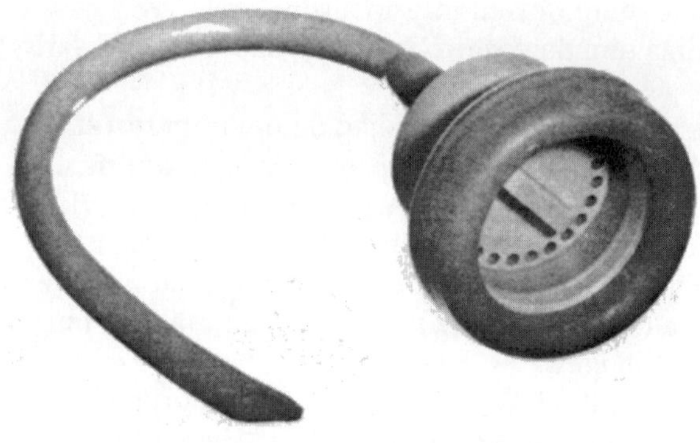

A principal vantagem desse tipo de aparelho, além de seu preço razoável, é propiciar uma voz expressiva, pois modulada pelas variações de pressão pulmonar associadas à vivência afetiva do indivíduo no momento em que fala.

Um primeiro inconveniente é o aspecto pouco higiênico do tubo que entra na boca com presença de saliva em sua extremidade. Outro inconveniente seria que o uso dessa prótese exige a descoberta do traqueostoma a cada tomada da palavra, o que não constitui um ato ou um gesto particularmente estético.

PRÓTESES ELÉTRICAS DE TRANSMISSÃO VIBRATÓRIA TRANSCUTÂNEA

São as próteses mais utilizadas. Apresentam-se na forma de um cilindro cuja extremidade superior termina por uma membrana vibrante (Figura 4.21). Essa membrana é acionada por um vibrador que funciona graças a um acumulador colocado no cilindro. O aparelho fica na mão e a membrana vibrante é aplicada na pele do pescoço ou do soalho da boca ou mesmo, excepcionalmente, na bochecha. O vibrador funciona pela pressão do polegar sobre um interruptor. Na fala, o operado interrompe a vibração durante as pausas entre as frases ou trechos de frases.

A maioria desses aparelhos dispõe de um mecanismo que regula a tonalidade e de um outro que regula a intensidade.

Assim, a articulação da fala é feita normalmente, de forma precisa. A qualidade da transmissão depende da flexibilidade dos tecidos.

O principal inconveniente desse tipo de aparelho é a monotonia e a inexpressividade da voz produzida.

Apesar desse inconveniente, essas próteses são os aparelhos mais utilizados atualmente. Isso se deve provavelmente ao fato de que tais aparelhos não entram em contato nem com a boca, nem com a traquéia, o que resulta em "aparelhos limpos".

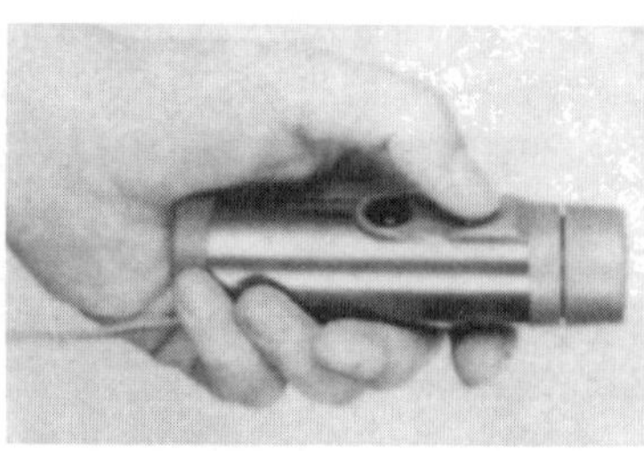

**➤ Fig. 4.21**
**Prótese elétrica Servox.**

PRÓTESES ELÉTRICAS DE ENCAIXE ORAL

Esses aparelhos apresentam igualmente um vibrador que fica inserido em uma caixa que se segura com a mão. Um tubo ligado à caixa permite a transmissão das vibrações na cavidade oral. A caixa tem a forma de um cachimbo, o que a torna mais estética (Figura 4.22).

Essas próteses são indicadas sobretudo quando a falta de flexibilidade dos tecidos do pescoço torna difícil a transmissão vibratória transcutânea. Como os aparelhos precedentes, também fornecem uma voz inteligível, porém monótona e inexpressiva. Um inconveniente a mais, porém, resulta do caráter pouco higiênico de encaixe oral.

Ressaltemos ainda que as próteses elétricas de transmissão vibratória transcutânea podem, muito freqüentemente, ser transformadas em aparelhos de encaixe oral. Essa transformação é realizada por meio de uma cúpula que cobre a extremidade vibrante do cilindro e, prolongada com um tubo, conecta essa cúpula à cavidade oral (Figura 4.23).

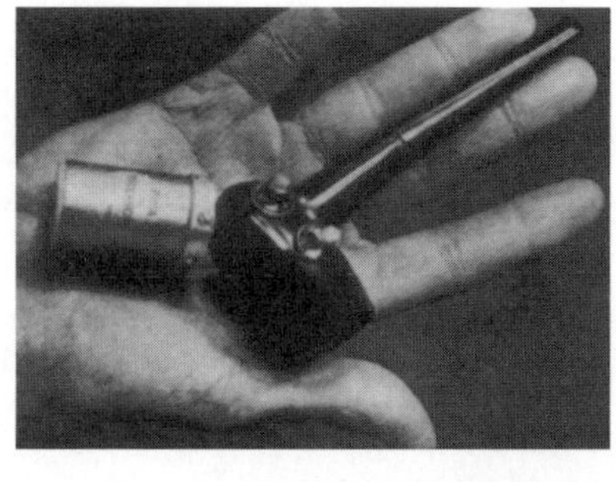

➤ **Fig. 4.22**

**Cachimbo de Ticchioni.**

No fornilho, encontra-se a bateria recarregável que fica na palma da mão.

APARELHOS AMPLIFICADORES

A voz oroesofágica, mesmo de boa qualidade, permanece com uma intensidade fraca e necessita, em certas circunstâncias, ser amplificada.

Essa amplificação, infelizmente, torna ainda mais desagradável a voz esofágica, de qualidade medíocre que apresenta, por exemplo, uma respiração pulmonar, um forte barulho de injeção ou um timbre de má qualidade. Mesmo no caso de uma voz esofágica de boa qualidade, nota-se freqüentemente uma acentuação penível do caráter plosivo de certas consoantes. Quanto à voz sussurrada, sua amplificação funciona ainda de modo muito limitado.

Para amplificar a voz esofágica, o mais simples é recorrer aos aparelhos utilizados pelos feirantes. Pode-se ainda buscar aparelhos de amplificação especificamente previstos para os laringectomizados, sem dúvida mais maneáveis, porém certamente mais caros (Figura 4.24).

➤ **Fig. 4.23**

**Aparelho Jedcom utilizado aqui com a adjunção da cúpula de ponteira.**

### *Uso simultâneo de três modalidades de reabilitação vocal*

Como já sugerimos, as vozes traqueo e oroesofágicas não devem ser consideradas concorrentes mas sim complementares. Assim, é aconselhável sugerir ao paciente saber utilizar, de preferência, um ou outro desses procedimentos conforme as circunstâncias. A voz traqueoesofágica é mais adequada quando é preciso falar de modo contínuo e formal. A voz oroesofágica convém sobretudo quando se trata de trocar breves informações para a realização de outra coisa. Alguém que fala de maneira hábil sabe passar espontaneamente de um sistema a outro sem dificuldades.

Quanto à voz protética, pode, como dissemos, disfarçar muito oportunamente uma impossibilidade ou uma dificuldade (momentânea ou durável) de utilização da voz traqueo e/ou oroesofágica. Em suma, nenhum procedimento de reabilitação vocal deve, em princípio, ser negligenciado.

➤ **Fig. 4.24**

**Amplificador de bolso *Oesophagus*.**

## Avaliação da qualidade da reabilitação vocal

Avaliar a qualidade da reabilitação vocal depende de duas finalidades bem distintas.

Essa avaliação pode visar, segundo uma óptica de pesquisa, à comparação dos resultados obtidos conforme este ou aquele procedimento de reabilitação. Várias escalas de avaliação foram propostas com esse objetivo. Sua realização exige a utilização de um material estandardizado que permita estabelecer critérios precisos. A escala dita da *Escola de Groningue* responde a essa definição, estudando e estimando sucessivamente, com a ajuda de critérios precisos, a fluidez verbal, o tempo fonatório, as variações da intensidade vocal, a facilidade de utilização, a qualidade de articulação, a da modulação, o ritmo elocutório, bem como a existência ou não de ruídos e de movimentos parasitas. Citemos ainda a escala do Grupo Europeu de Pesquisa sobre a Laringe (GREL) que considera o tempo fonatório máximo, a freqüência de utilização, a autonomia do paciente e uma apreciação subjetiva global dada, de um lado, pelo paciente, e, de outro, pelo examinador.

Essa avaliação pode, em segundo lugar, visar, segundo uma óptica puramente clínica, à avaliação do resultado durante o processo de reeducação ou ao término desta. Esses resultados podem ser expressos de uma maneira um pouco sumária em muito bons, bons, regulares, ruins. Podem, além disso, considerar uma maneira mais precisa de certos parâmetros, tais como a intensidade vocal, a regularidade da emissão, a fluidez, a qualidade do timbre (escala da *Escola de Marseille*).

ESCALA LE HUCHE – ALLALI

Essa escala (Quadro 4.1) tem por base aquela criada por Wepman, em 1953, modificada por F. Le Huche, em 1983, visando à sua adaptação aos métodos de aprendizagem da voz esofágica por injeção. Desse modo, pode ser aplicada não somente à voz oroesofágica (coluna E), mas a todos os outros procedimentos atuais de reabilitação vocal, isto é, com prótese elétrica transcutânea (coluna A), prótese elétrica de encaixe oral (coluna B), prótese pneumática de encaixe oral (coluna C) e voz traqueoesofágica (coluna D), trate-se de prótese interna removível ou fixa ou de canalização mucosa traqueoesofágica (TOS, por exemplo).

Como a escala de Wepman, comporta sete níveis, sendo que o nível I foi dividido em IA e IB a fim de ajustar o mais próximo possível da realidade. Considera de modo separado a técnica da produção vocal e o uso. Os diversos itens dessa última coluna (USO) aplicam-se notavelmente bem ao conjunto dos cinco procedimentos que figuram no quadro.

Trata-se de uma escala de uso clínico que permite uma notação rápida das performances do indivíduo em um dado momento de sua evolução, inclusive antes de qualquer início de reabilitação e mesmo com performances inexistentes (estágio VII). Essa escala não exige que se respeite um protocolo de exame particular; serve para marcar os desempenhos do indivíduo durante a sessão de treinamento, na fase da prática de exercícios e as informações trocadas com o fonoaudiólogo. Na verdade, essa escala é estabelecida durante o diálogo com o paciente. É uma boa maneira de aumentar sua motivação em relação à sua própria reabilitação vocal.

## Reeducações associadas

### *Reeducação respiratória*

Mesmo que sua explicação não seja evidente, há no laringectomizado uma diminuição da capacidade pulmonar. O laringectomizado sofre objetivamente de um problema respiratório concreto, embora os pulmões não tenham sofrido diretamente uma intervenção. Na prática, esse incômodo se manifesta por sufocações repentinas, tonturas que ocorrem sobretudo em momentos de esforços imprevistos.

Essas dificuldades podem ser explicadas, por um lado, pela ausência de proteção das vias aéreas inferiores devido à supressão do "filtro" nasal. É preciso levar em conta, por outro lado, o efeito perturbador causado pelo encurtamento do trajeto aéreo. A inspiração torna-se mais fácil, o que acarreta paradoxalmente um comportamento de pânico respiratório. Um conselho útil nesse caso é orientar o operado para pensar antes de empreender um esforço, como, por exemplo, quando for subir uma escada, praticar uma ou duas expirações forçadas para "esvaziar bem os pulmões" e então deixá-los encher naturalmente, de modo tranqüilo, nunca forçando a inspiração.

Uma reeducação respiratória poderá eventualmente ser indicada. Comportará, além da prática de relaxamento[6], exercícios voltados essencialmente para a expiração abdominal voluntária. Pode ser realizada pelo fonoaudiólogo ou, em casa especializada, pelo cinesioterapeuta do estabelecimento.

[6] Cf. *A voz*, Volume 4.

**Quadro 4.1 Escala de nível Le Huche – Allali**

<table>
<tr><th colspan="2">NÍVEL</th><th colspan="5">TÉCNICAS DOS SONS DA LÍNGUA (CONFORME O MODO FONATÓRIO)</th><th>USO</th></tr>
<tr><th colspan="2"></th><th>A<br>Prótese elétrica transcutânea</th><th>B<br>Prótese elétrica com encaixe oral</th><th>C<br>Prótese pneumática com encaixe oral</th><th>D<br>Voz traqueo-esofágica</th><th>E<br>Voz oro-esofágica</th><th>Uso habitual de A, B, C, D, E ou D + E</th></tr>
<tr><td rowspan="7">IA</td><td>1</td><td>Sem agitação e sem crispação</td><td>Sem agitação e sem crispação</td><td>Sem agitação e sem crispação</td><td>Sem agitação e sem crispação</td><td>Sem agitação e sem crispação</td><td rowspan="4">a) uso fácil e sem hesitação<br>b) resistência<br>c) timbre aceitável<br>d) intensidade suficiente<br>e) fluidez<br>f) voz homogênea<br>g) articulação perfeita<br>h) sem ruídos parasitas</td></tr>
<tr><td>2</td><td colspan="2">Sem respiração pulmonar audível durante a emissão vibratória</td><td colspan="2">Tempo fonatório igual ou superior a 15 s ou mais, mais de 19 sílabas a cada tomada de ar</td><td>Vogais prolongadas possíveis</td></tr>
<tr><td>3</td><td colspan="2">Articulação da fala aceitável</td><td colspan="2">Articulação da fala perfeita</td><td>[a] sem consoante parasita</td></tr>
<tr><td>4</td><td>Posicionamento optimal da prótese</td><td colspan="2">Posicionamento optimal do encaixe oral</td><td>(TOS excluído)<br>Autonomia dos cuidados com a parte traqueal do implante ou colocação, remoção e limpeza da válvula e/ou colocação, remoção e limpeza da válvula respiratória</td><td>[pa] sem hiato</td></tr>
<tr><td>5</td><td colspan="2">Excelente coordenação entre a intenção de falar e o acionamento do vibrador</td><td>Intensidade ajustável</td><td>Intensidade ajustável</td><td>Intensidade ajustável</td><td rowspan="3">Para E, ausência de:<br>a) sopro pulmonar<br>b) ruído de entrada<br>c) consoante parasita</td></tr>
<tr><td>6</td><td colspan="2">Regulagem da intensidade e da altura feita pelo próprio indivíduo</td><td colspan="2">Modulação possível, no mínimo, em três tons</td><td>Timbre aceitável</td></tr>
<tr><td>7</td><td colspan="2">Entonação possível respeitando a vazão articulatória para os aparelhos com variação da altura tonal (Servox Inton)</td><td>Conexão perfeita entre a cúpula e o traqueostoma</td><td>Conexão perfeita entre o traqueostoma e o dedo (ou a válvula respiratória)</td><td>Independência das respirações por grupos de sílabas</td></tr>
</table>

*(Continua)*

**Quadro 4.1 Escala de nível Le Huche – Allali** *(Continuação)*

<table>
<tr><td>NÍVEL</td><td colspan="5">TÉCNICAS DOS SONS DA LÍNGUA (CONFORME O MODO FONATÓRIO)</td><td>USO</td></tr>
<tr><td></td><td>A<br>Prótese elétrica transcutânea</td><td>B<br>Prótese elétrica com encaixe oral</td><td>C<br>Prótese pneumática com encaixe oral</td><td>D<br>Voz traqueo-esofágica</td><td>E<br>Voz oro-esofágica</td><td>Uso habitual de A, B, C, D, E ou D + E</td></tr>
<tr><td>IB</td><td colspan="5">Déficit suportável (falta uma categoria sobre 7 ou, para a TOS, uma sobre 6)</td><td>Persistência de algumas imperfeições<br>Sempre compreendidas após repetição</td></tr>
<tr><td>II</td><td colspan="5">Déficit marcado (faltam duas categorias ou mais sobre 7 ou, para a TOS, duas sobre 6)</td><td>Uso possível, mas com dificuldade ou uso habitual, mas muito defeituoso</td></tr>
<tr><td>III</td><td colspan="3">Articulação defeituosa e fala mais ou menos compreensível</td><td>Emissão superior a 5 segundos.<br>Sem agitação ou crispação notada.</td><td>Emissão possível de:<br>– todas as sílabas<br>– vogais sozinhas<br>– sílabas duplas<br>Sons esofágicos perfeitos<br>Sem agitação ou crispações notadas</td><td>Um trecho de frase sonorizada produziu-se, no mínimo, uma vez ou uma palavra simples (duas ou três sílabas), possível sob comando</td></tr>
<tr><td>IV</td><td colspan="2">Articulação defeituosa tornando a fala incompreensível</td><td>Emissão obtida, mas articulação defeituosa, tornando a fala incompreensível</td><td>Emissão de 1 a 5 segundos possível na maior parte do tempo</td><td>No mínimo, uma classe de sílabas possível na maior parte do tempo</td><td>Voz sussurrada aceitável</td></tr>
<tr><td>V</td><td colspan="2">Problemas de destreza manual ou má informação sobre a utilização do aparelho; ou má coordenação entre a intenção de falar e o acionamento do vibrador</td><td>Pressão pulmonar inadequada;<br>sem vibração</td><td>Às vezes, sons traqueo-esofágicos, mas de curta duração</td><td>Independência do sopro no F, S ou CH.<br>Sons esofágicos voluntários às vezes ou injeção voluntária possível ou aquisição do ato de sorver</td><td>Voz sussurrada utilizável, mas dificultada pela respiração pulmonar, agitação.<br>Uso do chiado</td></tr>
<tr><td>VI</td><td colspan="3">Voz somente sussurrada (ou chiado) com conservação da articulação elementar</td><td>Sem sons traqueo-esofágicos<br>Teste insuflação negativo;<br>teste insuflação positivo</td><td>Somente sons voluntários ou conservação da articulação elementar</td><td>Voz sussurrada pouco utilizável</td></tr>
<tr><td>VII</td><td colspan="5">Não há sons, nem sussurros, nem chiados; há deterioração da articulação</td><td>Voz sussurrada inutilizável</td></tr>
</table>

Quadro 4.2 Avaliação funcional da fonação

LARINGECTOMIA TOTAL

**Senhor(a)** ..........................................................................................................
**Laringectomia total em:** ............................................................................................

❑ **sem comunicação traqueoesofágica**
❑ **com comunicação traqueoesofágica** ❑ em 1ª intenção ❑ em 2ª intenção
❑ **abrangendo na língua** ❑ subglosso L.T. ❑ glossectomia total L.T.
❑ **abrangendo na faringe** ❑ faringolaringectomia total
❑ faringolaringectomia total circular

| Procedimentos considerados para a reabilitação vocal | | Técnica | Uso |
|---|---|---|---|
| A | Prótese elétrica transcutânea | | |
| B | Prótese elétrica com encaixe oral | | |
| C | Prótese pneumática com encaixe oral | | |
| D | Voz traqueoesofágica com implante fonatório de tipo.................. ou canalização traqueoesofágica continente de muco | | |
| E | Voz oroesofágica (clássica) | | |
| D + E | Voz traqueoesofágica e esofágica clássica | | |

Ver Quadro 4.1, Escala de nível.

**Observações:** ..........................................................................................................
..........................................................................................................................
..........................................................................................................................

**Conclusões:** ..........................................................................................................
..........................................................................................................................
..........................................................................................................................

### *Reeducação do ombro*

A laringectomia acarreta freqüentemente, em caso de esvaziamento ganglionar, seções nervosas e musculares referentes à musculatura elevadora do ombro (trapézio), dando um aspecto característico de ombro caído. Um tratamento cinesioterápico é também indicado nesse caso, resultando em uma prática de exercícios diários durante um período mais ou menos longo.

## Cuidados complementares

A perda das vias aéreas superiores é, no laringectomizado, responsável pela irritação traqueal, fonte de secreções. Em um primeiro momento, o indivíduo poderá recorrer a um aspirador médico para se livrar disso. Depois, deverá aprender a tossir de uma maneira particular, caracterizada por uma inspiração leve e prudente seguida de um esforço expiratório traqueal breve e potente.

O paciente deverá aprender também com a ajuda do enfermeiro a limpar seu traqueostoma, retirando eventuais crostas.

Quanto à secura da boca, à fragilidade cutânea e ao edema submental (papo) provocados pela radioterapia, poderão ser tratados com medicamentos adequados.

## LEITURAS SUGERIDAS


BARDOUX-LAPOTRE. La rééducation respiratoire chez le laryngectomisé. *Le Mutilé de la voix* 1977, nº spécial.

BERG VAN DEN J, MOOLENAAR-BIJL AJ, DAMSTE PH. Oesophageal speech. *Folia Phoniatrica* 558 ; 10, 2 : 65-84.

BLOM ED, SINGER M, HAMAKER RC. Tracheostoma valve for postlaryngectomy voice rehabilitation. *Ann Otolaryngol* 1982 ; 91 : 576-578.

BRASNU D, GIRSHIG H, MÉDARD M, PFAUWADEL Mc, ROTENBERG, M, CAUXOIX R, LACOURREYE H. Réhabilitation vocale après laryngectomie totale par lambeau tubulé oesophagien avec sphincter proximal. *Revue de la Société française d'ORL* 1989 ; 1: 21-25.

CACHIN Y, LUBOINSK B, SCHWAAB G. *La Laryngectomie totale.* Monographie ORL, Paris : Arnette,1978.

CORNUT G, VALLERY J, RICHAUD MC. L'avenir social des laryngectomisés. *journal français d'ORL* 1962 ; 11 : 653-56.

CROS P. *Oui, on peut vivre sans larynx.* Union des associations françaises de laryngectomisé, 1985.

DAMSTE PH. *Oesophageal speech.*, Groningue, 1958.

DE RAUCOURT D, BLANCHET F, RAME JP, LUQUET A, ROSSA Y. Réhabilitation vocale prothétique type Herrmann après laryngectomie totale, résultats à propos de 29 cas. *Ann Otolaryngol* 1989 ; 106 : 583-588.

DINVILLE C. La rééducation de la voix oesophagienne. *Journal français d'ORL* 1961 ; 11 : 61-66.

FRANÇOIS J. *Je peux reparler.* Paris : Union des associations françaises de laryngectomisés 1960.

GUERRIER Y, MOUNIER-KUHN P. *Histoire des maladies de l' oreille, du nez et de la gorge.* Paris : Dacosta, 1980.

HAMAKER RC, SINGER MI, BLOM ED *et al.* Primary voice restoration at laryngectomy. *Arch Otolaryngol* 1985 ; 111 : 182-186.

HEUILLET-MARTIN G. Voix oesophagienne. Rapport de la Société française de phoniatrie. *Cahiers d'ORL* 1981 ; 16, 3.

HEUILLET-MARTIN G *et al. Une nouvelle voix.* Paris: Maisonneuve, 1982.

HEUILLET-MARTIN G, CONRAD L. *Du silence à la voix.* Marseille: Solal, 1997.

HILGERS FJM, SCHOUWENBURG PF. A new low-resistance self retaining prosthesis *(Provox)* for voice rehabilitation after total laryngectomy. *Laryngoscope* 1990 ; 100, 11 : 1202-1207.

LAFON JC. Étude acoustique de la voix ocsophagienne. *Rev Laryngol* 1960 ; 81 : 271-280.

LEBRUN Y. *The artificial larynx. Neurolinguistics 1.* Amsterdam : Swets and Zeitlinger, 1973.

LE HUCHE F. *La Voix sans larynx.* Paris: Maloine, 1987, 4e ed.

LE HUCHE F, ALLALI A *et al. Whabilitation vocale après laryngectomie totale.* Paris: Masson, 1993.

LE HUCHE F, ALLALI A. Proposition d'une échelle de cotation applicable à tous les modes usuels de réhabilitation vocale après laryngectomic totale. *Bull Audiophonol* 1993 ; 9, 1 : 117-129.

MAHIEU HF. Laryngectomee voice rehabilitation using the Groningen button voice prosthesis. *Rev Laryngol* 1987 ; 108 : 113-119.

MOOLENAAR-BIJL, A. La voix oesophagienne. *Journal fran~ais d'ORL* 1957 ; 6, 3 : 534.

NIELBGER GLJ, SCHUTTE HK. The Groningen button: results of in vivo measurements. *Rev Laryngol* 1987 ; 108: 121-122.

NIDAM H17, ANNYAs AA, SCHUTTE HK *et al.* A new prosthesis for voice rehabilitation after laryngectomy. *Arch Otorhinolaryngol* 1982 ; 37 : 27-33.

PERELLÒ J. Les techniques chirurgicales dans la laryngectomie et le résultat erygmophonique. *Journal français d'ORL* 1963 ; 12 : 67-69.

PORTMANN M, POMMEZ JME. Voix oesophagienne. *J Med* 1952; *129* : 495-499.

SCHUTTE HK *et al. Evaluation of speech with and without a Groningen type voice button.* Berlin: Springer-Verlag, 1986.

SEEMAN M. Nouveaux resultats de recherches expérimentales de la voix oesophagienne. *Journal français d'ORL* 1961 ; 11 : 47-56.
SINGER MI, BLOM ED. An endoscopic technique for restoration of voice after laryngectomy. *Ann Otorhinolaryngol* 1980 ; 89 : 529-533.
SINGER MI, BLOM ED. Récupération vocale par myotomie sélective après laryngectomic totale. *Arch Otolaryngol* 1982 ; 1, 2.
SINGH W. New tracheostoma flap valve for surgical speech reconstruction. *In* : EN Myers, *New dimensions in otorhinolaryngology, Head Neck Surg.*, Amsterdam : Elsevier, *1985 : 480-481.*
SNIDECOR JC. *Speech rehabilitation of the laryngectomized. CC* Thomas, Springfield, *1968*, *2*e éd.
STAFFIERI M. Laryngectormie totale avec reconstruction de la glotte phonatoire. *Rev Laryngol 1974; 95, 1-2: 63-83.*
STRIGLIONI L. *Laryngectomisé. Rééducation.* Marseille: Mémoire d'agregation, 1969.
STROME M, MUSTCE TA, KELLY JH. Voice rehabilitation following laryngectomy: Myomucosal trachecesophageal shunt. *Arch Otolaryngol Head Neck Surg* 1986 ; 112: 1168-1171.
TAPTAPOVA SL. *Rev Laryngol Otorhinol* 1979; 100 : 3-4.
TARNEAUD J. La voix du laryngectomisé. *Ann Otolaryngol* 1948 ; 65 : 155-158.
TAUB S, SPIRO RH. Vocal rehabilitation of laryngectomies: preliminary report of a new technique. *Am J Surg* 1972 ; 124 : 87-90.
TRAISSAC L, DEVARS F, GIOUX M *et al.* La réhabilitation vocale du laryngectomisé total par implant phonatoire. Résultats actuels. *Rev Laryngol 1987; 108: 157-159.*
TRAISSAC L *et al. Réhabilitation de la voix et de la déglutition après chirurgie partielle on totale du larynx.* Rapport congrès ORL. Paris: Arnette, 1992.
VAN DEN BERG J, MOOLENAAR-BIJL. AJ, DAMSTE PH. Oesophageal speech. *Folia Phoniatrica* 1958 ; 10 : 65-84.
WATTEAU F. *Méthodes et éhelles de cotation utilisées lors de l'apprentissage de la voix Wsophagienne.* Paris: Mémoire dorthophonie, 1978.
WEINBERG B. *Readings in speech following total laryngectomy.* Baltimore: University Park Press, 1980.
WEPMAN JM, MAC GAHAN JA, RICHARD JC, SKELTON NW. The objective measurement of progressive oesophageal speech development. *J Speech Hearing Dis* 1953 ; 18 : 249-250.

# Disfonia relacionada a uma anomalia laríngea congênita

# 5

As anomalias congênitas da laringe são muito variadas, tanto em sua natureza como em sua sintomatologia e em seu prognóstico.

Podem permanecer assintomáticas ou resultar em distúrbios da respiração ou da deglutição, às vezes, incompatíveis com a vida.

Também podem se manifestar por distúrbios da fonação perfeitamente bem-tolerados pelo indivíduo ou traduzir-se por um grande incômodo, indicando, a tempo, tratamentos reeducativos e cirúrgicos.

Classificamo-las em seis grupos: os dois primeiros referentes às anomalias da *estrutura laríngea*, os dois grupos seguintes referentes às anomalias do *comando nervoso* e os dois últimos correspondentes a *formações pseudotumorais* e aparentadas. No caso destas últimas, daremos atenção especial ao problema do *sulcus glottidis*.

## ANOMALIAS CONGÊNITAS DA ESTRUTURA LARÍNGEA

### Malformações relativamente graves

#### *Diastema laríngeo posterior*

O diastema laríngeo posterior é uma malformação rara constituída por uma fenda que faz a comunicação entre a cavidade laríngea e o esôfago. Distinguem-se três tipos (Figura 5.1): no tipo I, essa fenda limita-se à laringe, podendo se estender até a borda inferior da eminência cricóidea; nos tipos II e III, a fenda prolonga-se, alcançando mais ou menos a traquéia para tingir (no tipo IV) a bifurcação brônquica. Essa malformação é freqüentemente mortal devido às falsas rotas alimentares e às complicações infecciosas (tipos II e III). Às vezes, a solução está em uma intervenção cirúrgica precoce, ao menos no tipo II. No tipo I, a intervenção não é necessária devido a uma compensação espontânea. As malformações associadas existem em certos casos: dismorfia facial implicando a posição dos globos oculares (hipertelorismo) ou das orelhas, malformações digestivas, cardíacas, respiratórias, entre outras.

Seqüelas fonatórias podem persistir na forma de afonia ou de voz das pregas vestibulares, podendo-se recorrer a uma reeducação vocal. Esta, porém, não é muito viável antes dos cinco ou seis anos, mesmo que haja um pedido insistente por parte dos pais. Convém, de fato, aguardar a motivação da criança. Ora, esta está freqüentemente habituada com a ausência de voz ou com uma voz particular.

Citemos, por exemplo, uma afecção aparentemente muito rara: a ausência das pregas vocais. Embora não existam muitas informações sobre esse assunto, pode-se supor que a fonação, nesse caso, continue sendo possível, porém limitada pelos mecanismos de compensação. Isso poderia ser resolvido com a vibração das pregas vestibulares ou de um ou de outro dos três elementos da coroa laríngea: face posterior da epiglote, dobra ariepiglótica ou mucosa da face anterior de uma aritenóide.

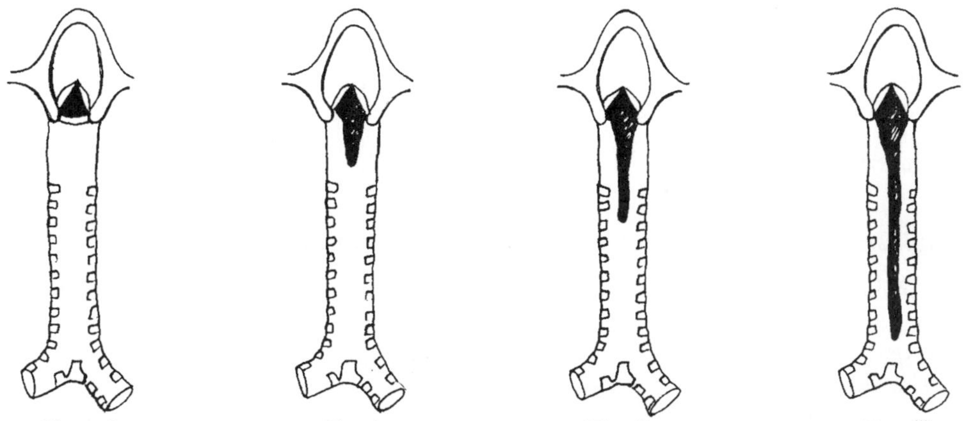


➤ **Fig. 5.1**

**Diastema laríngeo e laringotraqueal (segundo Narcy).**

### *Atresia laríngea*

A atresia da laringe consiste em uma ausência de abertura laríngea. Essa malformação atinge mais ou menos a subglote e a traquéia. É em geral incompleta e, freqüentemente, apresenta um estreito canal respiratório. A atresia laríngea é imediatamente mortal, a menos que uma intervenção de extrema urgência possa ser realizada, deixando, nesse caso, inevitáveis seqüelas vocais.

### *Estenose laríngea congênita*

Essa malformação acarreta um estreitamento relativamente grave da abertura laringotraqueal, tendo seu máximo, em geral, a 2 ou 3 milímetros abaixo do plano glótico. Esse retraimento deve-se à presença de tecidos fibrosos e cartilaginosos que cobrem a parte anterior da subglote. O tamanho pequeno da cartilagem cricóide pode agravar esse quadro.

No plano clínico, a dificuldade respiratória é preocupante, mesmo que atualmente se saiba melhor como evitar a traqueotomia prolongada. Qualquer que seja o caso, ela deixa em segundo plano a disfonia associada. O tratamento cirúrgico da estenose laríngea é difícil. Intervenções sucessivas, às vezes, são necessárias. O problema vocal apresenta-se, em geral, mais tardiamente para uma disfonia mais ou menos marcada, com agravamento da tonalidade, rouquidão do timbre, fonação entrecortada por inspirações freqüentes. Esses distúrbios são, evidentemente, suscetíveis, no momento oportuno, de ser tratados de forma reeducativa.

### *Membrana e diafragma congênitos da laringe*

Essas malformações são constituídas normalmente por uma membrana fina e translúcida que não impede a mobilidade das pregas vocais. A membrana instala-se na parte anterior da glote (Figura 5.2). O diafragma estende-se por toda a glote, fazendo um orifício central mais ou menos largo.

Clinicamente, o diafragma e a membrana resultam em dificuldades respiratórias, em uma disfonia com grito rouco ou por uma afonia. Esses distúrbios necessitam, mais freqüentemente, de uma intervenção por via endoscópica. Seqüelas fonatórias poderão persistir durante toda a primeira infância e serão objeto de discussão de uma reeducação vocal após os cinco ou seis anos.

Em um contexto clínico bem diferente, e sobretudo benigno, Cornut e Bouchayer descreveram no adulto, com o nome de *micromembranas*, formações limita-

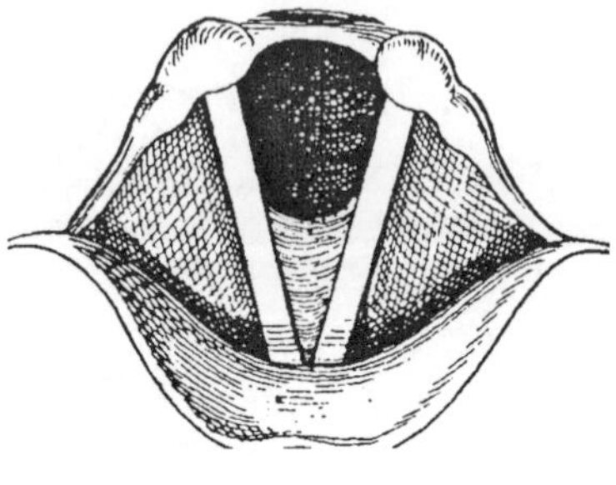

➤ Fig. 5.2

**Membrana congênita da laringe (segundo Aubry e Lemariey).**

das à parte anterior da glote em situação subcomissural. Essas lesões são visíveis somente em laringoscopia indireta. É possível que constituam um fator favorecedor do esforço vocal e do desenvolvimento de nódulos.

## Malformações da ossatura laríngea

### *Malformações que envolvem as cartilagens laríngeas*

Na cartilagem cricóide, já observamos que seu *tamanho anormalmente reduzido* pode ser responsável por um estreitamento subglótico. Observam-se igualmente cricóides *espessadas* ou de forma *elíptica*, fechando lateralmente a abertura glótica, o que pode gerar dificuldades respiratórias.

Na cartilagem tireóidea, ressaltamos a *disjunção anterior das duas asas* que se sobrepõem, acarretando uma falta de tensão das pregas vocais. Essa malformação traduz-se por distúrbios que podem evocar no rapaz a falsa muda. A *deformação de uma asa tireóidea* (Figura 5.3) pode, por outro lado, dar a impressão, no exame laringoscópico, de uma hipertrofia de uma prega vestibular com um timbre vocal mais surdo/abafado. O exame escanográfico confirmará o diagnóstico, o que permitirá compreender a dificuldade do tratamento reeducativo eventualmente empreendido.

Citaremos ainda a sinosteose *tiro-hióidea*, mais freqüentemente assintomática, que une os grandes cornos da cartilagem tireóide às do osso hióideo, e a *laringoptose,* que resulta da atração para baixo da laringe por retração fibrosa da musculatura sub-hióidea. Casos de laringoptose associada a uma rotação horizontal por uma disfonia e uma disfagia foram descritos com o nome de *torcilaringe*. Esses sintomas desaparecem após a secção cirúrgica das formações fibrosas que refreiam a laringe.

Na aritenóide, pode-se observar uma *ancilose congênita* que bloqueia o movimento de abdução-adução de uma prega vocal. Na maioria das vezes, essa anomalia não apresenta nenhum sintoma devido à adaptação espontânea. Em compensação, dificuldades respiratórias podem ocorrer se se tratar de uma *ancilose bilateral* com imobilização das pregas vocais em posição paramediana. Foram observadas igualmente anomalias de forma ou de disposição das aritenóides não apresentando nenhuma sintomatologia.

Na epiglote, destacamos a *epiglote bífida* (rara), com inspiração barulhenta ou estridor e distúrbios da deglutição, exigindo uma intervenção precoce a fim de evitar as falsas rotas alimentares.

➤ Fig. 5.3

**Exame tomodensitométrico laríngeo (segundo P. Hémar et al.).**

Observar, à direita, a deformação da asa tireóidea esquerda convexa para dentro.

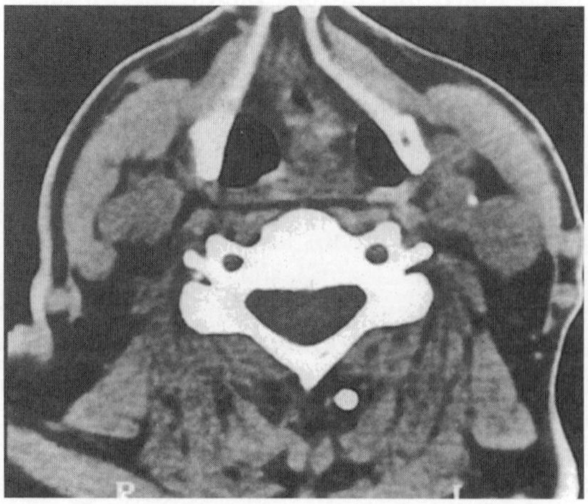

### *Estridor congênito (ou primário)*

O estridor não é uma malformação congênita, mas um sintoma sonoro (uma anomalia portanto) que consiste em um ruído inspiratório ou em uma predominância inspiratória. Esse ruído, normalmente agudo, é intermitente e de intensidade variável. Corresponde à vibração de certas estruturas laríngeas (epiglote, aritenóides, dobras ariepiglóticas) aspiradas pelo fluxo de ar, com estreitamento do calibre do tracto respiratório. Isso foi explicado por uma certa ausência de rigidez das estruturas laríngeas em questão, ausência de rigidez denominada *laringomalácia*. Hipóteses mais recentes, porém, indicam sobretudo uma falha do desenvolvimento muscular perilaríngeo ou ainda um distúrbio da motricidade de origem neurológica.

Esse distúrbio desaparece, em geral, em alguns meses ou em alguns anos. Sua persistência pode exigir um tratamento cirúrgico ou reeducativo, sendo que este último utiliza essencialmente o relaxamento e o controle respiratório. Certos casos graves são acompanhados por falsas rotas alimentares ou crises de cianose, cujo tratamento é mais problemático.

## ANOMALIAS CONGÊNITAS DO COMANDO LARÍNGEO

### Paralisias laríngeas congênitas

Essas paralisias podem ser bilaterais e associadas a anomalias neurológicas. Manifestam-se por distúrbios respiratórios com estridor e distúrbios da deglutição que podem ser preocupantes nos primeiros meses de vida, indicando intervenções cirúrgicas múltiplas.

Quanto às paralisias unilaterais, podem estar relacionadas a anomalias congênitas variadas (cardiopatias congênitas, disgenesia nucleares, entre outras). A função fonatória, em geral, é recuperada durante os primeiros anos, mas dificuldades respiratórias podem ocorrer em circunstâncias de infecções rinofaríngeas, impondo um acompanhamento regular.

Essas paralisias laríngeas congênitas devem ser distinguidas das outras causas de imobilidade congênita das pregas vocais, tais como as anciloses cricoaritenóideas citadas anteriormente. O diagnóstico diferencial pode ser feito eventualmente com eletromiografia.

### Síndromes complexas

Certas malformações laríngeas integram o quadro das síndromes complexas. Citaremos duas das mais conhecidas: a trissomia 21 e a doença do *cri du chat* (grito do gato). Nessas duas afecções, as dificuldades vocais passam para o segundo plano no contexto de uma sintomatologia complexa.

### *Trissomia 21 ou síndrome de Down*

A *trissomia 21* ou *síndrome de Down*, chamada ainda de forma discutível de mongolismo, resulta de uma aberração cromossômica caracterizada pela presença de um cromossomo 21 excedente. Relativamente freqüente (1 caso para 700 nascimentos aproximadamente), associa um retardo mental – muito variável – a características somáticas bem conhecidas: baixa estatura, face arredondada, olhos puxados, macroglossia, hiperextensão ligamentar, etc. No plano laríngeo, observou-se a epiglote plicada, a situação extrema das dobras ariepiglóticas, a impressão de achatamento lateral da laringe. Essas particularidades não explicam muito os caracteres da voz, cujo timbre é classicamente surdo e rouco e a tonalidade freqüentemente grave. Certamente, tais características estão interligadas aos fatores neurológicos.

### *Doença do cri du chat*

A *doença do cri du chat*, descrita, em 1963, por J. Lejeune, está relacionada a uma aberração cromossômica envolvendo o cromossomo 5. É duas vezes mais freqüente na menina. Rara (1 caso para 50 mil nascimentos), caracteriza-se, entre outros, por um volume craniano reduzido (microcefalia), globos oculares separados (hipertelorismo), uma mandíbula reduzida (micrognatismo) e uma voz que se manifesta pela emissão de gritos agudos e lamentosos que lembram o miado do gato. Nota-se ainda malformações cardíacas freqüentemente associadas, um retardo mental e um crescimento retardado. A esperança de vida é maior do que a dos trissômicos. Alguns autores acreditam ser o aspecto reduzido da laringe, com epiglote e dobras ariepiglóticas moles, o responsável pelas características da voz. Outros encontram uma laringe normal e estimam que tais características devem-se mais a desordens neurológicas de origem central do que a anomalias anatômicas periféricas. As anomalias faciais se atenuam com a idade. Em torno dos três anos, as características do grito desaparecem, mas a voz continua com tonalidade aguda.

## PSEUDOTUMORES BENIGNOS CONGÊNITOS E LESÕES APARENTADAS

### Três afecções freqüentes

### *Cisto congênito da prega vocal*

O cisto congênito da prega vocal ou cisto epidérmico[1] resulta da inclusão, durante o desenvolvimento embrionário, de tecido epitelial sob a mucosa da face superior da prega vocal. Essa inclusão epitelial no cório[2] traduz-se por uma tumefacção constituída por uma cavidade com resíduos de descamação e cristais de colesterol, envolvida por um invólucro pluriestratificado. Segundo Cornut e Bouchayer, o cisto congênito da prega vocal é bilateral em um quarto dos casos.

Clinicamente, o cisto congênito da prega vocal resulta em uma disfonia que passa, na maioria das vezes, desapercebida durante a primeira infância. A alteração vocal, relativamente estável, é muito semelhante à que ocorre no cisto mucoso por retenção.[3] Certamente, essa alteração é bem suportada na medida em que o indivíduo e seu meio de convívio estão acostumados a ela "desde sempre". No plano fônico, o timbre varia conforme o caso, pode ser surdo e velado, como também rouco e roufenho, com momentos de dessonorização. Nota-se ainda o abaixamento da tonalidade e a falta de modulação. Há, além disso, uma certa fatigabilidade. A intensidade vocal permanece, em geral, limitada. Porém, às vezes, com muito esforço, o indivíduo consegue expressar-se.

No *exame laringoscópico com luz comum*, o cisto pode se manifestar claramente sob a forma de uma saliência ovalada bem limitada, esbranquiçada ou amarelada

[1] Chamado erroneamente de epidermóide.
[2] Cf. *A voz*, Volume 1.
[3] Cf. *A voz*, Volume 2.

na face superior da prega vocal (Figura 5.4). Mais freqüentemente, somente se suspeita de tal cisto devido ao inchaço localizado ou global na prega vocal. A existência de um entrelaçado vascular, convergindo para um ponto preciso da mucosa, deve igualmente ser citado. Em outros casos, observa-se somente uma monocordite e sabe-se que, em um terço dos casos, uma monocordite esconde, na verdade, um cisto, seja congênito ou mucoso por retenção. Pode-se ainda notar lesões da prega vocal oposta, como nódulo, pseudocisto seroso, pólipo, etc., relacionadas a um comportamento de esforço.

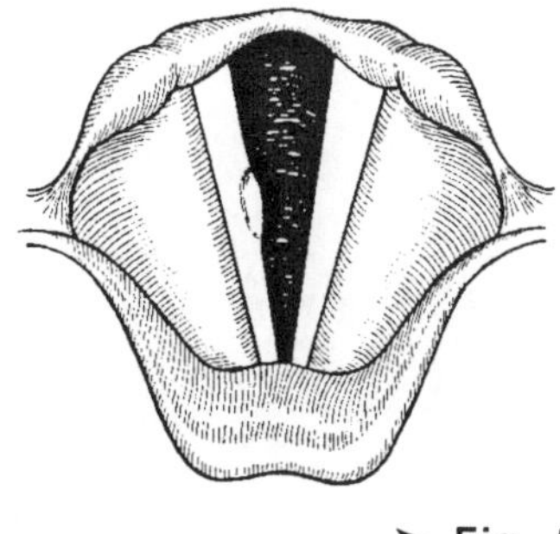

➤ **Fig. 5.4**
**Cisto congênito da prega vocal esquerda.**

Com *iluminação estroboscópica*, observa-se freqüentemente uma diminuição da amplitude vibratória da prega vocal, inclusive, em alguns momentos, uma interrupção completa dessa vibração. Em outros casos, o cisto é visto como uma massa rígida que se deduz sob a ondulação da mucosa.

Muitas vezes, diante de um quadro de monocordite com disfonia resistente ao tratamento reeducativo e médico, é a exploração cirúrgica que permitirá afirmar a existência de um cisto.

Quanto ao *diagnóstico diferencial*, o cisto congênito da prega vocal se distingue, em primeiro lugar, do pseudocisto seroso[4]. Este aparece como uma lesão mais superficial e o exame anatomopatológico revela que, contrariamente ao cisto congênito, não possui parede limpa. O cisto congênito deve igualmente ser distinguido do cisto mucoso por retenção, que possui uma parede limpa constituída por um epitélio glandular. Nesse caso, será também o exame anatomopatológico que confirmará, após exérese cirúrgica, o diagnóstico. E, finalmente, é preciso distingui-lo do falso cisto de origem reumática, caracterizado no exame laringoscópico por seu aspecto de "grão de arroz".

O *tratamento* lógico do cisto congênito da prega vocal é a extração microcirúrgica com sessões de reeducação pré e pós-operatória. O cisto será extraído, na medida do possível, em "monobloco" após dissecção minuciosa. De fato, a sobra de tecido epitelial na cavidade cística pode ser fonte de recidiva. Certos autores (G. Cornut e M. Bouchayer) excluem aqui o uso do *laser*, o modo "instrumental" que permite uma intervenção mais delicada da mucosa e uma melhor avaliação da peça operatória.

Deve ficar claro que esse tratamento será empreendido somente se o incômodo vocal determinar, no paciente, uma motivação suficiente. Na criança, será preciso com certeza esperar a idade de 8 ou 10 anos, salvo exceção, antes de considerar tal tratamento.

Sem tratamento, a *evolução* do cisto congênito da prega vocal é variável. Pode ficar estável durante muitos anos, provocando apenas um incômodo vocal mínimo. Pode se desenvolver periodicamente na laringe por um orifício estreito que permite a evacuação mais ou menos completa de seu conteúdo. Mas este pode ser reconstituído por obturação do orifício. A alternância de repleção e de vacuidade acarreta, nesse caso, variações paralelas da qualidade da voz. O cisto congênito pode ainda desenvolver-se por inteiro, evoluindo para o *sulcus glottidis estreito*. Pode agravar-se devido a uma lesão associada, como, por exemplo, um pólipo. Segundo Bouchayer, em 15% dos casos de pólipo da laringe, encontra-se na intervenção um cisto congênito em uma prega vocal.

### *Sulcus glottidis estreito (cisto congênito aberto da prega vocal)*

É em 1892 que se encontra a primeira menção feita ao *sulcus glottidis*, descrito por Deniker e Giacomini.

[4] Cf. *A voz*, Volume 2.

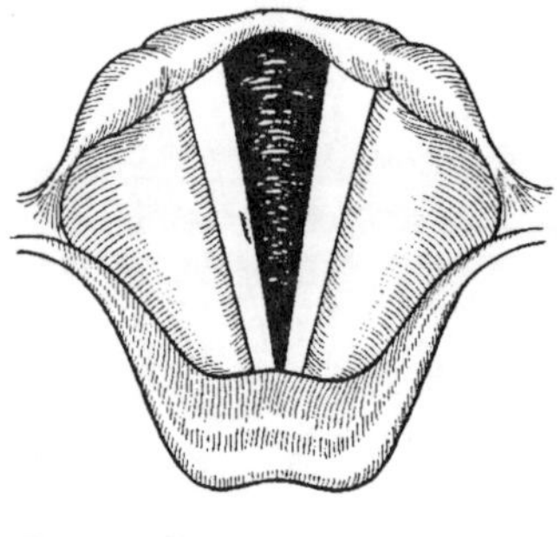

➤ Fig. 5.5

***Sulcus glottidis* estreito (cisto aberto) da prega vocal esquerda.**

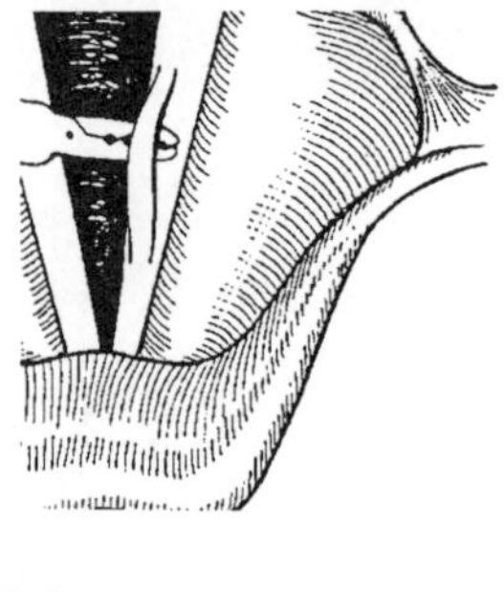

➤ Fig. 5.6

**Ponte mucosa.**

A descrição de Deniker e Giacomini corresponde, na verdade, ao que Bouchayer e Cornut chamaram, nos anos 1980, de *sulcus glottidis* ou *vergão das cordas vocais*. Esse sulco largo no exame laringoscópico, como veremos, dá uma impressão surpreendente de uma duplicação das pregas vocais.

O *sulcus glottidis* estreito ou cisto congênito aberto da prega vocal apresenta-se no *exame laringoscópico* como uma fenda longitudinal (um sulco), mais ou menos estendida paralelamente à borda livre da prega vocal (Figura 5.5). Essa fenda corresponde à abertura definitiva de um cisto congênito que perdeu seu conteúdo, abrindo-se no espaço laríngeo. Às vezes, o cisto abre-se não por um único orifício, mas por dois orifícios justapostos. Disso resulta uma brida na superfície da prega vocal que constitui uma *ponte mucosa* (Figura 5.6). Freqüentemente muito discreto, esse sulco só pode ser observado no exame estroboscópico, ou mesmo no microscópio em laringoscopia direta na intervenção. No caso da eventual ponte mucosa, é igualmente no momento da intervenção que será constatada pela pinça microcirúrgica antes de ser seccionada.

Foram os progressos da microcirurgia laríngea associada à estreita colaboração do foniatra e do cirurgião que permitiram a Bouchayer e Cornut modificar completamente, ao longo dos anos 1980, nossa compreensão dessas duas lesões laríngeas bem distintas, que são, de um lado, o *sulcus glottidis* (cisto aberto com ou sem ponte mucosa) e, de outro, o vergão (denominação de sulco dada por autores mais antigos), lesões por muito tempo descritas, no entanto, com o nome comum de sulco da "corda vocal" ou de *sulcus glottidis*.

No exame, *a voz* do indivíduo que possui um cisto aberto é variável. Às vezes, não apresenta nenhuma particularidade ao ser ouvida, havendo queixa apenas de uma certa fatigabilidade. Mais freqüentemente, há uma alteração do timbre que é mais ou menos surdo e abafado, bem como, ao menos no sexo masculino, uma tonalidade elevada com limitação no grave, sendo a oitava 1 inacessível. Notemos que a voz de chamamento é aqui, na maioria dos casos, satisfatória.

Da mesma forma que ocorre com o cisto fechado, a *evolução* é variável. O cisto aberto pode ser por muito tempo bem tolerado. A fatigabilidade vocal pode, entretanto, levar o indivíduo a começar uma reeducação. Esta buscará, como sempre, eliminar o esforço vocal. Quanto à cirurgia, será proposta principalmente ao profissional da voz e, particularmente, ao cantor. Consistirá numa ablação minuciosa da bolsa cística. A intervenção deverá contar evidentemente com uma reeducação pré e pós-operatória. Esse tratamento muitas vezes, porém, apesar de uma reeducação seguida por bastante tempo, traz apenas "uma certa melhora" referente sobretudo à fatigabilidade.

### *Sulco "largo" da prega vocal (vergão)*

Como dissemos, foi este sulco largo que, em 1892, foi objeto de uma primeira descrição no homem, bem como aliás no gorila, realizada por Deniker e Giacomini, com o nome de *sulcus glottidis*. Foi em 1978, que Bouchayer e Cornut compreenderam, graças à sua experiência em microcirurgia laríngea, que se tratava de fato de um vergão, como já o havia sugerido Garel, em 1920.

O paciente que apresenta um vergão nas pregas vocais é, em geral, consciente de que sua voz é diferente desde a infância, como às vezes a de um ou de vários membros de sua família. Geralmente, ele está bem-adaptado, mesmo que sinta alguma fatigabilidade quando necessita utilizar de modo mais ou menos intensivo a voz.

No plano fônico, a voz caracteriza-se – sobretudo no homem – por uma clara limitação no grave. A oitava 1 permanece totalmente inacessível, bem como, com freqüência, as primeiras notas da oitava 2. Em contrapartida, o agudo é mais fácil, com passagem sem choque para o registro de cabeça. O timbre é, normalmente, surdo na parte baixa do registro e, às vezes, mais estridente no agudo. Essas particularidades podem provocar erros de diagnóstico, fazendo pensar ora em uma disfonia psicogênica, ora em uma muda falsa. Em certos casos, o indivíduo fica incomodado pelo fato de que essa voz, pelo menos ele assim a considera, ter uma conotação homossexual.

O *exame do comportamento vocal* evidencia um desperdício de ar com um comportamento de esforço variável. É preciso ressaltar que a voz de chamamento é bastante eficiente, contanto que o indivíduo aceite utilizar uma tonalidade alta. Graças a essa altura tonal mais elevada (voz estridente), a voz projetada pode, de uma maneira geral, desenvolver-se com uma certa intensidade, podendo então dominar, por exemplo, o borburinho em uma reunião pública agitada. Excepcionalmente, certos indivíduos com sulcos apresentam ocasionalmente uma diplofonia, ou mesmo uma voz de pregas vestibulares.

No *exame laringoscópico*, observa-se, no caso mais típico, que as duas pregas vocais aparecem duplicadas (Figura 5.7); mais precisamente, cada prega vocal parece apresentar duas bordas livres que correspondem, na verdade, às bainhas do sulco. A bainha inferior é geralmente tensa e rígida; a bainha superior, mais flexível, apresenta-se em uma forma arqueada com a concavidade voltada para a abertura glótica, estendendo-se desde a ponta da apófise vocal, atrás, até a comissura anterior, na frente. Entre as duas bainhas, observa-se o vergão propriamente dito, de aspecto esbranquiçado, que corresponde à atrofia da mucosa. Quanto à face superior da prega vocal, apresenta freqüentemente um aspecto inflamatório.

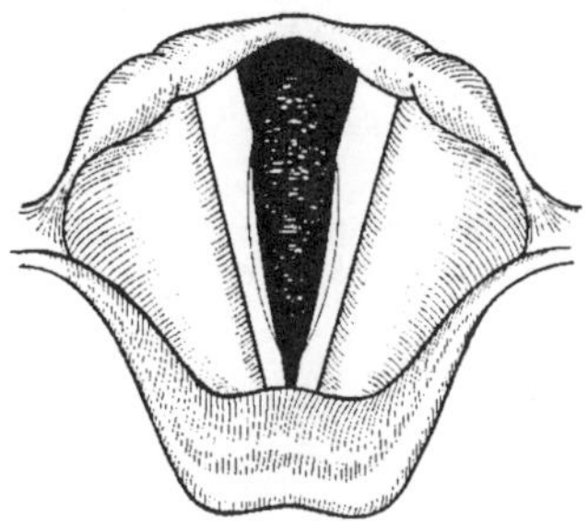

**Figura 5.7**

**Sulco das pregas vocais (*sulcus glottidis* largo).**

Durante a fonação, observa-se freqüentemente um estado de contração laríngea com aproximação das pregas vestibulares, estreitamento da fenda glótica e aspecto de glote ovalada relacionada a um comportamento de esforço e a um desperdício de ar.

No *exame estroboscópico*, observa-se uma limitação da amplitude vibratória ou mesmo, ocasionalmente, um bloqueio desta.

Em uma eventual intervenção por microcirurgia laríngea, o cirurgião avalia o caráter rígido do vergão que adere intimamente ao músculo vocal. O exame anatomopatológico evidenciará eventualmente a ausência de ligamento vocal e de espaço de Reinke, justificando a impossibilidade para a mucosa de deslizar livremente sobre o músculo subjacente, o que impede a vibração.

Algumas vezes, o sulco apresenta um aspecto menos claro, não atingindo a comissura anterior, com bainhas superior e inferior menos individualizadas e de morfologia variável de um exame para outro. É possível que se trate, nesse caso, de um aspecto mais disfuncional relacionado a uma falha de desenvolvimento do músculo vocal. Observa-se, ainda, o que não é raro, um sulco largo (vergão) sobre uma prega vocal e um sulco estreito (cisto aberto), sobre a outra.

O *tratamento cirúrgico* do sulco "largo" é indicado somente no caso de um grande incômodo e após uma *tentativa de reeducação vocal* mais ou menos prolongada que não tenha alcançado resultados satisfatórios. Essa cirurgia consiste em um descolamento da mucosa atrófica aderente no plano muscular por meio de uma injeção de hidrocortisona em suspensão, dilatando a prega vocal. Essa mucosa raramente pode ser conservada, sendo substituída por uma nova mucosa cicatricial suscetível de deslizar mais facilmente sobre o plano músculo-ligamentar subjacente.

A realização da *reeducação vocal pós-operatória* será, evidentemente, indispensável, sabendo-se, porém, que a melhora vocal permanecerá em geral moderada.

## Quatro afecções raras

### Cisto faringolaríngeo

O cisto faringolaríngeo é definido como um tumor benigno de origem embriológica constituído por uma bolsa de perede fina, que contém um líquido seroso ou mucoso mais ou menos viscoso (Figura 5.8). Seu volume é variável; instala-se geralmente acima da glote. Clinicamente, apresenta-se como uma arcadura que pode envolver a parede faringolaríngea (na maioria das vezes), o sulco pré-epiglótico, a prega vestibular, etc. Segundo a localização e o volume, traduz-se por um incômodo na deglutição ou por uma disfonia com um timbre mais surdo ou mesmo por distúrbios respiratórios que podem ser preocupantes no lactente.

O cisto faringolaríngeo de origem embriológica deve ser distinguido do cisto mucoso por retenção, dito ainda *retencional* ou *canalar*, mais freqüente no adulto (Cf. *A voz*, Volume 2). Resultando da obstrução do canal excretor de uma glândula seromucosa, este pode apresentar uma sintomatologia idêntica. Pode-se ter na origem desse cisto uma lesão inflamatória ou traumática do canal glandular.

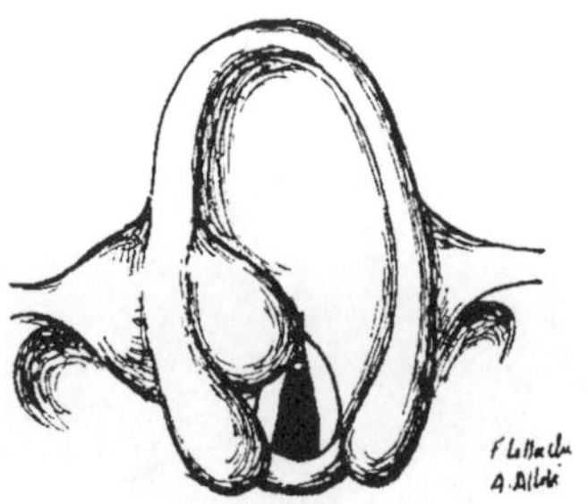

➤ Fig. 5.8

**Cisto faringolaríngeo esquerdo (em laringoscopia direta).**

### Laringocele

A laringocele corresponde a uma bolsa de ar conectada com a cavidade laríngea no nível do apêndice do ventrículo de Morgagni. Esse tumor de ar desenvolve-se da mesma maneira que o cisto, podendo invadir a parede faringolaríngea (Figura 5.9), mas também podendo evoluir para o conduto faringolaríngeo ou exteriorizar-se sob a pele da região cervical (Figura 5.10).

A laringocele de origem embriológica é excepcional. Deve ser distinguida da laringocele adquirida a partir de uma lesão do apêndice do ventrículo de Morgagni. Essa última desenvolve-se por hérnia da mucosa apendicular em circunstâncias de esforços vocais ou ainda da prática de certos instrumentos musicais de sopro que exigem uma grande pressão supraglótica.

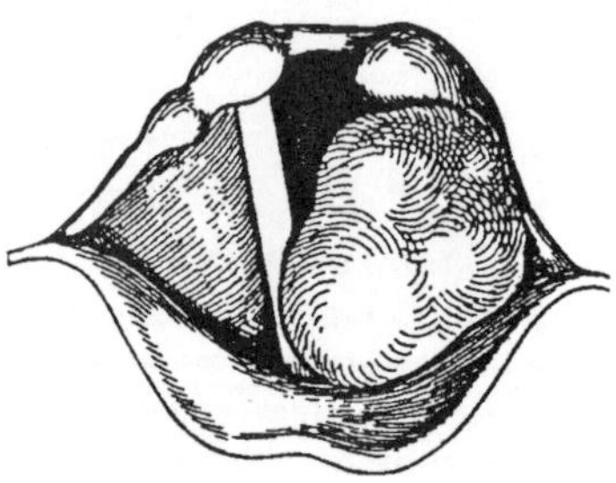

➤ Fig. 5.9

**Laringocele (segundo Aubry e Lemariey).**

### Hemangioma

O hemangioma é um tumor vascular benigno que tende a regredir nos primeiros meses de vida.

Geralmente, o hemangioma (mais freqüente na menina) é subglótico e pode causar dificuldades respiratórias que ameaçam a vida da criança. O tratamento médico (corticoterapia) permite atualmente evitar, em geral, qualquer seqüela vocal e respiratória. A traqueotomia ou o tratamento cirúrgico, que era praticado há alguns anos, provocou, em alguns casos, distúrbios vocais duradouros, justificando assim um tratamento reeducativo.

O hemangioma congênito, em geral supraglótico, deve ser distinguido do angioma adquirido do adulto. Este último apresenta-se na forma de uma mancha vermelha viva, de dimensão reduzida na face superior de uma prega vocal. Às vezes, é o indício de um quisto intracordal subjacente. Sua incidência na fonação é normalmente nula. Além disso, não pode de forma alguma provocar distúrbios respiratórios.

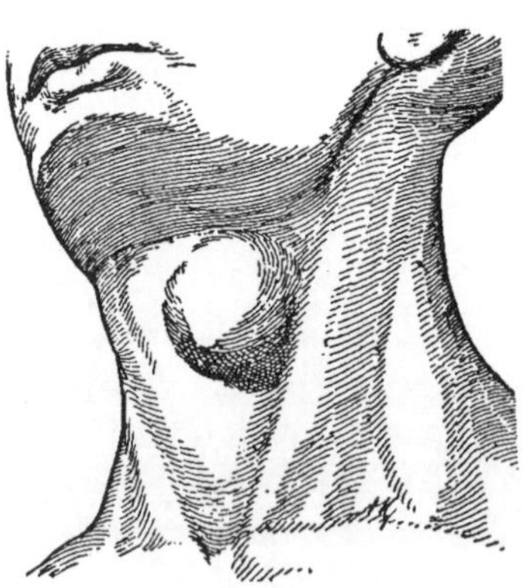

➤ Fig. 5.10

**Laringocele exteriorizada (segundo Aubry e Lemariey).**

### Doença de Urbach-Wiethe

A *doença de Urbach-Wiethe* caracteriza-se por infiltrações lipoprotéicas que resultam em formações pápulo-nodulares de cor marfim, atingindo a pele e as mucosas.

Uma localização particularmente freqüente é a borda das pálpebras. No couro cabeludo, cotovelos, braços e joelhos, essas lesões adquirem um caráter verrugoso. Podem ser observadas igualmente no nível da faringe, da base da língua, da epiglote e das pregas vocais. Traduzem-se então por uma disfonia presente desde o nascimento e por distúrbios da deglutição e da respiração exigindo um tratamento cirúrgico e mais adiante reeducativo.

## LEITURAS SUGERIDAS


BOUCHAYER M *et al.* Epidermoïd cysts, sulci and mucosal bridges of the true vocal cord : a report of 157 cases. *Laryngoscope* 1985 ; 95 : 1087-1094

BOUCHAYER M, CORNUT G. Le sulcus glottidis, notions nouvelles apportées par la microchirurgie laryngée. À propos de 31 cas. *Cahiers d'ORL* 1978 ; 13 : 769-778.

BOUCHAYER M, CORNUT G. Le sulcus glottidis, Essai de clarification nosologique et étiopathogénique. *Revue de laryngologie Supplernentum* 1987.

BOUCHAYER M, CORNUT G. Les vergetures des cordes vocales. *Rev Laryngol* 1984 ; 105, 4.

CALARASU R, DIMITRIU T, BACABALSA A. *Tortilarynx.* Comptes rendus du 90e congrès français d'ORL. Paris: Arnette, 1993.

CHARISSOUX G. Le sulcus glottidis. Étude clinique et traitement. *Cahiers d'ORL* 1980 ; 15 : 859.

CITELLI S. Sulla frequenza esul significatio di un solco glottideo nell'uomo. Sul valore dellangolo vocale. *Internat Monatschrift Anat U Physiol* 1906 ; 23 : 421-442.

CONTENCIN Ph, NARCY P *et al. Le larynx de l'enfant.* Paris : Arnette, 1979.

CONTENCIN Ph. Malformations congénitales du larynx. *Encycl Med Chir* (Paris-France), 1992 ; Oto-rhino-laryngologie, 20, 631, A-10.

CORNUT G, BOUCHAYER M. Indications phoniatriques et résultats fonctionnels de la microchirurgie endolaryngée chez l'enfant et l'adolescent. *Bull Audiophonol* 1984 : 17, 5 : 473-496.

CORNUT G, BOUCHAYER M. Bilan de quinze années de collaboration entre phoniatre et phonochirurgien. *Bull Audiophonol* 1988 ; 4, 1-2 : 7-50.

GREINER G, DILLENSCHNEIDER E. La maladie du cri du chat. *Gazette médicale de France* 1971 ; 78 : 28.

HAGUENAUER JP. Les malformations congénitales du larynx. *Calners d'ORL* 1970 ; 5,5 : 459-464.

HEMAR P *et al.* Dysphonie et pseudohypertrophie d'une bande ventriculaire par Mormation de Faile thyroïdienne. *Journal français d'ORL* 1977 ; 46, 4.

KELEMEN G. Sulcus glottideus bilateralis. *Z Hals Nasen und ohrenheilkunde* 1929 ; 22 : 475-481.

KIML J. Trouble de la voix dans le sillon des cordes vocales. *Folia Phoniatrica* 1962 ; 14 : 272-279.

KOTBY N. *Therapeutic considerations in the condition of sulcus glottideus.* Comptes rendus du 17e congrès de l'ALP, 1977.

LIRA EO, PIZZI T. Histology and pathogeny of the sulcus cordalis congenitus. Comptes rendus du 16e congrès de l'IALP, 1974.

MARSHALL E *et al.* Voice problems after pediatric laryngotracheal reconstruction : videolaryngostroboscopic, acoustic and perceptual assesment. *Int J Pediatric Otorhinolaryngol* 1993 ; 25 : 173-181.

NARCY P *et al.* Anomalies laryngées du nouveau-né. À propos de 687 observations. *Ann Otolaryngol* 1984 ; 101 : 363-373.

PECH C *et al.* Résultats phoniatriques après chirurgie des sténoses laryngo-trachéales chez l'enfant. *Ann Otolaryngol Chir Cervicofaciale* 1995 ; 112 : 199-204.

REMACLE M *et al.* Microsurgery of sulcus vergeture with carbon dioxide laser and injectable collagen. *Ann Otorhinolaryngol* 2000 ; 109 : 141-148.

ROCH J. Le Sulcus glottidis. *Bull Audiophonol* 1981 ; 4 : 403-413.

SALVE G. Di alcune anomalie della laringe umana in individe dilinquenti. *Archivio di Psichiatria* 1901 ; 22 : 369.

SCHUTTE A. A few patients with a sulcus glottidis. *Journal for ORL in Bordenlands Karger* 1976 ; 38 : 5.

TREVIN J, CHESSEBEUF L, CORNUT G. À propos de 3 cas familiaux de sulcus glottidis. *Bull Audiophonol* 1977 ; 7 : 75-81.

TRIGLIA JM *et al.* Les sténoses laryngées de l'enfant. Bilan de dix ans de traitement. *Ann Otolaryngol Chir Cervicofaciale* 1995 ; 112 : 279-284.

WITZIG E, CORNUT G, BOUCHAYER M, ROCH J, LOIRE R. Étude anatomoclinique et traitement du kyste épidermoïde et du sulcus de la corde vocale. *Cahiers d'ORL* 1983 ; 9 : 765-780.

# Disfonia consecutiva a uma alteração orgânica extralaríngea

# 6

## A VOZ NA PATOLOGIA VELOFARÍNGEA

Os distúrbios do funcionamento do esfíncter velofaríngeo correspondem ou a uma falha de fechamento desse esfíncter, o que resulta numa alteração da fala, chamada *rinolalia*[1] *aberta*, ou, ao contrário, em uma dificuldade de abertura desse mesmo esfíncter, a qual chamamos *rinolalia fechada*.

### *Rinolalia aberta*

A rinolalia aberta provém de causas variadas, desde as fendas velopalatinas até a paralisia do véu do palato em uma doença de Charcot. Pode tratar-se de uma seqüela – em geral transitória – após faringoplastia para ronco (roncopatia crônica) ou após ablação das arborescências adenóides. Pode igualmente constituir um distúrbio puramente disfuncional ou de natureza histérica.

Esse distúrbio implica, em primeiro lugar, a articulação das consoantes, podendo algumas delas estar ausentes, alteradas ou confundidas, e eventualmente apresentar ruídos de substituição, tais como golpes de glote ou respiração rouca, apenas para mencionar alguns. Em segundo lugar, pode resultar em uma nasalização.

A *nasalização* constitui uma alteração característica do timbre vocal consecutivo à persistência de comunicação das cavidades faríngeas e nasais na emissão de vogais, ditas orais, exigindo normalmente o fechamento do esfíncter velofaríngeo. Essa nasalização, em que todas as vogais apresentam o caráter de nasalidade, reservado normalmente em francês às quatro vogais [ã], [ẽ], [õ], [ø̃], determina uma diminuição significativa da energia acústica dessas vogais que aparecem sufocadas no interior da cavidade nasal.

Teoricamente, a nasalização implica também as consoantes sonoras orais, mas a alteração dessas consoantes se traduz sobretudo por sua transformação na consoante nasal correspondente (b→ m; d→ n). É pouco perceptível para o [r] e o [l]. Em compensação, estende-se de modo bem nítido às semivogais.

A nasalização, bem como outras alterações da articulação vocal, é freqüentemente agravada de modo significativo pela reação do indivíduo à sua própria dificuldade, reação de contenção que o leva a contrair sua faringe, e mesmo a fechar as narinas, aumentando desse modo a pressão de sua respiração fonatória. À nasalização acrescenta-se então uma emissão fanhosa, aumentando ainda mais o caráter inestético de sua voz. Na ausência de qualquer comportamento de retenção, um desperdício nasal relativamente grande traduz-se apenas por uma nasalização muito moderada, podendo mesmo passar quase desapercebida.

[1] Do grego *rhis* – *rhinos*: nariz, e *laleo*: falar.

É preciso notar que, além de toda deficiência orgânica do esfíncter velofaríngeo, o comportamento de retenção se traduz freqüentemente por uma nasalização que, como dissemos, provoca uma redução da energia acústica emitida. Esse comportamento de retenção poderia, em suma, corresponder à seguinte tática: "Como não ouso falar alto demais o que quero dizer, coloco no nariz para abafá-lo um pouco"! Esse comportamento é bastante freqüente na criança tímida de quatro ou cinco anos. Na mesma linha de raciocínio, observa-se uma nasalização na disfonia espasmódica em que o indivíduo responde provavelmente ao desejo de abafar essa voz espasmada considerada desagradável. Isso é observado também como equivalente da afonia psicogênica em alternância com esta.

O tratamento da rinolalia aberta é, evidentemente, em princípio, o da causa orgânica eventual da deficiência velar. Pode ser cirúrgico, protético, medicinal, etc., e, principalmente, reeducativo.

A primeira etapa da reeducação é realizada, neste como em outros casos, através do diálogo com o paciente, escutando o que tem a dizer sobre o que sente e passando-lhe informação. Ele deve aprender como é produzida a articulação da fala e, particularmente, como funciona o véu do palato. O *Esquema da máquina de fala* e o Quadro *das produções fônicas*[2] são, para tais objetivos, instrumentos cômodos. O indivíduo deve poder compreender como ocorrem suas dificuldades e tomar consciência progressivamente do impacto negativo de seus eventuais comportamentos de retenção.

A partir daí, e antes de abordar diretamente a questão do timbre vocal, a maioria dos exercícios propostos nas disfonias disfuncionais poderão, conforme o caso, ser utilizados: relaxamento, técnica da respiração, projeção vocal. Às vezes, somente a prática do relaxamento associada a uma boa compreensão mecânica psicofisiológica do distúrbio é suficiente para reduzir consideravelmente a nasalização, liberando esta das reações de retenção que intensificam o caráter inestético.

Será conveniente, em seguida, fazê-lo tomar objetivamente consciência do aspecto acústico de sua nasalização, com a ajuda de registros de sua voz e/ou por auto-escuta direta por meio, por exemplo, desse "conduto acústico natural" formado pela palma da mão colocada na frente da boca e a palma da outra mão colocada atrás da orelha. Poder-se-á igualmente fazê-lo compreender a diferença das sensações vibratórias faciais e cranianas com a presença da nasalização ou com a ausência.

Por outro lado, exercícios específicos referentes à dinâmica do véu poderão ser integrados ao programa de breves exercícios quotidianos. Esses exercícios consistem, por exemplo, em pronunciar seqüências de sons ordenados de maneira a solicitar o fechamento da mobilização do esfíncter velofaríngeo. Deverão ser executados com uma certa energia, cuidando para manter o corpo ereto e a cabeça bem vertical, levemente retraída (mento próximo ao pescoço). O paciente controlará, além disso, com a ajuda de um espelho metálico colocado embaixo de suas narinas, a ausência ou, pelo menos, a diminuição de saída de ar nasal. Citaremos alguns desses exercícios entre os mais eficazes e dos quais os nomes são evocatórios:

*O gafanhoto* corresponde à fórmula: **crritticrritticritt...** pronunciada com voz sussurrada forçada.

*O tiro* que ressoa na montanha de alta altitude: **coal!** ou **tchicoal!** Pronunciado da mesma maneira.

*O pequeno barco de pesca*: **tucutucutucutu...** sempre com voz sussurrada; aproximando-se da plataforma: **djugudjugudjugudjugu...** sonorizando.

[2] Cf. *A voz*, Volume 1.

*O velho relógio* da vovó: **tic-tac-tic-tac-tic-tac**... sonorizando ou não, conforme escolha.

Ou ainda a série: **psiquipsiquipsiqui**... que pode evocar uma antiga máquina de impressão (ou o que a imaginação quiser), podendo ser esta lista aumentada como convir.

Ressaltemos ainda dois outros ruídos particulares que permitem o indivíduo muito freqüentemente localizar o mecanismo do esfíncter velofaríngeo, primeiro passo antes de se apropriar do controle voluntário. Trata-se do ruído do *ronco* (expiratório) e do ruído da *fungada sonora* (inspiratório). Esse segundo ruído é também chamado "fungar como mamãe não gosta", isto é, fazendo vibrar o véu durante uma inspiração nasal um pouco forte, o que é considerado inconveniente socialmente. Mais inconveniente de qualquer modo do que seu homólogo não-vibrante, que é apenas uma respiração nasal inspiratória, que mamãe também desaprova, mas menos energicamente! Esses ruídos de vibração permitem passar em seguida ao ruído de *golpe de véu*, um tipo de explosivo velar que constitui, em certas pessoas, um tique fonatório, marcando em alguns momentos as hesitações da fala. Sonorizado, esse golpe de véu (devendo ser bem distinguido do golpe de glote) lembra *o pato que fala fechando a boca*. Não-sonorizado, como no tique velar, é um pato que fala *baixinho,* fechando a boca.

Esses exercícios de base fônica nos parecem mais eficazes e mais atraentes do que os mais clássicos, direcionados diretamente à respiração bucal, como *fazer bolhas* em um copo de água com um canudo ou *assoprar bolinhas de algodão*, dispersando-as. O que não significa dizer que é preciso abandonar imediatamente estes últimos.

### *Rinolalia fechada*

A rinolalia fechada é uma segunda forma, menos freqüente que a primeira, de "falar pelo nariz" como se diz informalmente. Nessa segunda variedade de rinolalia, os seis fenômenos franceses de caráter nasal [m, n, ã, ẽ, õ, ø̃] são convertidos nos fenômenos orais correspondentes [b, d, a, e, o, ɸ]. Ela corresponde à ausência de abertura, no momento oportuno, do esfíncter velofaríngeo.

Isso pode ter razões orgânicas que exigem um exame ORL antes de qualquer projeto reeducativo, principalmente quando o distúrbio surgiu recentemente. Em muitos casos, no entanto, a rinolalia fechada é puramente disfuncional. Às vezes, é apenas a seqüela de uma obstrução nasal da infância.

A rinolalia fechada é, em geral, mais bem suportada que a precedente, tanto pelo indivíduo quanto por seu meio de convívio. Apresenta-se simplesmente como uma forma particular de falar, não mais incômoda que um sotaque do interior ou estrangeiro bem marcado. Devido a isso, pode não haver motivação para uma reeducação fonoaudiológica.

Se há motivação, o programa reeducativo é bastante fácil de se imaginar: informação, tomada de consciência, localização das sensações vibratórias faciais e cranianas, trabalho a partir do esquema da máquina de fala e da tabela das produções fônicas (sem esquecer que a nasalização acarreta uma diminuição da energia fônica), leitura em voz alta, projeção vocal, etc.

## VOZ E INFECÇÃO AMIGDALIANA

A infecção crônica das amígdalas é uma causa possível de disfonia devido à propagação da infecção para a laringe. O tratamento dessa infecção poderá ser medicinal ou cirúrgico e consistir, neste último caso, em uma ablação das amígdalas. Essa ablação deve, em princípio, terminar com a disfonia. Esta, porém, pode persistir na ausência de qualquer fator infeccioso, no caso em que um comportamento de esforço tenha se estabelecido a favor da infecção, sendo que a disfonia se desenvolve a partir de então, como se sabe, por um mecanismo de círculo vicioso. A disfonia depende portanto de um tratamento reeducativo e o paciente deverá ser informado sobre isso.

Um outro problema, que pode ocorrer particularmente com um cantor, é quanto à incidência sobre o timbre vocal da ablação das amígdalas. Essa ablação se traduz naturalmente por uma modificação do volume da cavidade de ressonância oral. Em princípio, no entanto, essa modificação deveria ser apenas benéfica. Quando seu volume é grande ou quando estão hipertrofiadas por um processo inflamatório, as amígdalas dão a voz um caráter "obstruído" mais inestético. Sua ablação não deve portanto ser temida, com a condição de que seja praticada em boas condições.

Porém, se se trata de um cantor que já tem uma longa carreira, a ablação das amígdalas, mesmo que crie as condições locais de uma melhor produção vocal, pode ter um efeito desestabilizante devido ao tempo dos automatismos de praxe constituídos nele há muito tempo. Nesse caso, se essa questão não foi previamente objeto de esclarecimentos importantes, o indivíduo poderá apresentar algumas dificuldades. Tenderá a responsabilizar inteiramente a amigdalectomia por seus eventuais problemas vocais posteriores.

## VOZ E SURDEZ

Nos casos de surdez severa e profunda, descreve-se tradicionalmente uma alteração da voz que atinge cada um dos três caracteres acústicos (intensidade, altura, timbre), às quais se pode acrescentar uma quarta alteração, a do fluxo. Esses distúrbios são evidentemente a conseqüência da perda mais ou menos completa do controle auditivo que dificulta o funcionamento do circuito audiofonatório.

A intensidade da voz é descrita como demasiadamente forte ou, ao contrário, fraca demais, mas de todo modo inadequada. No caso da tonalidade, descreve-se mais freqüentemente um fundamental habitual elevado demais e uma certa monotonia, apresentando, porém, subidas bruscas no agudo. Quanto ao timbre, aparece classicamente abafado ou nasalado e sem clareza, com confusões vocálicas (i → e; ü → ou), mas também fanhoso, ou mesmo estridente, rouco ou roufenho. Quanto ao fluxo, é descrito como diminuído, entrecortado, silábico, metronômico. A isso, acrescentam-se algumas apreciações pejorativas que classificam essa voz como inestética, e até mesmo, para certos autores do final do século XIX, monstruosa ou inumana!

Parece que essas alterações se tornaram menos caricaturais pelo fato, provavelmente, de que várias mudanças significativas ocorreram há duas ou três décadas no âmbito da surdez. Certamente, em primeiro lugar, está o ressurgimento, após cem anos de reprovação geral, da língua dos sinais, devolvendo a primazia à expressão espontânea, mesmo que isso possa acarretar a recusa total da oralidade, sendo considerada então desviante: afastando-se da língua dos sinais, sua língua natural, a oralidade colocaria em perigo a identidade da pessoa surda. Deve-se sem dúvida também a um melhor acompanhamento, com diagnóstico mais precoce, aparelhagens mais eficientes e o surgimento dos implantes, tornando ainda mais real o mundo sonoro, sem contar com o aperfeiçoamento das técnicas fonoaudiológicas, com uma tendência maior ao relaxamento, e com a utilização de programas informatizados de reeducação, tais como o *Speech-viewer*, por exemplo. Tudo isso leva à redução do comportamento de esforço com o qual a qualidade da voz só tem a se beneficiar.

Esse esforço, entretanto, que o indivíduo fez e ainda faz a fim de atenuar as dificuldades encontradas no desenvolvimento e na realização da verbalização oral – eventualmente como segunda língua – dificilmente pode desaparecer por inteiro. Por pouco que seja, sua voz se aproxima, inevitavelmente da voz, por exemplo, da disartria paralítica ou mais penosamente ainda da voz comum à debilidade mental. Como diz Michel Poizat[3], o principal problema não se trata neste caso da inteligibilidade da fala, mas da voz.

A voz é um objeto ao qual não se pode ficar insensível, e essa voz pulsional do esforço articulatório, que é a voz do surdo, tende a desestabilizar seu interlocutor, tornando a comunicação muito mais difícil do que, por exemplo, com um estrangeiro que não domina bem a língua. Dessa forma, o surdo, quando verbaliza oralmente, tende a transformar seu interlocutor em um deficiente da comunicação! A situação se complica particularmente se acrescentarmos que a voz do ouvinte, entendida graças ao aparelho, é freqüentemente percebida pelo surdo, como uma voz fatigante ou intrusa.

Melhorar tal situação não é certamente uma tarefa fácil. Pode-se com certeza tentar melhorar o controle da energia articulatória, utilizando mais adequadamente, por exemplo, o *Speech-viewer* como um instrumento de análise e de compreensão da mecânica articulatória, evitando cair na armadilha da imitação superficial. Evidentemente, pode-se tentar tomar uma certa distância, utilizando um modo pedagógico bastante analítico e explícito calcado na aprendizagem escolar, mas é preciso reconhecer que, diante de uma surdez severa ou profunda, não se consegue adquirir uma articulação sonorizada da fala de modo completamente natural. Essa aprendizagem passa necessariamente por um esforço consciente. Aprende-se a falar normalmente identificando sua própria boca com a boca, da mãe que se olha escutando-a falar e interessando-se mais ao que ela diz do que à maneira como diz. Será possível aproximar-se dessa forma natural? Pode-se sempre pensar sobre isso.

[3] Michel Poizat. *La voix sourde, la société face à la surdité*. Métaillé, 1996. *Variation sur la voix*. Anthropos, 1998.

# Disfonia de origem hormonal

# 7

## ENDOCRINOFONIATRIA?

Na década de 1950, um grande futuro estava prometido à endocrinofoniatria. Era a época da teoria neurocronáxica de Husson que explicava a produção da voz pelo "golpe por golpe recorrencial" a partir de impulsões corticais sincrônicas da freqüência vocal. Acreditava-se que os andrógenos poderiam "facilitar a condução recorrencial monofásica e, portanto, a resposta monofásica de efetuá-lo na laringe (voz de peito)", ao passo que, ao contrário, os estrógenos pareciam "facilitar a condução em regime bifásico (voz de falsete ou de cabeça)". J.H. Amado, endocrinologista e amante da arte lírica como R. Husson, não hesitava em escrever, por sua vez, que "as relações entre a voz e as glândulas endócrinas são tão estreitas que se pode, em quase todos os casos de deficiência vocal, suspeitar da existência de um desequilíbrio endócrino..."(!)

O que ficou meio século depois desse entusiasmo? Certamente, não se trata de negar a importância desses hormônios sobre a voz, como testemunham a muda no rapaz e as modificações vocais que ocorrem na mulher nos períodos pré-menstruais ou durante a menopausa. Mas, mesmo que possam constituir fatores favorecedores ou desencadeantes sobre a disfonia vocal, esses próprios acontecimentos não resultam da patologia.

Após essa breve introdução, abordaremos neste capítulo somente um único tema que ainda tem alguma importância: a virilização laríngea. Os demais – mixoedema, insuficiência supra-renal, hiperpituitária e eunuquismo – apresentam evidentemente interesse, mas, para o fonoaudiólogo, o problema vocal nestes casos é secundário.

## VIRILIZAÇÃO LARÍNGEA

A virilização laríngea pode ser *endógena* e devida a certas afecções endócrinas, como a doença de Cushing que se manifesta por uma hipersecreção supra-renal. Mais freqüentemente, é *exógena* e consecutiva à prescrições na mulher de produtos que contêm testosterona ou moléculas da mesma categoria dos anabolizantes ou dos progestivos de síntese.

Atualmente, devido a uma certa prudência, esses produtos são menos comumente prescritos, mas, antigamente, foram muito utilizados em um grande número de afecções. Câncer de mama, distúrbios do ciclo menstrual, distúrbios da menopausa decorrentes do uso de testosterona. Magreza, fraturas, reumatismos, descalcificação decorrentes dos anabolizantes sintéticos. Afecções ginecológicas, tais como a endometriose vaginal causada pelos progestivos.

A ação virilizante na laringe feminina desses produtos foi observada desde os anos 1950. Sua ação se manifesta na musculatura, que aumenta, e na mucosa, que se torna mais espessa. Quanto ao aumento do tamanho das cartilagens, não é em geral encontrada. Inúmeros casos desse efeito virilizante foram relatados a partir dos anos 1960. Foi preciso, no entanto, esperar várias décadas para que a possibilidade de acidente vocal fosse universalmente reconhecida e constasse nos dicionários farmacológicos (apresentando ainda, apesar de tudo, alguns "esquecimentos").

Por muito tempo, os anabolizantes sintéticos foram apresentados não provocando praticamente efeitos andrógenos. Ora, observamos uma paciente de 17 anos que apresentava anorexia tratada por anabolizantes sintéticos com o objetivo de "lhe fazer ganhar peso". O resultado dessa terapêutica estritamente sintomatológica foi que o problema (já considerável) de adaptação dessa jovem complicou-se então ainda mais, com aparecimento de uma voz masculina e mesmo de pilosidade no lábio superior. Uma situação que poderia ter sido solucionada talvez por uma psicoterapia adaptada transformou-se assim em uma situação realmente dramática.

A hesitação em observar os efeitos desses produtos sobre a voz e esses "esquecimentos" podem ser explicados em uma certa medida pelo fato de que há uma suscetibilidade individual variável nos pacientes. Certas mulheres, de fato, não apresentam nenhum sintoma de virilização apesar das doses significativas, ao passo que, para outras, esses sintomas aparecem com doses mínimas.

Paradoxalmente, suspeitou-se que as moléculas contraceptivas tivessem uma ação negativa em relação à voz. Ora, apesar das pesquisas empreendidas, parece que nenhuma ação desses produtos hormonais ou semelhantes pôde ser realmente evidenciada, somente no início de sua utilização (anos 1960) em que as dosagens eram mais fortes do que atualmente.

## Clínica

A virilização laríngea não se manifesta inicialmente, como se poderia pensar, pelo abaixamento da tonalidade, mas pela instabilidade vocal e pela alteração do timbre.

A instabilidade vocal corresponde à perda do controle da voz que apresenta, momentaneamente, irregularidades inesperadas. Estas se tornam cada vez mais freqüentes, dando ao paciente a impressão de que sua voz não o obedece mais. Paradoxalmente, o timbre se altera, perdendo seu mordente (a voz se apaga), ou se torna roufenho. Essa alteração do timbre tem como reação um "pigarro", penoso e, ao mesmo tempo, ineficaz. Progressivamente, intervêm saltos de registros característicos (os "quacs"), e até mesmo sobressaltos de intensidade inesperados. É somente alguns meses depois que a tonalidade pode se agravar, descendo progressivamente à oitava 1 para atingir o *mi1*, característico da voz de baixo.

Mesmo sem chegar até esse ponto, a masculinização da voz torna-se pouco a pouco manifesta. Ao telefone particularmente, o indivíduo que liga pode pensar inicialmente estar falando com um homem, e o paciente confirma que é chamado às vezes – ou mesmo regularmente – "Senhor" ao telefone. Mesmo se esse "Senhor" ao telefone é considerado algo sem importância para certos pacientes, constitui muitas vezes a reclamação principal. Esse ataque à identidade sexual juntando-se à perda do controle da voz e aos "quacs" inesperados pode alterar gravemente o equilíbrio psicológico da paciente que não ousa mais tomar livremente a palavra. Esse problema vocal torna-se uma verdadeira deficiência social.

Esse agravamento tonal corresponde evidentemente a modificações anatômicas das pregas vocais (alongamento e espessamento) análogas às que se produzem no jovem rapaz durante a puberdade. No entanto, ele pode ser evitado na medida em que a paciente aprende, mais ou menos de modo espontâneo e sem se dar contar, a não utilizar as possibilidades de voz grave que lhe foram dadas pelos produtos hormonais. Essa adaptação espontânea favorável é sempre seguida, porém, de uma certa restrição no uso da voz, no contexto de um comportamento reservado com, por exemplo, uso exclusivo do registro de cabeça no qual a paciente pode se encontrar confinada.

Paralelamente à alteração vocal, a paciente reclama freqüentemente de fadiga e mesmo de dores cervicais que estão relacionadas ao comportamento de esforço ou de retenção associada.

### *Exame laringoscópico*

No exame laringoscópico, a laringe pode apresentar *um aspecto normal* apesar do agravamento manifesto da tonalidade da voz. Nota-se entretanto, os sinais de irritação da mucosa, consecutivos ao comportamento de esforço: *pregas vocais congestivas* com estrias vasculares, secreções, etc.

Quando a virilização é mais significativa devido a uma impregnação hormonal prolongada, as pregas vocais aparecem *longas* e *espessas*. Além disso, a mucosa que as recobre adquire uma *coloração amarelada* (papel milho). Nota-se freqüentemente, por outro lado, durante a inspiração, o aspecto clássico de *pseudonódulos posteriores*.

O exame laringoscópico permite, por outro lado, eliminar o diagnóstico de *edema crônico das pregas vocais* que é suscetível de produzir sintomas vocais idênticos[1]. Notemos que o exame laringoscópico chega, algumas vezes, à emissão de um [e] em registro grave vivido de forma desagradável pela paciente quando sua voz se encontrava confinada, há um certo tempo, no registro agudo devido a um considerável comportamento de retenção.

### *Exame da voz e do comportamento vocal*

O exame da voz mostra, na maioria das vezes, que a alteração vocal não tem nada em comum com as modificações anatômicas que resultam da impregnação hormonal. Na verdade, a principal causa da perturbação fonatória resulta da reação da paciente à mudança que ocorre em sua laringe. Por não compreender bem o que provoca essas repentinas estranhezas em sua voz, tende naturalmente a reagir de forma inadequada.

Os testes de leitura dão resultados bastante variáveis. Às vezes, uma melhor compreensão do problema já permite um certo controle, estabilizando mais ou menos a voz. Em outros casos, ao contrário, esses testes traduzem-se por uma amplificação da desordem do comportamento vocal em um contexto de retenção marcada.

O exame da voz cantada é essencial. Mostra, inicialmente, a relativa conservação do registro agudo com uma possível emissão de *sol4*, e até mesmo de *lá4*. Freqüentemente, este constitui uma grande descoberta para a paciente que não ousava-se aventurar nessa parte de sua tessitura. Quanto à determinação da *base da voz*, esta nem sempre é estabelecida facilmente devido ao problema psicológico, às vezes, bastante grave. Convém não insistir, mas, em certos casos, poder-se-á obter emissões descendentes na oitava 1 até o *mi* e mais baixo! Como na muda falseada[2], será interessante fazer para a paciente um esquema que represente em uma linha vertical todas as suas possibilidades vocais em cada registro, indicando as zonas de voz grave (abaixo do *ré2*) que deverá aprender a não utilizar.

Por outro lado, nota-se o caráter bastante distinto dos dois registros vocais (sob forma de *quacs*), com passagens muito bruscas de um mecanismo a outro como nos distúrbios da muda.

[1] Cf. *A voz*, Volume 2.
[2] Cf. *A voz*, Volume 2.

Quanto à voz de chamamento, realizando uma solicitação intensa, revela-se em geral totalmente eficiente, em voz de cabeça (!), para espanto da própria paciente.

## Tratamento

O tratamento da virilização laríngea reduz-se à informação dada à paciente, o que pode ser suficiente para lhe permitir uma adaptação espontânea. A reeducação é, no entanto, necessária para realizar essa perfeita adaptação às modificações laríngeas produzidas pela impregnação hormonal. A terceira fase é a *interrupção dessa impregnação*, considerando que esta nem sempre é possível. Há casos, de fato, em que o tratamento hormonal deve ser obrigatoriamente seguido.

### INFORMAÇÃO

A informação é portanto o primeiro (e, às vezes, o único) elemento terapêutico. Já intervém evidentemente durante mesmo o exame e o diagnóstico e comporta, como sempre, esclarecimentos sobre o órgão laríngeo e seu funcionamento. Será muito delicado fazer em seguida com que a paciente compreenda que a modificação de suas pregas vocais talvez seja irreversível, mas que, apesar disso, ela poderá descobrir uma voz relativamente satisfatória. Prometer-lhe que recuperará completamente sua voz do passado constitui, sem dúvida, uma imprudência, embora isso possa ocorrer.

Às vezes, a paciente não consegue aceitar que o produto incriminado é realmente responsável por suas dificuldades vocais. É o que ocorre freqüentemente quando o produto foi tomado no passado durante um longo período sem provocar aparentemente modificação vocal, ao passo que a retomada recente do tratamento traduziu-se por uma brusca deterioração da voz. É preciso indicar à paciente, nesse caso, que há aí um efeito de somatização: as quantidades relativamente insignificantes do produto tomadas no presente acabam precipitando a desordem fonatória, somando-se às grandes quantidades tomadas anteriormente.

Para ajudar a paciente a admitir a realidade dessa inoportuna modificação de seu órgão vocal, poder-se-á lhe dizer que essa modificação consiste essencialmente num crescimento da massa muscular de suas pregas vocais, tendo como principais conseqüências o aumento do potencial de potência de sua voz e o desenvolvimento de sua extensão para o grave. Evidentemente, esse aumento de potência e de extensão não era de forma alguma esperado nem desejado. Produziu-se então uma desordem bem compreensível de seu comportamento vocal que a reeducação, felizmente, é capaz de atenuar imensamente.

Para que essa noção seja bem assimilada, poder-se-á contar à paciente, a título de comparação, a seguinte história: imagine que você tem um pequeno carro do qual você goste muito e que você o dirija há muito tempo com a maior satisfação, mesmo se seus desempenhos sejam modestos. Certa vez, sem preveni-la, o que é lamentável, seu mecânico, talvez porque não pudesse fazer de outra forma, substitui seu motor por um outro duas vezes mais potente. Você segura o volante e percebe que seu carro não a obedece mais como antes. Você não entende o que está acontecendo; não ousa mais aumentar a velocidade e mantém o pé sempre no freio. A única coisa racional que você tem a fazer é fazê-lo explicar-lhe o que aconteceu e talvez ter algumas lições de direção para adaptar-se a essa nova situação.

É preciso saber, porém, que essa modificação da voz atinge a identidade sexual da paciente e que a mudança resultante pode adquirir grandes proporções.

## Reeducação vocal

A exploração das possibilidades vocais que ocorreu durante o exame já constitui um início de tratamento. Talvez seja preciso retomar esse inventário, precisando o agravamento tonal, o aumento da potência e o caráter mais marcado da passagem de um registro a outro.

O princípio de base dessa reeducação consiste em propor à paciente explorar intimamente as novas possibilidades de seu órgão vocal modificado a fim de se apropriar delas realmente. Experimentando-as deliberadamente, utilizando toda sua extensão, em uma sessão, conseguirá estabelecer melhor ao que não podem ser empregadas e as terá automaticamente "sob comando" no dia-a-dia.

O "Senhor" ao telefone será, às vezes, difícil de ser evitado. Para conseguir isso, poder-se-á treinar a paciente a pronunciar a primeira palavra da comunicação "alô", fazendo propositadamente um "quac", passando do [a] pronunciado no grave ao [o] pronunciado no agudo (em voz de cabeça). Embora simples no plano teórico, a realização desse "alô em forma de quac" nem sempre é fácil, pois se trata de um ato reflexo e a intenção chega sempre tarde demais.

Naturalmente, na maioria dos casos, o treinamento ao relaxamento será necessário devido a um comportamento de esforço associado, como dissemos, a um problema psicológico mais ou menos marcado. Quanto ao controle da respiração, será adquirido normalmente sem grandes dificuldades, apesar de algumas notáveis exceções.

Quanto aos exercícios vocais (cf. *A voz*, Volume 4), alguns são totalmente específicos dessa patologia: a *contagem divertida* é particularmente bem adequada para se aprender a manipular a passagem de um registro a outro, identificando de forma lúdica o quac característico que a marca; a *contagem cantada* permitirá à paciente aprender a estabilizar sua voz em um ou em outro de seus dois registros; as sirenes lhe ensinarão a colar a passagem; o *dragon texte recto-tono* será um complemento muito eficaz que permitirá utilizar um e outro registro, dando atenção particular à precisão da altura tonal.

A reeducação na virilização laríngea tem uma duração bastante variável, de algumas semanas a alguns meses, podendo ainda estender-se para mais de um ano. É geralmente muito gratificante na medida em que libera a paciente de um bloqueio psicológico bastante sério.

## MIXOEDEMA

O mixoedema define-se essencialmente como uma infiltração cutânea pseudo-edematosa da face e dos membros. Essa infiltração, que atinge também as mucosas, é rica em polissacarídeos que retêm a água, dilacerando as fibras elásticas e o colágeno dos tecidos. Deve-se a uma falta de secreção de tiroxina (hipotireóide) relacionado a diversas afecções – muito variadas – do corpo tireóide ou do hipófise.

Clinicamente, o hipotiroidiano mixoedematoso chama atenção por seu rosto de "lua cheia" e seu comportamento globalmente lentificado. Ele se queixa, além disso, da secura de sua pele e de uma fadiga geral.

No plano fonatório, nota-se classicamente uma rouquidão vocal com um timbre mais fraco e nasalado, uma articulação lentificada e com dificuldades. Apesar de certas opiniões contrárias, a altura tonal não parece modificada mesmo que se observe uma certa monotonia.

No exame, encontram-se uma língua mais espessa e pregas vocais alargadas. Essa infiltração da língua e das pregas vocais não explica provavelmente os distúrbios vocais e articulatórios em toda a sua complexidade. Estes podem estar relacionados igualmente a um problema do sistema nervoso central. A infiltração das pregas vocais explica bem, no entanto, o fenômeno clássico do *grito retardado* que orienta o diagnóstico no lactente mixoedematoso. Neste, de fato, a expressão do rosto no momento do grito e a emissão da respiração antecede em um ou vários segundos a emissão vocal, sendo este tempo necessário para fazer vibrar as pregas vocais infiltradas.

O tratamento do mixoedema, seja instituído precocemente ou em idade adulta, faz desaparecer a infiltração cutâneo-mucosa. Porém, os caracteres da voz permanecem, tradicionalmente, imutáveis, o que possa ser explicado talvez por uma certa constância da imagem vocal.

A reeducação vocal certamente poderia contribuir para o avanço dessa situação; parece, no entanto, que não está sendo muito proposta atualmente.

## DOENÇA DE ADDISON

A doença (bronzeada) de Addison corresponde a uma destruição progressiva das glândulas córtico-supra-renais, qualquer que seja a causa.

No plano clínico, traduz-se essencialmente por uma imensa fatigabilidade acompanhada pelo aparecimento progressivo de uma pigmentação cutânea: a *melanodermia*. A esses dois sintomas, acrescentam-se as dores abdominais e os distúrbios digestivos sob forma, às vezes, de crises desencadeadas por algum tipo de estresse, ou mesmo por uma banal infecção rinofaríngea. Essas crises, que correspondem essencialmente a uma desidratação, alertam para a impossibilidade do organismo de combater o estresse devido à insuficiência de secreções dos hormônios corticossurrenais. Esta, felizmente, é suscetível de ser compensada por um tratamento substitutivo adaptado.

No plano fonatório, a alteração da voz aparece em um estágio avançado da doença, com perda da intensidade, empobrecimento do timbre e sobretudo fatigabilidade da voz, que se esgota rapidamente obrigando o indivíduo a fazer pausas mais ou menos prolongadas.

Todos esses sinais são corrigidos pelo tratamento substitutivo. Uma reeducação vocal poderá eventualmente corrigir o comportamento de esforço implicado pelo paciente a fim de amenizar suas dificuldades.

## ACROMEGALIA

A acromegalia resulta do hiperpituitarismo, isto é, de um excesso de secreção do hormônio de crescimento devido em geral a um adenoma[3] da hipófise.

Essa hipersecreção se traduz por uma dismorfia progressiva que atinge principalmente as extremidades dos membros e a face, alargando as mãos (manápulas) e os pés, dedos contraídos, prognatismo, crescimento do conduto laringotraqueal e gigantismo, sobretudo quando a afeção iniciou na infância.

O crescimento da laringe resulta em um agravamento da altura tonal da voz ao qual se acrescentam as dificuldades articulatórias causadas pelo desenvolvimento da maxila com prognatismo e pela macroglossia. Esses distúrbios podem constituir uma indicação para um tratamento fonoaudiológico.

Por ser lenta a evolução e progressivas as modificações dos membros e da fácies, o diagnóstico normalmente é feito apenas vários anos após o início da doença. O início do tratamento (cirúrgico, radioterápico, medicinal) é, infelizmente demorado.

## EUNUQUISMO

O eunuquismo define-se como o estado de um indivíduo masculino privado de seus órgãos sexuais, seja por razões patológicas (orquite) ou externas (castração).

[3] Tumor benigno desenvolvido por meio de um tecido glandular.

Quando essa privação ocorre antes da puberdade, a muda vocal não ocorre devido à ausência de desenvolvimento da laringe. A voz não adquire então o caráter masculino. No entanto, em razão do desenvolvimento normal da faringe, o timbre vocal não permanece infantil. Essa voz adquire assim um aspecto particular: "nem homem, nem mulher, nem criança". Essa particularidade vocal foi aproveitada desde o século IX, em Cordoue, depois em toda a península ibérica onde um grande número de crianças foi castrado para satisfazer as necessidades do canto litúrgico cristão mozárabe. No século XV, "eunucos" espanhóis eram utilizados em Roma. Nos séculos XVII e XVIII, é a idade de ouro do canto dos eunucos e mais de mil crianças por ano, oriundas de famílias italianas pobres, eram castradas visando ao canto religioso e tomadas a cargo da Igreja que as submetia a um treinamento intensivo. A moda dessa voz particular é imensa em toda a Europa. A partir do século XVI, os eunucos foram utilizados com um sucesso crescente pela ópera que acabava de nascer.

É difícil saber o que era realmente a voz desses eunucos cujas qualidades resultavam provavelmente tanto do treinamento quanto da mutilação, chegando a aliar "uma laringe de moça a um tórax de homem corpulento". Fala-se da claridade proveniente do timbre dessa voz, de sua grande extensão (três oitavas), de sua agilidade, de uma notável possibilidade de sustentar a nota (até um minuto para Farinelli, o mais célebre dentre eles), da potência no grave. Mas o que mais choca nos comentários contemporâneos é a fascinação exercida por essa voz que, como diz M.F. Casterède, embaralha os indícios da identidade sexual clássica. Toda a Europa musical do século XIX é atraída por Roma pelos eunucos da Capela Sixtina até 1903, quando o papa Leon XIII proíbe sua renovação, deixando, como diz ainda o mesmo autor, "um rasto de nostalgia e ilusões um pouco horripilante".

## LEITURAS SUGERIDAS


AMADO JH. *Voix humaine et glandes endocrines.* Paris : Immex, 1965, 835-842.

AMADO JH. Modifications des caractéristiques phonatoires sous l'influence de divers états endocriniens. *Rev Laryngol* 1954 ; 75 : 253-261.

APPAIX A, HENIN-ROBERT J, CODACCIONI JL. Aspects phoniatriques des hyperandrogénies féminines postpubertaires spontanées et provoquées. *journal français d'ORL* 1964 ; 13, 2 : 1964.

BOURDIAL J. Les troubles de la voix provoqués par la thérapeutique hormonale androgène. *Ann Otolaryngol* 1970 ; 87, 12 : 725-734.

Página 100

CALVET J, COLL J. Trois cas de masculinisation de la voix par pellets de testostérone. *Journal français d'ORL* 1964 ; 13, 2.

CASTARÈDE MF. *La Voix et ses sortilèges.* Paris : Les Belles Lettres, 1987.

CORNUT G, VALLANCIEN B *et al.* Masculinisation de la voix par les androgénes. *Journal français d'ORL* 1967 ; 16, 2.

DAMSTE PH. Virilisation of the voice due to anabolic steroïds. *Folia phoniatrica* 1964 ; 16 : 10-18.

DORDAIN M. Étude statistique de l'influence des contraceptifs hormonaux sur la voix. *Folia phoniatrica* 1972 ; 24: 86-96.

DORDAIN M. Étude de la voix an cours du myoedème de l'enfant. *Journal français d'ORL* 190 ; 20, 3.

GAUMY C. Le chant des castrats. Opéra international déc. 1984-janv. 1985.

GOLDMAN J, SALMON U. The effect of androgen therapy on the voice and vocal cords of adult women. *Ann ORL* 1942 ; 51.

IMRE V. Troubles de la voix par hormones. *Folia phoniatrica* 1968 ; 20 : 393-404.

PERELLÒ J. Virilizacion de la laringe feminina. *Acto ORL Iber Amer* 1964 ; XII, 2 : 139-141, 1964.

PERELLÒ J, Comas J. Étude de la cytologie exfoliative du larynx. *Acta ORL Belgica* 1959 ; 13, 3 : 194-198.

SARFATI J. *Virilisation vocale par androgènes dans le cadre des dysphonies hormonales.* Grenoble: Thèse de médecine, 1979.

TERRACOL J. Les troubles laryngés d'origine hormonale. *Montpellier Med* 1959 ; 60 : 226-236.

# Fonação e síndrome sistêmica

# 8

Agrupam-se sob a mesma denominação de *doenças sistêmicas*, ou melhor, *síndrome sistêmica*, afecções inflamatórias difusas de origens desconhecidas (M.F. Kahn).

A inflamação pode ocorrer nos tecidos musculares, articulatórios ou de colágeno. Algumas dessas afecções podem implicar os órgãos da fonação e, particularmente, a laringe onde se manifestam por um aspecto pseudotumoral. Citaremos a amílase, que se caracteriza por depósitos extracelulares de proteínas "malquebradas" que infiltram as pregas vocais na forma de nódulos amarelados superficialmente, provocando uma rouquidão vocal. Aspectos semelhantes são observados também na sarcóide, na granulomatose de Wegener e na doença de Recklinghausen.

Podem-se observar ainda distúrbios da articulação cricoaritenóidea (cf. Capítulo 3) em diversas afecções: doença lúpica, poliartrite reumatismal, gota, danos musculares, como na miastenia (cf. Capítulo 9), polimiosites, danos difusos do tecido conjuntivo, como na *esclerodermia*. Daremos uma descrição mais detalhada dessa afecção, porque implica não somente a voz, mas também a articulação da fala, a escrita e a deglutição, quatro domínios tratados pela fonoaudiologia como revela a carta a seguir.

> Foi preciso cinco meses para diagnosticar minha doença durante os quais via meu rosto se imobilizar e minha maxila se contrair de uma forma que pensava ser irremediável. A dor é atroz.
>
> Um dia, falaram-me de reeducação maxilofacial. Mulher decidida e determinada, encarei. As primeiras sessões, ainda que cheia de esperança, são difíceis de suportar. Chegava a 9 mm de abertura após o aquecimento. As massagens em meus músculos e em minha pele fibrosos provocam dores que estão no limite do suportável. Mas, no entanto, é preciso forçar para acordar esse "bloco de granito" revestido de pele que parece artificial de tanto que fica tensa e sem vida.
>
> Frente ao espelho em que não me reconhecia, vejo bem lentamente meu rosto se reanimar. É preciso muita modéstia, mas também um temperamento de "atleta" para aceitar fazer todas essas caretas que, vistas de fora, poderiam me fazer passar por uma débil mental. Porém, a confiança que se estabeleceu entre meu terapeuta e eu me ajuda a superar tudo isso. O único objetivo é a progressão da abertura e a mobilidade do rosto, do pescoço e da língua. Ah! Como é importante para a fala e para a nutrição.
>
> Em tratamento há três anos, consegui uma abertura bucal de 24 mm. Hoje, ninguém pode duvidar disso cruzando comigo. Tenho a fisionomia um pouco "altiva" devido a uma pequena rigidez do pescoço. Somente uma determinação feroz, uma tomada de consciência sem ilusões da necessidade de se fazer exercícios constantemente levam a esse resultado, sem esquecer a cumplicidade e a alegria do terapeuta de ver seu trabalho alcançar tal resultado, enquanto todos haviam me condenado.
>
> Claire R., 9 de janeiro de 1996.

## Escleroderma

Escleroderma, do grego *scleros* (duro) e *derma* (pele), significa endurecimento da pele. A escleroderma é uma afecção generalizada do tecido conjuntivo dos arteríolos e dos microvasos caracterizada por uma fibrose e por uma obliteração vascular, podendo atingir a pele, o tubo digestivo, os pulmões e os rins. A pele é o local principal dessa afecção. Trata-se de uma infiltração da derme com aumento em tamanho e em número dos feixes do colágeno. A afecção visceral condiciona o prognóstico.

Atualmente, a escleroderma é incurável. Atinge 3.500 pessoas aproximadamente, na França, e dentre estas, três mulheres para cada homem. Inicia mais freqüentemente entre os 35 e os 45 anos sem nenhuma predisposição genética particular.

Sua origem ainda é desconhecida. A imbricação de diversos fatores favorecedores (exposição profissional e meios poluentes, medicações particulares, problemas de imunidade) é observada. A escleroderma se caracteriza pela possibilidade de afecções múltiplas.

Nas afecções cutâneas, a pele se torna fina, rígida, esticada, de aspecto céreo, com perda de elasticidade e desaparecimento das rugas. As extremidades do corpo são as primeiras a ser atingidas, especialmente as mãos (esclerodatilia) e os dedos dos pés, tornando difícil, e mesmo impossível, muitas atividades quotidianas devido à rigidez dos dedos. Em seguida, é o rosto que se contrai: a testa fica lisa, o nariz mais afinado, os lábios se contraem e a abertura da boca diminui.

As afecções reumatológicas acarretam problemas articulatórios (artrites, poliartrites crônicas, modificações ósseas, etc.). A afecção esofágica, anterior aos sintomas cutâneos, diminui a atividade peristáltica. A isso pode acrescentar-se uma disfagia dolorosa seguida de dificuldades de mastigação. A afecção pulmonar, que ocorre na metade dos casos, traduz-se por uma dispnéia de esforço devido à limitação da expansão dos pulmões e da perda de sua elasticidade. A afecção renal é variável, constituindo, conforme as formas, uma insuficiência renal aguda ou crônica. A afecção de tudo ou de uma parte do tracto digestivo, desde a cavidade bucal até o cólon, pode provocar um severo emagrecimento. A afecção cardíaca é freqüente.

Na esfera orobucal, essa afecção provoca, como dissemos, dificuldades na articulação da fala, distúrbios vocais, mas igualmente distúrbios da mastigação e da deglutição, progredindo de forma variável e anárquica paralelamente à rigidez da face, da boca, do véu do palato, da faringe e da laringe.

O rosto se torna contraído ("máscara de múmia"). Os movimentos verticais da laringe ficam visivelmente limitados. O orifício bucal se retrai (*microstomia*), apresentando pregas radiadas em torno dos lábios ("boca de macaco").

A afecção da mucosa das bochechas e do véu do palato, a diminuição da mobilidade da língua, a retração progressiva da mandíbula, a afecção dos músculos cutâneos e mastigatórios resultam em dificuldades articulatórias, mastigatórias e em uma nasalação.

No nível da laringe, o espessamento das pregas vocais, o endurecimento da epiglote, e depois a atrofia das cartilagens, associadas normalmente a dificuldades respiratórias, acarretam disfonia e distúrbios da deglutição. Estes últimos aumentam quando há uma redução ou quase-ausência de saliva.

Não há atualmente tratamento específico para a escleroderma sistêmica, que permanece incurável. Alguns tratamentos médicos permitem, porém, estabilizar, e até mesmo fazer com certos sintomas regridam. Tratamentos reeducativos possibilitam igualmente controlar as seqüelas dessa doença e limitar suas conseqüências, podendo estabilizar sua evolução. O certo é que constituem sempre um real apoio psicológico.

A evolução dessa doença é variável e dificilmente previsível. Não avança jamais para a cura espontânea, mas para uma estabilização ou um agravamento mais ou menos rápido das lesões com fatores de mau prognóstico, tais como a afecção renal, cardíaca e a hipertensão arterial.

### Tratamentos reeducativos

A cinesioterapia luta contra as anciloses articulares e o incômodo nas articulações. Compreende exercícios de mobilização ativa e passiva dos tecidos atingidos. Compreende igualmente exercícios de alongamento (*stretching*). A cinesioterapia maxilofacial trata do distensionamento muscular através de exercícios de relaxamento, massagens, adaptações bucais, faciais e linguais em vista de estabilizar a diminuição da amplitude bucal e a retração mandibular.

A mecanoterapia, utilizando aparelhos (padronizados ou adaptados a cada doente), tem também como objetivo retardar, e até mesmo interromper, a diminuição da abertura bucal e a retração da mandibula. Esses aparelhos devem ser utilizados o máximo de tempo possível durante o dia e até durante toda a noite. Alguns deles são empregados na prática pluriquotidiana de exercícios específicos. A ginástica dos músculos cutâneos da face, para um melhor aproveitamento da mecanoterapia, é obtida pelo uso de uma máscara de látex pré-aquecida e colocada sobre o rosto durante alguns minutos um pouco antes da sessão.

A fonoaudiologia por sua vez, ficará responsável, como mencionamos, pela reeducação da articulação da fala, da voz, da escrita e da deglutição, recorrendo a todas as técnicas possíveis, adaptando-se a cada caso. Insistirá especialmente no relaxamento, ao mesmo tempo em que dará apoio moral, particularmente necessário aqui, como testemunha a carta apresentada anteriormente.

## LEITURAS SUGERIDAS


DEGORRE W. La sclérodermie. *Le petit journal de l'ASF* 1993 ; 2.

KAHN MF, ELTIER AR. *Maladies systémiques.* Paris: Flammarion.

LANGE V. *Conséquences de la sclérodermie systémique sur la voix, la parole et la déglutition.* Paris: Wrn Orth, 1994.

MALCOM IV *et al. Systemic sclerosis scleroderma.* New York: John Willey & Sons Ltd, 1988.

MONSKY S. *The Raynaud's et Scleroderma Asssociation Scleroderma* (Information Booklet), 1993, 3-18.

SOPKO J, WEY W. *Phoniatric et laryngical aspect ofscleroderma.* Berlin: HNO, 1978 ; 26 : 65-67.

# *D*isartrias

# 9

## DEFINIÇÕES

Segundo Kussmaul (1884), o termo disartria designa os distúrbios da articulação verbal de origem central.

Mais recentemente, considera-se o emprego desse termo para todos os distúrbios da realização da fala relacionados ao dano das diversas vias motoras que comandam o aparelho fonatório (Barbizet e Duizabo).

De acordo com tal definição mais ampla, a disartria diz respeito não somente à articulação da fala prejudicada, mas igualmente à voz prejudicada. Além disso, engloba tanto os distúrbios consecutivos a lesões periféricas do sistema nervoso quanto as lesões centrais.

### *Localização das lesões*

Mais precisamente, as disartrias distinguem-se, em primeiro lugar, pela localização das lesões neurológicas. Pode tratar-se:

– de lesões corticais bilaterais (síndrome pseudobulbar) ou de lesões periféricas que atinjam os nervos dos órgãos fonatórios ou seus núcleos bulbares; o quadro clínico corresponde então às *disartrias paralíticas* centrais ou periféricas. Associam-se a essas disartrias paralíticas as alterações da voz e da articulação da fala relacionadas a uma miopatia ou a um distúrbio da junção neuromuscular;

– do dano das vias extrapiramidais e dos núcleos cinzas centrais que resultam em uma *disartria acinética* (na doença de Parkinson, por exemplo) ou *discinética* (como na atetose);

– de um dano do sistema cerebelar, resultando em uma *disartria atáxica*;

– de uma lesão cortical unilateral que se traduz por uma apraxia vocal ou por uma aprosódia (*disartria aprática*);

– e finalmente, embora nem sempre se trate de *lesões* do sistema nervoso, mas muitas vezes de distúrbios disfuncionais, é pela lógica que se relaciona às disartrias os distúrbios da voz e da fala associados a uma distonia ou a uma discinesia volível (*disartria distônica*).

Observemos que as disartrias devem ser distinguidas das desordens que atingem o *nível de programação* e o *nível de conceitualização* (C. Chevrie-Muller), tais como podem ser vistos nas afasias e, particularmente na *anartria*. Disartria e afasia podem, no entanto, coexistir nas lesões hemisféricas estendidas.

### *Natureza da afecção em causa*

Após essa primeira distinção pela localização das lesões, as disartrias devem ser consideradas igualmente segundo a natureza da afecção em questão. Os distúrbios neurológicos podem ser devidos, lembremos, a processos patológicos de ordem vascular (acidente vascular cerebral – AVC), traumática (traumatismos cranianos ou outros), tumoral, degenerativa, infecciosa, tóxica, metabólica e – provavelmente – disfuncional. Em cada caso, o prognóstico é extremamente condicionado pelo caráter evolutivo ou não da afecção.

### *Reação do indivíduo a seu próprio distúrbio*

Acrescentemos, por fim, que os distúrbios da voz e da fala (bem como os distúrbios da deglutição) não dependem somente da natureza e da localização das lesões neurológicas, mas também da reação do indivíduo quanto ao seu próprio distúrbio. Essa última noção, muitas vezes ignorada, e particularmente importante no que diz respeito ao tratamento reeducativo.

### *Classificação de FL. Darley et al.*

Desde os trabalhos de FL. Darley, A.E. Aronson e J.R. Brown (Mayo Clinic, 1969), é comum classificar as disartrias em sete categorias: 1) flácidas, 2) espásticas, 3) atáxicas, 4) hipocinéticas, 5) hipercinéticas rápidas, 6) hipercinéticas lentas, 7) mistas (flacidoespásticas).

Como se pode notar no quadro de correspondências a seguir (Quadro 9.1), a classificação que propomos se diferencia em vários pontos desta de Darley.

**Quadro 9.1 Classificação das disartrias**

| Classificação de Darley, Aronson e Brown | Classificação de Lecours e Lhermitte | Classificação de Le Huche e Allali |
|---|---|---|
| 1. Disartrias flácidas<br>exemplo: paralisias bulbares<br>2. Disartrias espásticas<br>exemplo: paralisia pseudobulbar<br>7. Disartrias mistas (flacidoespástica)<br>exemplo: ELA | 1. Disartrias paralíticas | 1. Disartrias paralíticas<br>Exemplos:<br>Doença de Charcot (ELA) (lesão central)<br>Paralisia do nervo grande hipoglosso (lesão periférica)<br>Miopatia (por extensão)<br>Danos da junção neuromuscular<br>Miastenia (por extensão) |
| 3. Disartrias hipocinéticas<br>Exemplos: síndrome parkinsoniana | 2. Disartrias extrapiramidais | 2. Disartrias acinéticas<br>Exemplos: doença de Parkinson |
| 4. Disartrias hipercinéticas rápidas<br>Exemplo: coréia<br>6. Disartrias hipercinéticas lentas<br>Exemplo: atetose | | 3. Disartrias discinéticas<br>Exemplo: atetose |
| 3. Disartrias atáxicas<br>Exemplo: Lesões cerebelares | 3. Disartrias cerebelares | 4. Disartrias atáxicas<br>Exemplo: síndrome cerebelar regressiva |
| | | 5. Disartrias apráticas<br>Exemplo: aprosodia após AVC |
| 6. Disartrias hipercinéticas lentas<br>Exemplos: distonias | | 6. Disartrias distônicas<br>Exemplos:<br>Disfonia espasmódica<br>Distonia oromandibular |

Em primeiro lugar, preferimos reagrupar todas as disartrias paralíticas em uma mesma designação, seja a lesão central, periférica ou mista, considerando o aspecto bastante semelhante dos distúrbios da fala em cada um dos casos, mesmo que se fale de disartria espástica, no primeiro caso, e de disartria flácida, no segundo.

Por outro lado, preferimos o termo acinética ao de hipocinética. Essa denominação corresponde melhor, em nossa opinião, à perda da incitação motora que caracteriza a fala do parkinsoniano, bem como o caráter imóvel de seu rosto.

Preferimos, por fim, reagrupar as disartrias hipercinéticas, retirando das hipercinéticas lentas as distonias que nos parecem constituir um grupo bem definido. Classificamo-las após as disartrias apráicas, que do mesmo modo nos parecem merecer um lugar particular.

A partir de sua classificação, Darley e colaboradores tentaram estabelecer correspondências entre cada categoria, definida por eles como entidade neurológica, e cada distúrbio da voz e da fala, tais como o ouvinte pode percebê-los. Inicialmente, identificaram nas disartrias 38 perturbações elementares referentes à altura, à intensidade, ao timbre da voz, ao fluxo e aos caracteres da articulação. Depois, por meio da técnica dos júris de escuta, eles identificaram, em 212 pacientes, esses distúrbios, classificando-os por ordem de gravidade decrescente para cada um dos sete grupos citados anteriormente.

Para a disartria flácida, por exemplo, classificaram na seguinte ordem: 1) hipernasalidade, 2) imprecisão das consoantes. 3) voz velada, 4) voz monótona, 5) desperdício nasal, 6) inspiração ruidosa, 7) voz rouca, 8) brevidade das *rhèses,* 9) ausência de variação da intensidade vocal.

Quanto à disartria hipocinética (síndrome de Parkinson), classificaram assim: 1) monotonia, 2) redução da acentuação (esse caráter, observemos, não existe em francês), 3) ausência de variação da intensidade da voz, 4) imprecisão das consoantes, 5) pausas não-justificadas, 6) breves acelerações, 7) voz rouca, 8) voz constantemente velada; e de modo inconstante: 9) agravamento tonal, 10) fluxo variável.

Os perfis assim estabelecidos para cada disartria foram apresentados como uma ajuda ao diagnóstico e isso provocou, infelizmente, um desvio, levando à "utilização desses critérios perceptivos para dar o diagnóstico de um tipo de disartria sem conhecer o diagnóstico médico dos pacientes" (C. Öszancak). Essa tendência não nos parece, de fato, favorável a uma boa compreensão do mecanismo dos distúrbios que devem ser considerados em seu intricamento, em sua significação funcional e no contexto do comportamento geral do doente. Essa maneira de ver nos parece ainda mais lamentável quando acarreta proposições de reeducação baseada unicamente em tais perfis puramente sintomáticos, estabelecidos para cada paciente, correndo o risco de ser completamente inadequadas ao caso particular de vários dentre eles.

Foi com esse mesmo espírito que Sandra Robertson propôs, em 1982, orientar a terapêutica em função do grau quantificado do dano, conforme os oito critérios a seguir: 1) respiração, 2) voz, 3) musculatura facial, 4) coordenação motora, 5) deficiência dos reflexos, 6) articulação, 7) inteligibilidade, 8) prosódia. Ela aconselha, no entanto, recorrer igualmente a uma avaliação qualitativa (não suscetível de ser medida) que considere o paciente em sua globalidade, o que corrige, de algum modo, essa orientação fixada em demasia, parece-nos, em fenômenos de superfície, independentemente da significação desses diversos danos segundo o tipo de afecção em questão.

### Classificação de A. Roch Lecours e F. Lhermitte

Roch Lecours e Lhermitte propuseram, em 1969, uma classificação absolutamente mais simples que distingue três grandes grupos de disartrias:

– as disartrias paralíticas (em que incluem tanto, os distúrbios de origem central quanto os distúrbios de origem periférica, como os que resultam, por exemplo, da lesão isolada de um nervo craniano);

– as disartrias extrapiramidais, que alteram os movimentos automáticos divididos em dois grupos: hipocinéticos (como na doença de Parkinson) e hipercinéticos (como na atetose);

– as disartrias cerebelares.

### *Nossa classificação*

Se nossa classificação, tal como apresentada no Quadro 9.1, afasta-se daquela de Darley *et al.*, aproxima-se, em compensação, à de Roch Lecours e Lhermitte, distinguindo, porém, não apenas três, mas seis categorias: 1) paralíticas, 2) acinéticas, 3) discinéticas, 4) atáxicas, 5) apráticas, 6) distônicas. Sem perder de vista a sintomatologia, ela nos permite dar conta melhor da etiologia. Essa apresentação nos parece constituir guia mais eficaz para uma terapia mais logicamente adaptada aos mecanismos dos distúrbios apresentados pelo paciente.

## DISARTRIAS PARALÍTICAS

### Etiologia

Como dissemos, as disartrias paralíticas podem corresponder a uma lesão central, a uma lesão periférica ou, por extensão, a um distúrbio da junção neuromuscular.

As disartrias paralíticas podem ocorrer no quadro de uma *síndrome pseudobulbar* que corresponde a *lesões bilaterais do cérebro* (lesões centrais), atingindo a parte baixa das circunvoluções frontais ascendentes ou a um dano das vias que liga esse córtex aos núcleos bulbares (feixes supranucleares). Essas lesões são, mais freqüentemente, de origem vascular, localizando-se na maioria das vezes no nível do joelho da cápsula interna ou no nível do tronco cerebral.

Notemos que o dano unilateral dos feixes supranucleares provoca poucos distúrbios na medida em que os núcleos bulbares recebem fibras provenientes dos dois hemisférios cerebrais.

As disartrias podem corresponder, por outro lado, a um dano de certos *núcleos bulbares* (lesões periféricas). Nesse caso, estão mais freqüentemente relacionadas a lesões degenerativas. Esse dano dos núcleos bulbares, em geral bilateral, resulta em uma sintomatologia que se distingue pouco das disartrias da síndrome pseudobulbar.

Uma etiologia bastante freqüente da disartria paralítica é a *esclerose lateral amiotrófica* (ELA) ou *doença de Charcot*. Essa afecção responde a lesões degenerativas do tipo misto, isto é, centrais e, ao mesmo tempo, periféricas.

A doença de Charcot resulta de uma degeneração das vias piramidais com desaparecimento progressivo dos neurônios motores periféricos que resulta em uma atrofia muscular progressiva. Ela atinge o adulto de 45 a 60 anos. A paralisia implica, inicialmente, os membros superiores ou a região labioglossofaríngea, com distúrbio da deglutição e da fala. Notemos que, na doença de Charcot, não há nenhum distúrbio sensitivo. A evolução ocorre inexoravelmente para a morte em dois ou três anos.

Observemos outras etiologias menos freqüentes, tais como a poliomielite bulbar, a siringomielia bulbar, a paralisia bulbar progressiva, a esclerose em placas.

Em outros casos, os distúrbios paralíticos devem-se a *lesões nervosas periféricas extra-axiais* (lesão dos nervos cranianos após sua saída do tronco cerebral) que podem ser intra ou extracranianos.

## Disartria nas síndromes bulbares ou pseudobulbares

### Clínica

Descreveremos essa disartria tal como a observamos na *doença de Charcot* (*ELA*).

O que assusta o paciente, quando a doença atinge a região labioglosso-velofaríngea, é o aspecto globalmente consternador e lamentável de sua fala, que contrasta com a integridade das funções intelectuais: linguagem normal, compreensão conservada, expressão escrita sem problemas.

Essa impressão desagradável e depreciativa é produzida, em primeiro lugar, pelo ritmo que está se impondo, com um fluxo metronômico, um timbre ofegante, uma articulação difícil e, ao mesmo tempo, imprecisa, fins de frases arrastados, uma voz monótona e freqüentemente com pigarro ou nasalada.

Sente-se uma dificuldade insuperável em colocar em movimentar os mecanismos elocutórios, senão de uma maneira aproximativa, mole e fatigante.

Na análise, nota-se, mais precisamente no início da doença, um amolecimento das consoantes oclusivas e uma sonorização das consoantes surdas que resultam de um defeito de maneabilidade articulatória. Compreende-se essa dificuldade ao se constatar, na abertura da boca, na língua, a presença de pequenos espasmos limitados a certas fibras musculares. Essas fasciculações devem ser compreendidas provavelmente como resultado de uma reinervação anárquica dos músculos linguais. Com a evolução, a fala se torna cada vez menos compreensível com indistinção progressiva tanto das vogais quanto das consoantes.

O registro oscilográfico confirma a queda do ritmo, revela a fraqueza da junção glótica e o caráter enfraquecido das transições fonéticas com atenuação da curva de envelope do fonograma.

A disartria é acompanhada freqüentemente de distúrbios da deglutição. Se a lesão for central (síndrome pseudobulbar), o reflexo de deglutição será conservado, mas o início dessa deglutição talvez seja penoso pela dificuldade de empurrar o bolo alimentar na orofaringe, à qual pode acrescentar-se um espasmo da boca esofágica.

Qualquer que seja o caso, a diminuição dos processos motores pode provocar falsas rotas alimentares favorecidas por uma retomada inspiratória prematura. Temidas pelo paciente, essas falsas rotas podem tornar-se uma causa de angústia cada vez mais penível, justificando a tempo a utilização de uma sonda de gastrostomia.

Essa disartria agrava-se, além disso, pela existência de hipersialismo, apresentando, na fase final da evolução, escorrimento de saliva pelos lábios mal fechados devido à paralisia e à perda do reflexo de deglutição da saliva. Notemos ainda a presença de distúrbios respiratórios que agravam a disartria na forma de paresia dos músculos dilatadores da glote, de espasmos glóticos e de deficiência da musculatura respiratória.

### Tratamento

O tratamento reeducativo deverá como sempre, mas especialmente neste caso, adaptar-se à situação particular do paciente. Trata-se de tratamento *"sob medida"* e não "*confeccionado*", segundo a expressão de S. Borel-Maisonny. Ele tratará principalmente as reações do indivíduo ao seu próprio distúrbio, reações de esforço ou de inibição que aumentem as perdas orgânicas de um componente funcional notável que deixa possibilidades interessantes a uma iniciativa de reeducação, difícil certamente, mas suscetível de transformar a vida do paciente.

> Senhora,
>
> Ausente, demorei a lhe dar notícias: no final de maio, revi os médicos do hospital...: seu veredicto não foi nada agradável: doença de Duchenne, irreversível, e sobre a qual não temos meios para agir. Perdi, portanto, definitivamente, a fala. Eles me desaconselharam a reeducação que não poderia me ajudar em nada.
>
> Agradeço-lhe portanto por ter me ajudado, e ter mantido a fé até o final foi tonificante. Porém, é preciso deixar o destino tomar seu rumo.
>
> Estenda a todos meus agradecimentos.
>
> *Marcel B.*

Uma ajuda que não traria benefício algum?!

O benefício de uma reeducação bem feita da voz e da fala, isto é, orientada não para a normalização a qualquer preço, mas para a recuperação do melhor conforto fonatório possível e para a economia de energia, não deve ser recusado a esse tipo de doentes, ao contrário do que afirma freqüentemente um certo discurso médico. Isto também vale mesmo que a evolução fatal deva interromper o curso dessa reeducação ao final de algumas semanas ou de alguns meses.

## Tratamento reeducativo

Abordaremos aqui essencialmente o tratamento reeducativo, mencionando, porém, às vezes, certos tratamentos médicos e cirúrgicos das lesões causais suscetíveis de ser propostos neste ou naquele caso, mas sem pretender ser exaustivo quanto à infinita variedade das possíveis tabelas clínicas.

Evidentemente, nas disartrias das síndromes bulbares ou pseudobulbares, a reeducação deverá dar conta da natureza da lesão causal ou de seu caráter fixo ou evolutivo. Na doença de Charcot, por exemplo, o tratamento reeducativo, que age tanto na fonação quanto na deglutição, é amplamente condicionado pelo fato de que *qualquer esforço solicitado aos músculos inervados pelos motoneurônios atingidos corem o risco de provocar uma aceleração da evolução da doença*. Todo o problema será, portanto, orientar, mais nesse caso do que em qualquer outro, o exercício para a *economia de energia*.

A prática do relaxamento de tipo dinâmico, como, por exemplo, o relaxamento de olhos abertos (cf. *A voz*, Volume 4), tem aqui uma aplicação totalmente adaptada que já permitirá uma ação benéfica. Isso não trará dificuldades ao fonoaudiólogo habituado a trabalhar com disfônicos. A experiência mostra que essa prática traz a esses pacientes até o fim uma ajuda considerável.

Recentemente, experimentou-se (V. Méninger) um tratamento médico por um produto que bloqueia os receptores do glutamato: o riluzole. Esse produto age reduzindo a atividade da célula nervosa. É, digamos, o gesso da célula neuronal. Seu emprego aumenta consideravelmente a esperança de vida, em particular nos casos de evolução lenta, mas causando uma certa astenia. Acrescenta-se aí, certamente, o princípio da economia de energia.

Notemos que em caso de *nasalação*, mais do que insistir em exercícios reeducativos que podem ser pouco eficazes, não se deve hesitar em propor uma *faringoplastia*. A correção cirúrgica da rinofonia, que pode ser realizada até em fase terminal, é, na verdade, suscetível de propiciar um conforto fonatório bastante apreciável, permitindo ao paciente sair de uma desastrosa postura curvada.

### Reeducação vocal

Quanto à fonação, o princípio dessa reeducação é conduzir o paciente a uma fonação tão eficaz quanto possível com o mínimo de esforço. A introdução à técnica da respiração (cf. *A voz*, Volume 4), a prática de exercícios de habilidade motora para os órgãos da articulação (exercícios de "mandibula-língua"), bem como uma boa informação referente à fonética são elementos essenciais nessa empreitada.

Os exercícios de repetição de sílabas ou de palavras isoladas sobretudo devem ser evitados. Em compensação, a prática de leitura de textos em voz alta será das mais benéficas, se houver uma tentativa em obter do paciente uma leitura de pequenos grupos de sílabas ou de palavras articuladas, tão rapidamente quanto possível, controlando a rapidez da impulsão da respiração e procurando intercalar entre cada emissão um tempo de relaxamento suficiente.

Poder-se-á, por exemplo, após a leitura de um parágrafo, dedicar-se a retomar uma palavra ou uma seqüência curta de palavras que faça sentido, que se possa trabalhar de maneira repetitiva, corrigindo, sem pressa, de uma emissão a outra, uma postura fonatória que se aproxime ao máximo da forma impulsional característica da fonação natural expressiva. Tentar-se-á evitar cair na armadilha da silabação, servindo mais a dificultar a comunicação do que a facilitá-la.

"PNF"

Alguns autores anglo-saxões descreveram, sob a denominação de *Proprioceptive neuromuscular facilitation (PNF),* procedimentos metódicos de reeducação que exigem sensibilidade proprioceptiva, podendo apresentar uma certa vantagem.

Tratam-se de procedimentos provenientes de práticas fisioterapêuticas estabelecidas por Kabat e Knott, em 1940. São sobretudo *estimulações* como, por exemplo, toques com o cotonete na superfície da língua ou do véu do palato, aplicações breves de cubos de gelo ou escovações da língua, dos lábios ou do véu. O exercício muscular é solicitado ao paciente até logo após a estimulação; tratam-se ainda das manipulações sob a forma de pressões, estiramentos ou de trabalho muscular contra-resistência.

MEIOS CRESCENTES DA COMUNICAÇÃO

Quando a gravidade da disartria torna a comunicação difícil demais ou realmente impossível, pode-se recorrer a diversos *sistemas de auxílio à comunicação*.

Esses meios não devem substituir àqueles realizados pelo indivíduo espontaneamente, mas têm como função complementá-los. Espontaneamente, na verdade, o indivíduo deficiente pode-se fazer compreender pela mímica, o olhar, o gesto de apontar, por produções vocais mais ou menos rudimentares, por estalos e, evidentemente, quando isso é possível, pela escrita.

Esses meios são eficazes, mas permanecem limitados ou lentos em sua realização. Como complemento, pode-se utilizar, primeiramente, *tabelas de comunicação* constituídas de pictogramas, classificados por temas (sistemas Bliss, Cornusse, Grach, Cap, etc.), a ser designados. Essas tabelas, destinadas em sua origem às pessoas sem acesso à escrita, podem ser personalizadas com a ajuda das pessoas que convivem com o paciente e de seus enfermeiros. O fonoaudiólogo poderá contribuir aqui com sua competência particular, contanto que tenha seguido uma formação complementar.

Ainda mais adaptados às disartrias são os sistemas chamados *ATC* (auxílios técnicos de comunicação), também chamados de *téléthèses**, resultando em uma sintaxe vocal. Esses sistemas podem funcionar a partir de diversas codificações:

*N. de T. *Téléthèses* é um banco de dados criado pela ABES (Agence bibliographique de l'enseignement supérieur), em 1986.

trata-se, primeiramente, da *codificação alfabética*, cujo inconveniente é provocar uma certa lentidão na comunicação. Notemos, no entanto, que ela não obriga necessariamente digitar a totalidade de um texto. Certas máquinas podem, na verdade, realizar frases completas a partir de abreviações ou de codificações simplificadas. A *codificação fonética* é igualmente possível, permitindo, em princípio, uma maior rapidez. A codificação pode ser também *pictográfica* ou *simbólica* e *mono* ou *polissêmica*. Corretores sintáticos permitem chegar, a partir dessas codificações, a enunciados gramaticais corretos, partindo de uma digitação, em um estilo bastante simplificado (com os verbos no infinitivo).

Esses programas de comunicação são comandados por um teclado que o indivíduo manipula com um ou dois dedos, conforme suas possibilidades, mas eventualmente com um comando frontal (licorne), ou mesmo simplesmente a partir da direção do olhar.

A voz produzida por essas máquinas é, em geral, uma voz de síntese. Porém, ela pode ser digitalizada a partir de uma voz real, adquirindo então as características da voz de uma determinada pessoa e mesmo, talvez, da voz anterior do próprio paciente (*sampling*).

### Reeducação da deglutição

Na disartria das síndromes bulbares ou pseudobulbares, a iniciativa reeducativa dirige-se também aos distúrbios da deglutição. A informação do paciente é aqui uma primeira etapa fundamental. Este deve ser informado do procedimento normal desse ato complexo, da razão de suas dificuldades e do mecanismo das falsas rotas alimentares relacionadas, eventualmente, à falta de coordenação respiratória. Ao assumir esse compromisso, pode-se recorrer, como na PNF, a procedimentos de estimulação sensorial para reativar o reflexo de deglutição (toque da base de língua por um cotonete embebido em solução ácida ou amarga, por exemplo). Recorrer-se-á igualmente aos exercícios de habilidade motora da língua, dos maxilares, dos lábios (cf. *A voz*, Volume 4), a movimentos contra-resistência de abertura-fechamento dos maxilares ou de protrusão dos lábios, a exercícios de respiração e de tosse, etc., e sobretudo à aquisição de posturas facilitadoras, tais como o soerguimento da nuca com recuo do mento ou a rotação da cabeça para um lado e para outro. Como no caso das laringectomias parciais (cf. p. 49), as tentativas devem ser progressivas, começando pela deglutição salivar para passar, pouco a pouco, à de alimentos pastosos e, por fim à dos líquidos.

## Disartria por dano de um ou vários nervos cranianos

O dano de certos nervos cranianos (Figura 9.1) traduz-se por uma alteração mais ou menos significativa da fonação, paralelamente a um dano da deglutição que complica singularmente o problema do paciente.

Trata-se inicialmente das lesões isoladas dos nervos trigêmeo (V), facial (VII), glossofaríngeo (IX), pneumogástrico (X) ou grande hipoglosso (XII). Trata-se, em segundo lugar, das mesmas lesões, mas diferentemente associadas em função do local onde ocorrem.

O fonoaudiólogo deverá aqui, como sempre, informar ao paciente, primeiro, sobre os mecanismos de suas dificuldades, segundo, sobre as reações inoportunas que ele poderá ter ao lutar contra elas e, finalmente, sobre as estratégias funcionais a ser desenvolvidas para atenuá-las.

Deverá, além disso, propor procedimentos destinados a favorecer, se possível, a reinervação e lutar contra as fusões musculares e as retrações tendinosas, eventualmente contando com a cooperação de um cinesioterapeuta especializado.

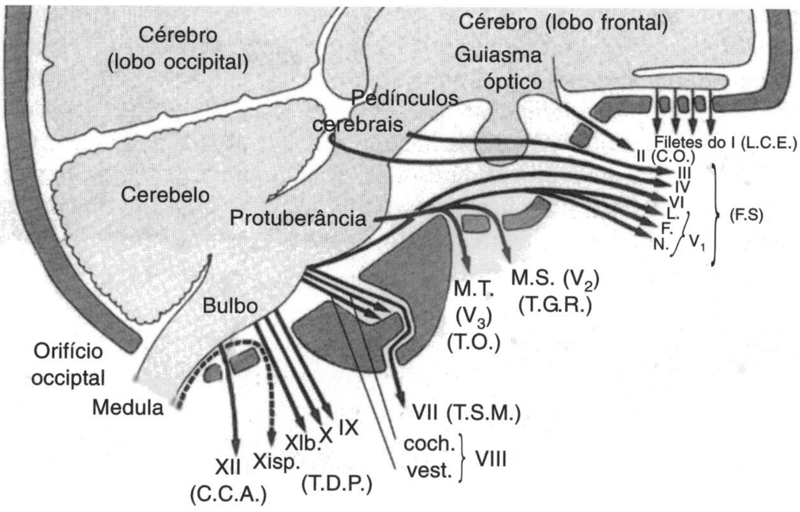


➤ **Fig. 9.1**
**Saída dos nervos cranianos pelos orifícios da base do crânio (segundo J. Poirier).**

| | |
|---|---|
| I nervo olfativo | Orifícios da lâmina crivada do etmóide |
| II nervo óptico | Canal óptico |
| III nervo motor ocular comum | Fenda esfenoidal |
| IV nervo patético | Fenda esfenoidal |
| V nervo trigêmeo – nervo oftálmico de Willis – nervo lacrimal | Fenda esfenoidal |
| V nervo trigêmeo – nervo oftálmico de Willis – nervo frontal | Fenda esfenoidal |
| V nervo trigêmeo – nervo oftálmico de Willis – nervo nasal | Fenda esfenoidal |
| V nervo trigêmeo – nervo maxilar superior | Orifício grande círculo |
| V nervo trigêmeo – nervo maxilar inferior | Orifício oval |
| VI nervo motor ocular externo | Fenda esfenoidal |
| VII nervo facial | Conduto auditivo interno, depois orifício estilomastóideo |
| VIII nervo auditivo – nervo coclear | Conduto auditivo interno |
| VIII nervo auditivo – nervo vestibular | Conduto auditivo interno |
| IX nervo glossofaríngeo | Orifício perfurado posterior |
| X nervo pneumogástrico | Orifício perfurado posterior |
| XIb. nervo espinhal bulbar | Orifício perfurado posterior |
| XIsp. nervo espinhal medular | Orifício perfurado posterior |
| XII nervo grande hipoglosso | Canal condilar anterior |

## *Dano do ramo motor do nervo trigêmeo (V)*

*Recordando*: o trigêmeo é um nervo misto, essencialmente sensitivo; apresenta três ramos sensitivos envolvendo a face, a mucosa bucal, os dois terços anteriores da língua. Quanto ao seu ramo motor, inerva, por um lado, o músculo peristafilino externo, tensor do véu e, por outro, os músculos mastigadores, o milo-hióideo e o ventre anterior do digástrico (músculos do soalho da boca).

### CLÍNICA

A paralisia do *peristafilino externo* resulta em uma nasalação mais ou menos compensada pela contração dos constritores superiores da faringe. Clinicamente, essa paralisia, em geral unilateral, traduz-se, na abertura da boca, por uma assimetria da contração do véu. A nasalação se torna realmente incômoda somente no caso de paralisia bilateral.

A paralisia unilateral dos músculos *mastigadores*, do *milo-hióideo* ou do *ventre anterior do digástrico*, ainda que incômoda para a mastigação, não acarreta problemas à fala. A paralisia unilateral dos mastigadores se manifesta pelo fenômeno da *boca oblíqua ovalada*, ficando o maxilar inferior desviado para o lado paralisado durante a abertura da boca. Essa paralisia acarreta igualmente uma impossibilidade do movimento de didução do maxilar inferior para o lado sadio. Passado algum tempo, aparece uma fusão do músculo masseter que resulta em uma assimetria inestética do rosto e em problemas de artrite temporomandibular. A *paralisia dupla* acarretaria a impossibilidade da mastigação. Esses distúrbios da mastigação que dificultam a alimentação podem levar ao emagrecimento.

**Tratamento reeducativo**

A nasalação não apresenta, em geral, problemas graves demais na medida em que, exceto em caso de lesão bilateral (rara), é espontaneamente bem compensada.

Em certos casos, no entanto, uma reeducação sistemática será realizada. Começando, como sempre, pela informação ao paciente, tratando aqui sobre a anatomia e a fisiologia do véu do palato. Poder-se-á utilizar, em seguida, todas as técnicas reeducativas propostas geralmente nas fissuras velopalatinas (cf. Capítulo 6) e aplicáveis de fato, salvo exceção, (como na ELA) na maioria das insuficiências velares.

Classicamente, utilizam-se exercícios de respiração oral (fazer bolhas, encher balões, assoprar bolinhas de algodão, etc.) e exercícios de diferenciação das vogais orais e nasais com espelho metálico (de Glatzel) horizontalmente colocado sob as narinas para demonstrar a expiração nasal que deve ser evitada.

Utilizar-se-á com mais proveito, como dissemos no Capítulo 6, produções sonoras que acionem a musculatura velar (o gafanhoto, o pato que fala bem baixinho fechando a boca, o tiro, o barco de pesca motorizado, ronco, relincho velar, etc.) (cf. p. 91).

A boca oblíqua ovalada não apresenta problema propriamente fonatório, mas seu aspecto inestético compromete a qualidade da comunicação. Deve ser alvo, portanto, de exercícios de controle da musculatura facial diante do espelho, utilizando, entre outros, exercícios chamados de *Maxilar-Língua* (cf. *A voz*, Volume 4), com exceção do exercício da *Tosquiadeira*, impossível neste caso.

Quanto à mastigação, trata-se de orientar o paciente para uma postura que se aproxime ao máximo da postura fisiológica, evitando as contraturas desordenadas, buscando ajuda eventualmente em uma ação de compensação manual exercida sobre o maxilar inferior.

### *Dano do nervo facial (VII)*

*Recordando*: o facial é um nervo essencialmente motor; é o nervo da mímica. A paralisia desse nervo se traduz por uma espantosa assimetria da face, que é puxada do lado sadio, ficando do lado atingido com a bochecha flácida e alargada, por um apagamento do sulco nasogeniano, por uma comissura labial caída e, sobretudo, pela ausência do piscamento ocular, que ameaça, por falta de umidificação, a integridade da córnea. O esforço de fechamento do olho é inútil, com movimento visível do globo ocular para cima (sintoma de Charles Bell). A sutura da pálpebra (tarsorrafia externa) permite, evidentemente, evitar o aparecimento da temível úlcera da córnea. Antes, porém, de considerar essa solução, que apresenta alguns inconvenientes, pode-se recorrer ao procedimento de tornar pesada a pálpebra com material metálico – a platina de preferência, que é menos freqüentemente alvo de extrusão – o que facilita o fechamento do olho.

#### CLÍNICA

Na fonação, observa-se, do lado atingido, uma falta de oclusão labial e uma dilatação da bochecha. Isso se traduz por uma dificuldade em relação às consoantes labiais – sobretudo as oclusivas: [p] [b] – que são mais ou menos assopradas – e, em um grau menor, as contínuas: [f] [v] [m]. O timbre das vogais labializadas fica igualmente alterado: o [o] (de bolo), o [y] (de *but*), o [ϕ] (de *peu*) se transformam em um [ə] (de *peur*) indistinto.*

Embora não impeçam consideravelmente a inteligibilidade, essas dificuldades dão à articulação um caráter particularmente inestético, agravado pela trágica assimetria do sorriso. O paciente pode então ser levado a reduzir penosamente sua atividade de fala, tendo como conseqüência uma tendência bastante prejudicial de se curvar, às vezes.

A isso, acrescenta-se a impossibilidade de assoprar e de assobiar, bem como dificuldades referentes, por um lado, à mastigação e à deglutição, dificultadas pelo acúmulo de alimentos entre a bochecha e a arcada dentária inferior, e, por outro, ao escorrimento salivar do lado atingido. Essas dificuldades podem acarretar um mal-estar social, levando o paciente a não aceitar mais fazer suas refeições na companhia de alguém.

TRATAMENTO

A paralisia facial, mesmo que possa regredir espontaneamente, pode ser objeto de tratamentos médicos (corticóides), cirúrgicos e reeducativos.

Diversas intervenções cirúrgicas foram propostas nas paralisias não-regressivas. Umas buscam restaurar a condução nervosa por decompressão ou ressecção-sutura; outras utilizam anastomoses nervosas, particularmente a partir do nervo grande hipoglosso (XII), apresentando, como inconveniente, a paralisia consecutiva da hemilíngua homolateral. Propôs-se ainda (Gillies, 1934) a transferência do músculo temporal para a comissura labial (Figura 9.2). Mais recentemente (1994), a intervenção de D. Labbé combina tal transferência a uma mioplastia de alongamento do músculo por meio de sua desinserção na fossa temporal. Essa última intervenção, associada a um tratamento fonoaudiológico, alcança resultados bastante notáveis, especialmente no sorriso, que volta a ter realmente seu charme natural.

*N. de T. As palavras mantidas em francês, por exemplificarem fonemas não existentes em português, correspondem, respectivamente, a *objetivo, pouco* e *medo*.

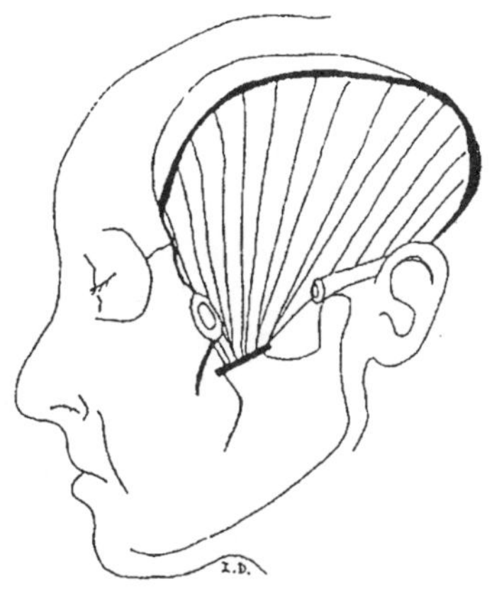

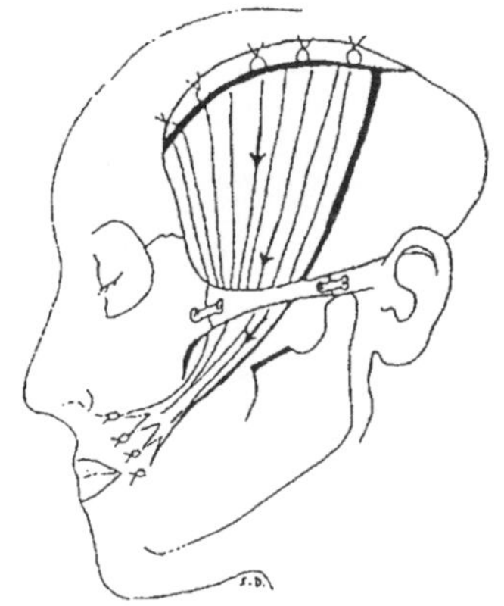

➤ **Fig. 9.2**
**Mioplastia de alongamento do músculo temporal.**

**Tratamento reeducativo**

O tratamento reeducativo da paralisia facial recorre com muita freqüência ao relaxamento (cf. *A voz*, Volume 4), insistindo na descontração do rosto com o objetivo de evitar o aparecimento de hemiespasmos faciais no lado sadio que agravem a assimetria facial.

Quando se trata de uma *paralisia espontaneamente regressiva* ou de uma *restauração cirúrgica do nervo facial*, a reeducação ajuda a evitar as sincinesias contralaterais e os esforços repentinos. Ela trabalha sucessivamente nos níveis superior, médio e inferior do campo de inervação do nervo, em vista de lutar contra a atrofia muscular produzida pela paralisia.

Distinguem-se classicamente cinco etapas sucessivas, cada uma delas podendo se estender por várias semanas:

– em uma primeira etapa, o fonoaudiólogo pratica manualmente mobilizações passivas, respeitando a simetria facial;

– em um segundo momento, e progressivamente, a mobilização passiva segue a ação produzida pelo próprio indivíduo;

– o indivíduo tenta em seguida reproduzir ele mesmo o movimento sem mantê-lo;

– em uma quarta etapa, ele treina progressivamente para manter esse movimento;

– na quinta etapa, por fim, tenta produzir esse mesmo movimento contra-resistência.

Esses exercícios não devem ultrapassar dez minutos por dia. Na quinta e última etapa (trabalho contra-resistência), pode-se utilizar diversos meios, tais como

• • •

um botão (colocado no sulco gengivolabial), preso a um fio sobre o qual se exerce trações, rolha, caneta ou folha de papel que se aperte entre os lábios. Pode-se ainda inflar as bochechas alternadamente.

Um trabalho a partir da articulação dos fonemas labiais é dos mais úteis, mas tomando-se o cuidado de respeitar tanto quanto possível a simetria do movimento.

Quando se trata de uma paralisia *completa e definitiva*, convém treinar o indivíduo ao máximo para melhorar a mastigação e o controle do escorrimento salivar. Quanto à disartria, é beneficiada com exercícios diante do espelho, buscando um movimento tão centrado e simétrico quanto possível, evitando as crispações inoportunas do lado sadio.

Em caso de *anastomose a partir do nervo grande hipoglosso* (XII), seguir-se-á a reinervação que se produziu, em princípio, entre o segundo e o quarto meses após a intervenção. O paciente é então levado a mobilizar seu rosto, programando no início movimentos linguais. Progressivamente, essa mobilização facial deverá adquirir sua autonomia.

Em caso de *mioplastia de alongamento do músculo temporal*, o paciente é induzido a mobilizar sua comissura labial a partir do comando da pressão dos molares para passar, progressivamente, como no caso anterior, ao comando direto. Graças à plasticidade cerebral, a recuperação de uma mímica natural e, particularmente, do sorriso espontâneo é, de fato, possível.

### Dano do nervo glossofaríngeo (IX)

*Recordando*: o glossofaríngeo é um nervo misto que garante a sensibilidade da faringe e do terço posterior da língua. Ele inerva, por outro lado, a glândula parótida (secreção salivar). Por seu ramo motor, finalmente, inerva o músculo estilofaríngeo e, em parte, o músculo constritor superior da faringe.

CLÍNICA

A paralisia unilateral isolada do IX ainda é rara. Ela não resulta em muitos distúrbios da fonação. Em compensação, seu dano causa sérias dificuldades quanto à deglutição. Mais freqüentemente, está associada à paralisia do X e do XI no quadro de um dano no nível do orifício aberto posterior (ver mais adiante, *síndrome de Vernet*).

Os distúrbios da deglutição podem ser explicados, por um lado, pela perda da sensibilidade do terço posterior da língua, da epiglote e das paredes faríngeas, e, por outro, pela paralisia do constritor superior. O distúrbio ocorre no segundo tempo da deglutição (que é reflexo). A deglutição dos sólidos torna-se difícil, e até mesmo impossível, devendo o paciente beber a cada garfada, tendo a impressão de um "canal estreito demais". Por outro lado, falsas rotas salivares provocam, fora da situação de refeições, um *ham-ham* e pigarros constantes visando reconduzir a saliva para a faringe.

**Tratamento reeducativo**

No dano do nervo glossofaríngeo, a reeducação será inspirada nos procedimentos utilizados nas laringectomias supracricóideas (cf. p. 55), sem esquecer a informação e ressaltando a importância dos distúrbios sensitivos na ativação do segundo tempo da deglutição.

### Dano do nervo pneumogástrico (X)

*Recordando*: o pneumogástrico (ou nervo vago) tem sobretudo importantes funções viscerais torácicas (especialmente cardíacas) e abdominais. Garante, entretanto, a inervação motora da maioria dos músculos do véu do palato e a da laringe por intermédio do nervo recorrente principalmente e do nervo laríngeo superior (músculo cricotireóideo). Garante igualmente a inervação motora dos músculos constritores médio e inferior da faringe que agem no terceiro tempo da deglutição. Assegura ainda, via nervo laríngeo superior, a inervação sensitiva da laringe.

CLÍNICA

O dano do X ou de alguns de seus ramos pode causar distúrbios diversos, prejudicando a fonação e/ou a deglutição, conforme a lesão atinja os músculos do véu do palato, da laringe, da faringe ou a sensibilidade desses mesmos órgãos.

O dano unilateral da *motricidade do véu do palato* se traduz pelo sintoma da cortina: quando se pede ao paciente para emitir a vogal [a], abrindo a boca ao máximo, observa-se um deslocamento lateral da parede posterior da faringe para o lado sadio. Clinicamente, a lesão velar se manifesta por uma nasalação, geralmente moderada, que gera, na maioria das vezes, um comportamento de retenção com sensação de falta de eficiência vocal. Por outro lado, o refluxo nasal, compensado em geral muito rapidamente, pode causar um certo incômodo, acompanhado de ansiedade, caso o paciente não tiver sido informado da significação desse distúrbio.

O dano unilateral do *nervo recorrente* causa distúrbios da voz muito característicos, estudados no Capítulo 3, para o qual remetemos o leitor. Lembremos que, no distúrbio vocal com bitonalidade característica, podem se acrescentar distúrbios da deglutição do tipo das falsas rotas alimentares e que esses distúrbios podem regredir completamente por meio do tratamento reeducativo ou cirúrgico e podem mesmo ser compensados espontaneamente.

O dano isolado do *nervo laríngeo superior* é raro. Ocorre, mais freqüentemente, em uma situação de tiroidectomia. Traduz-se por uma falta de tensão de uma prega vocal que impede essencialmente a voz cantada. Classicamente, é descrito, no exame da laringe, um desvio do eixo glótico para o lado atingido, com encurtamento da prega vocal do mesmo lado. Nota-se, apesar disso, que os movimentos de abdução-adução das pregas vocais conservam-se e permanecem simétricos. O exame estroboscópico evidencia, além disso, uma amplitude vibratória mais marcada do lado atingido, revelando uma falta de tensão. No exame da voz, nota-se uma diminuição da intensidade que faz pensar em uma disfonia disfuncional, uma limitação da altura tonal em uma determinada nota e uma diminuição do tempo fonatório. O exame eletromiográfico do músculo cricotireóideo, responsável pela báscula cricotireóidea e, portanto, pela tensão das pregas vocais, permite um diagnóstico seguro a respeito do dano no ramo externo motor. A estase salivar no *sinus* piriforme homolateral revela a perda da sensibilidade por dano do nervo laríngeo interno, ramo sensitivo do nervo laríngeo superior.

### Tratamento reeducativo

Para o tratamento da nasalação por dano do X, remeteremos ao parágrafo referente à lesão do ramo motor do nervo trigêmeo (V).

Para os distúrbios da fonação consecutivos à paralisia recorrencial, lembramos que estes foram abordados no Capítulo 3 (falta de mobilidade das pregas vocais).

Quanto ao tratamento dos distúrbios fonatórios na lesão do nervo laríngeo superior, ele é inspirado, por um lado, no das disfonias disfuncionais simples (cf. *A voz*, Volume 4) e, por outro, nas manipulações laríngeas digitais, um pouco análogas às utilizadas nas imobilidades laríngeas (cf. p. 35) em que se procede por tato ("pesca-se os sons"). Preconiza-se, como complemento, a aplicação de correntes farádicas, que apresenta resultados limitados.

Se há distúrbios da deglutição (falsas rotas alimentares) associados ao dano do nervo laríngeo externo (sensitivo), deve-se inspirar nas técnicas propostas no tratamento das laringectomias parciais supracricóideas (cf. p. 57).

## *Dano do nervo grande hipoglosso (XII)*

*Recordando*: o grande hipoglosso é um nervo exclusivamente motor que inerva essencialmente a língua e acessoriamente certos músculos supra e sub-hióideos – como o geniohióideo e o tirohióideo. Lembremos que o milo-hióideo e o ventre anterior do digástrico (soalho da boca) são inervados pelo trigêmeo (V).

CLÍNICA

A paralisia *unilateral* do XII acarreta uma hemiatrofia lingual com fasciculações e aspecto enrugado e ressecado da hemilíngua.

No protraimento lingual, observa-se um desvio da ponta da língua para o lado atingido. As dificuldades fonatórias são relativamente bem compensadas, mas o incômodo subjetivo permanece significativo, dando a impressão de "papa na boca".

Na paralisia *bilateral* do XII, a inteligibilidade da fala é imensamente comprometida, sem considerar o aspecto bastante inestético e depreciativo que lembram os distúrbios da fala na debilidade mental intensa. Essas dificuldades dizem respeito essencialmente às consoantes apicais [t] [d] [n] [l]. As dorsovelares [k] [g] [r] são melhor conservadas graças à integridade da inervação dos músculos estiloglosso, faringoglosso e palatoglosso que garantem a elevação da base da língua e o fechamento do istmo das fauces (esfíncter bucal posterior). As fricativas são menos atingidas. Em compensação, as vogais tendem à indistinção.

Por outro lado, a impossibilidade de conduzir corretamente os alimentos entre as arcadas dentárias dificulta consideravelmente a mastigação e a insalivação, enquanto a dificuldade em empurrar o bolo alimentar para a faringe dificulta a deglutição.

Finalmente, a língua inerte, colada na frente contra a arcada dentária inferior, impede a saliva de se acumular no "reservatório salivar central". Essa saliva tende a escorrer pela boca, como uma baba socialmente depreciativa, tanto durante a fala quanto nas tentativas de deglutição.

**Tratamento reeducativo**

Em caso de *paralisia unilateral* do XII, a reeducação visará essencialmente obter um movimento lingual tão simétrico quanto possível na articulação das consoantes apicais. Poder-se-á utilizar, frente ao espelho, procedimentos inspirados pelos exercícios chamados mandibula-língua (cf. *A voz*, Volume 4).

Em caso de *paralisia bilateral* completa e definitiva, não se poderá obter um resultado satisfatório quanto a essas mesmas consoantes apicais, e as vogais permanecerão mais ou menos indistintas. Para a deglutição, o indivíduo será ensinado a desenvolver os músculos não-inervados pelo XII, trabalhando a elevação do soalho da boca (músculos milo-hióideos), o recuo da base da língua, com a ajuda do tato do reflexo de náusea, a ação de compressão lateral das bochechas (músculos bucinadores) e os movimentos de didução do maxilar inferior (músculos pterigóideos externos). Poderão ser dadas ao indivíduo bexigas cheias a fim de que as esvazie com a base da língua contra o palato (Lozano e Guatterie) para reforçar o esfíncter posterior da boca (istmo das fauces).

### *Danos associados a nervos cranianos*

O dano associado de vários nervos cranianos pode resultar de lesões que podem ser intra-axiais, atingindo, por exemplo, os núcleos bulbares ou ainda de lesões situadas na passagem dos nervos através dos orifícios ósseos da base do crânio (Figura 9.1).

Isso gera síndromes complexas das quais daremos alguns exemplos entre os que alteram a função fonatória e/ou a deglutição.

CLÍNICA

A *síndrome de Wallenberg* corresponde a uma malacia da fosseta lateral do bulbo, traduzindo-se por um dano dos IX, X e XI com paralisia da hemilaringe e do hemivéu, associada igualmente a uma síndrome cerebelar e a uma anestesia da hemiface e do hemicorpo contralateral. No plano fonatório, essa síndrome resulta sobretudo em uma nasalação e em uma disfonia característica da imobilidade hemilaríngea, bem como em distúrbios da deglutição que, apesar de um prognóstico freqüentemente favorável, podem ser particularmente preocupantes.

A *síndrome de Avellis* corresponde a um dano dos X e XI e se manifesta clinicamente, como na síndrome de Wallenberg, por uma nasalação e por uma disfonia (Figura 9.3).

A *síndrome de Jackson* reúne o dano do XII e a síndrome de Avellis com alteração suplementar da articulação da fala devida à hemiatrofia lingual (Figura 9.4).

A *síndrome de Vernet* ou *síndrome do forame jugular* comporta o dano do IX, do X e do XI. Traduz-se essencialmente, no plano motor, por uma paralisia do constritor superior da faringe, do hemivéu com *sintoma de cortina* (cf. p. 116, dano do X), uma imobilidade de uma hemilaringe e uma paralisia do trapézio e do esternocleidomastóideo. No plano sensitivo e sensorial, nota-se uma hemianestesia do véu, da faringe e da laringe. Clinicamente, esses danos neurológicos resultam em uma disfonia característica e em distúrbios da deglutição predominante de sólidos com regurgitações nasais dos líquidos e uma aguesia (alteração do gosto).

A *síndrome de Sicard e Collet* ou *síndrome do côndilo posterior* associa às lesões anteriores um dano do XII (cf. Figura 3.6). O distúrbio da articulação da fala relacionado à falta de mobilidade da língua agrava ainda o quadro clínico, adicionando assim: ombro caído, dificuldade em mover a cabeça, disfonia, deglutição complicada, refluxo nasal, etc.

A *síndrome de Guillain-Barré* corresponde a um dano infeccioso (viral) que atinge freqüentemente os nervos cranianos, particularmente o VII, o IX e o X com paralisia facial, velar e hemilaríngea. O eventual dano dos músculos respiratórios e os distúrbios de deglutição condicionam aqui o prognóstico vital. Essa polirradiculoneurite regride em algumas semanas ou em alguns meses, deixando, às vezes, seqüelas sensitivas ou motoras.

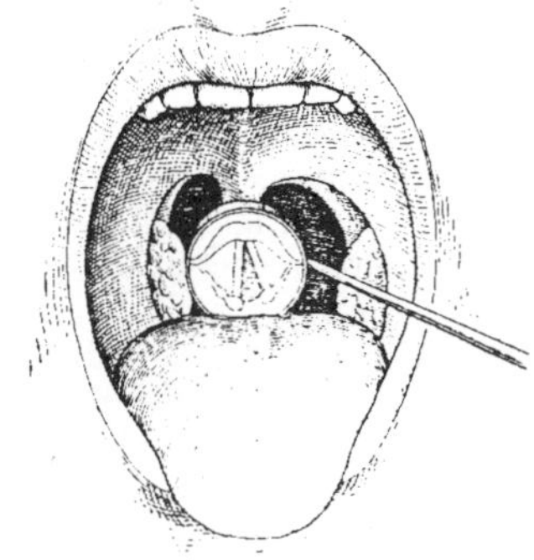

➤ **Fig. 9.3**

**Síndrome d'Avellis (segundo Collet).**

Na fonação, a prega vocal esquerda fica em posição de abdução e o hemivéu do mesmo lado não se contrai.

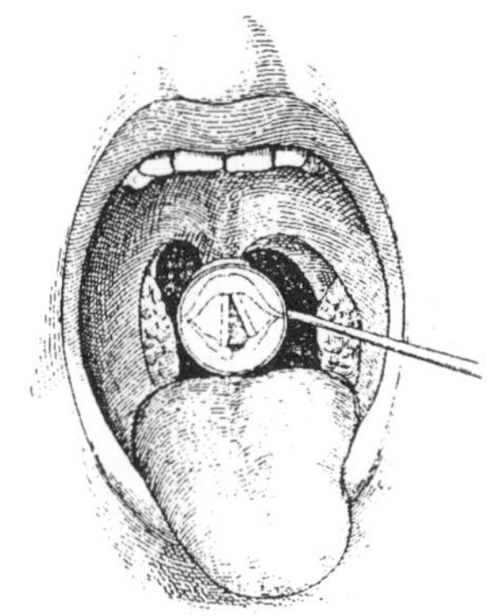

➤ **Fig. 9.4**

**Síndrome de Jackson (segundo Collet).**

Aos sintomas observados na síndrome d'Avellis, acrescenta-se o desvio da língua para o lado paralisado.

## Disartria nas miopatias

*Recordando*: as miopatias resultam da alteração da estrutura ou da função das fibras musculares fora de qualquer contexto de lesão de sua inervação.

Pode se tratar de distrofias musculares progressivas (DMP) de origem genética, como a doença de Duchenne, a miopatia facioescapuloumeral de Landouzy Déjerine ou a miopatia (*doença de Steinert*) caracterizada por um retardo na descontração após uma contração voluntária.

Outras etiologias são ainda possíveis: metabólicas (distúrbios do metabolismo do cálcio), endócrinas (*doença de Basedow*), tóxicas (álcool), etc.

**Tratamento reeducativo**

Nas *lesões associadas*, o tratamento reeducativo seguirá, para cada uma das síndromes, o que foi proposto no caso de lesão isolada de cada nervo. Evidentemente, os problemas apresentados serão às vezes singularmente mais difíceis de serem resolvidos.

### CLÍNICA

A alteração da voz e/ou da articulação da fala é freqüente nas miopatias quando a afecção atinge os músculos da esfera orofacial ou a musculatura respiratória. Além disso, o dano muscular deixa o indivíduo com uma fisionomia particular, apresentando redução da mímica, eversão do lábio inferior, língua hipertrofiada aparecendo na boca entreaberta. A articulação da fala é mole, inábil e lenta, principalmente

**Reeducação vocal**

Na *disartria das miopatias*, a reeducação fonoaudiológica auxiliará evitando o trabalho muscular excessivo suscetível de acelerar a atrofia. Neste como em outros casos, a noção de economia de energia e de ato vocal natural é fundamental.

na criança. A voz é fraca e monótona. A eventual perda respiratória gera muitas pausas. Os distúrbios da deglutição são freqüentes.

TRATAMENTO

Fora do tratamento medicamentoso em função da etiologia, a cinesioterapia apresenta uma importância fundamental para limitar as retrações musculotendinosas e as posturas viciosas, bem como para facilitar ao máximo a função respiratória. A cirurgia pode ser indicada.

## Disartrias nos danos da junção neuromuscular

Nessas afecções, o distúrbio resulta de uma perturbação dos processos metabólicos no nível da placa motora que impede a ação do influxo nervoso na fibra muscular.

CLÍNICA

A afecção mais típica desse distúrbio é a *miastenia* (*doença de Erb-Gold-flam*), afecção mais freqüente na mulher jovem que resulta de uma perda da acetilcolina disponível no nível da placa motora. Segue-se um esgotamento rápido da força muscular, normal no início. Trata-se, portanto, de uma deficiência motora acentuada pelo esforço, melhorada com repouso e com a medicação anticolinesterásica.

Muito característica é a lesão dos músculos faciais, com queda da pálpebra (ptose) e eliminação das pregas frontais, dando à mímica um aspecto inexpressivo. O dano dos músculos da laringe se traduz, na laringoscopia, por uma falta de tensão das pregas vocais. A voz, normal no início da emissão, perde sua energia: o timbre se torna surdo e se apaga progressivamente, sem com isso chegar à afonia completa. O desperdício de ar mais ou menos significativo dá a impressão de fadiga intensa. A afecção pode às vezes (raramente) ficar limitada à laringe.

O dano velar se traduz por uma nasalação progressiva, penível e depreciativa.

Devido ao dano dos músculos mastigadores, podem-se ainda observar distúrbios da mastigação. Esta torna-se progressivamente mais difícil durante as refeições e principalmente no final do dia. O dano laríngeo pode acarretar dificuldades de deglutição de tipo falsas rotas.

Esses sintomas são agravados pelo esforço e regridem mais ou menos rapidamente com repouso. A injeção de prostigmina que permite a eliminação rápida de todos esses sintomas, confirma o diagnóstico.

O diagnóstico diferencial pode ser difícil com a afonia psicogênica, e até mesmo com uma *síndrome de Gerhardt* (na medida em que pode causar crises de asfixias).

TRATAMENTO

A miastenia depende de um tratamento essencialmente medicamentoso, mas igualmente reeducativo e (eventualmente) cirúrgico.

O tratamento medicamentoso utiliza essencialmente os anticolinesterásicos (prostigmina, *Mestinon*) e os corticóides.

O tratamento cirúrgico é a ablação do timo (timectomia). Esta é eficaz no indivíduo jovem, mesmo que a melhora ocorra somente alguns meses após a intervenção.

**Tratamento reeducativo**

O tratamento reeducativo nas disartrias por dano da junção neuromuscular é indicado, mas devendo limitar-se à prática de relaxamento e à técnica da respiração (cf. *A voz*, Volume 4). O objetivo é permitir ao paciente evitar a entrada no círculo vicioso de esforço vocal e controlar ao máximo o desperdício de ar e a nasalação. Quanto às falsas rotas alimentares, serão reduzidas pelas instruções habituais referentes à postura da cabeça (mais ou menos inclinada para frente) durante a deglutição.

## DISARTRIA ACINÉTICA (OU HIPOCINÉTICA)

A redução do movimento automático-voluntário, a raridade e a dificuldade da fala, a micrografia, a fisionomia fixa fazem do parkinsoniano um indivíduo com dificuldades de comunicação. (J. Pélicier)

A disartria acinética (ou parkinsoniana) diz respeito ainda às alterações da voz e da fala na *síndrome parkinsoniana*, síndrome que se inscreve na patologia do *sistema extrapiramidal*. Esse sistema intervém, já se sabe, no controle de todos os movimentos automáticos que permitam o andar, a deglutição, a fala, a escrita, entre outros, bem como a postura.

*Recordando*: a síndrome de Parkinson resulta de uma lesão do *locus niger*, formação falciforme situada na base do cérebro nos pedúnculos cerebrais. Seu nome provém da presença de neurônios pigmentados pela melanina que lhe dá uma cor escura. O *locus niger* transmite informações aos núcleos cinzas centrais mais próximos (estriatum) através de um neurotransmissor particular: a dopamina. A síndrome parkinsoniana é constituída de três elementos: o tremor, a hipertonia e a acinesia.

O *tremor* fino e regular (4 a 7 ciclos por segundo) se manifesta em repouso, afetando sobretudo os membros superiores e em particular as mãos (movimentos de dispersão). Interrompe-se durante um movimento voluntário, quando o indivíduo dorme, na mobilização passiva, no relaxamento muscular completo. É controlável (momentaneamente) pela atenção e aumenta com o esforço e a emoção.

A *hipertonia* extrapiramidal da síndrome de Parkinson é chamada *plástica*. É o que a distingue da espasticidade observada na síndrome piramidal. Nessa última, quando o examinador tenta alongar o antebraço flexionado do paciente, a resistência aumenta progressivamente com o estiramento do bíceps. Na síndrome parkinsoniana, essa resistência se mantém igual durante o movimento de extensão, cedendo de maneira irregular: é o fenômeno conhecido como a *roda denteada*.

A hipertonia da síndrome parkinsoniana é responsável pela postura característica do indivíduo, chegando ao ápice na seguinte postura: antebraços flexionados contra o corpo, costas curvadas, ombros e cabeça caídos para frente, joelhos levemente flexionados (Figura 9.5). Essa hipertonia desaparece durante o sono. Seu desaparecimento pode ser induzido pelo relaxamento voluntário.

A *acinesia* caracteriza-se pela perda da iniciativa motora, levando a uma redução total do movimento corporal. O rosto do paciente fica inexpressivo. Mais surpreendente ainda é o contraste entre a mobilidade ocular conservada (olhar vivo) e a fixidez da cabeça. O paciente parece ávido de gestos, seus movimentos são lentificados e descoordenados. Apresenta uma grande dificuldade em executar movimentos alternativos rápidos, tais como o movimento dos marionetes.

Essa acinesia pode ser explicada, em parte ao menos, pela *perda de certos movimentos automáticos elementares* (automatismos primários) indispensáveis à execução fácil de movimentos automáticos complexos, como o andar ou a pas-

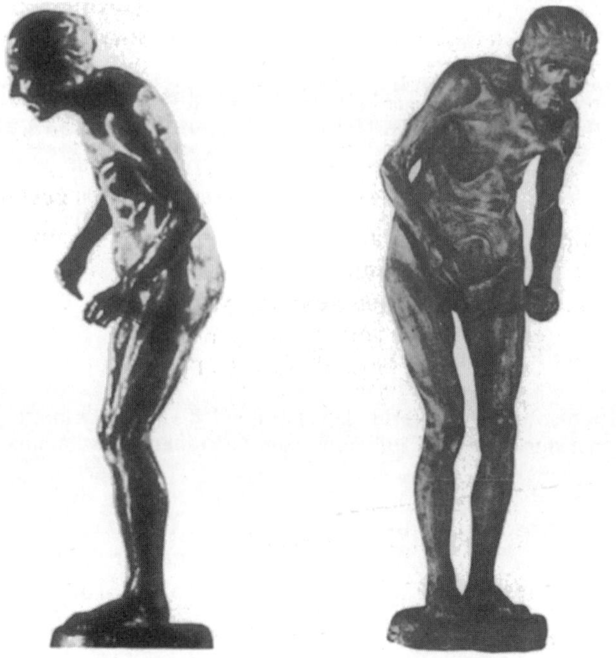

➤ **Fig. 9.5**

Postura típica de um paciente atingido pela doença de Parkinson. Estatueta feita por Paul Richer, em 1885.

sagem da posição sentada para a posição em pé. A acinesia pode ceder espontaneamente – mas de modo passageiro – em certas situações emocionais (cinesias paradoxais).

A síndrome parkinsoniana caracteriza principalmente a doença de Parkinson, apresentando, conforme o caso, predominância da acinesia ou da hipertonia. Essa síndrome existe também em outras afecções de origem vascular, degenerativa, infecciosa, traumática, tóxica, tumoral, cujo caráter comum é atingir o *locus niger*, mas associadas eventualmente a outras síndromes neurológicas.

### Doença de Parkinson

Essa doença, descrita por Sir James Parkinson, em 1817, é de causa desconhecida e atinge igualmente homens e mulheres. Freqüente, ela acomete 70 mil pessoas na França. Inicia em média aos 55 anos aproximadamente de forma insidiosa. Um tremor unilateral é muitas vezes o primeiro sintoma. Às vezes, são dores maldefinidas, formigamento nas pernas ou uma micrografia que chama a atenção; mais raramente, é a disartria. A evolução é lenta e dura de 15 a 20 anos.

No início, o tratamento médico pela L-dopa corrige todos os sintomas de maneira espetacular, sem, no entanto, bloquear a evolução da doença. É o período conhecido como *lua de mel*, que dura de 2 a 8 anos aproximadamente.

O período da *doença instalada* intervém em seguida com dificuldades que persistem mesmo com o tratamento e dificultam as atividades da vida comum: vestir-se, deslocar-se, distúrbios do andar (patinação na partida, perda do balanço dos braços), distúrbios da fala que atinge um paciente em cada dois. Esses distúrbios alternam segundo a hora do dia em função das tomadas de medicamento com períodos *off* (de bloqueios) e períodos *on* (de eficácia terapêutica).

Alguns anos mais tarde, intervém o *período de declínio*. A atividade do paciente fica então reduzida ao máximo. Distúrbios da deglutição ocorrem, com risco de falsas rotas alimentares. Diminuições de "estatura" ocorrem, temidas pelo paciente que se torna ansioso. Freqüentemente, o indivíduo começa a desenvolver ainda distúrbios psíquicos na forma de estado confusional, apresentando deterioração intelectual.

## Disartria parkinsoniana (acinética)

Os distúrbios da voz e da fala estão presentes nos parkinsonianos em mais da metade dos casos, como dissemos. A disartria pode ser o primeiro sintoma da doença. Em compensação, ela pode intervir apenas tardiamente, no período de declínio.

A disartria varia com a emoção que, em geral, a agrava, mas que pode, ao contrário, proporcionar uma breve normalização da fala (cinesias ditas paradoxais). Aumenta com o cansaço. Como os outros sintomas, varia ao longo do dia, em função da hora (normalmente é menor ao acordar) e das tomadas de medicamentos, segundo as fases *on* ou *off*. Essas alternâncias podem ser muito marcadas (efeito *on-off* significativo). Da mesma forma que os outros distúrbios motores da síndrome parkinsoniana, *a disartria pode ser compensada pela ocorrência voluntária do movimento automático fraco*.

Classicamente, a disartria parkinsoniana se caracteriza por uma redução da atividade verbal: ávido de gestos, o parkinsoniano parece igualmente ávido de fala. Além dessa redução global, observa-se, na fala espontânea, uma deterioração da voz que implica seus três caracteres acústicos.

A altura tonal normalmente aumenta, às vezes é o registro leve (voz de cabeça) que é utilizado. Mas o que surpreende mais particularmente é a alteração da modulação expressiva natural: "a voz perdeu sua melodia" (Brissaud) e passa uma sensação triste, monótona e trêmula, apesar da conservação freqüente de variações tonais de valor normal (C. Chevrie-Muller).

A intensidade é globalmente bastante reduzida e tende a diminuir durante a frase ou sobretudo da *rhèse* que termina em um murmúrio quase inaudível.

Quanto ao timbre, é geralmente surdo e velado. A falta de sonorização completa ocorre às vezes, produzindo uma voz sussurrada ao final da frase ou mesmo, em certos casos, uma voz totalmente sussurrada.

O ritmo da fala apresenta alterações muito características e, no início, dificuldades em começar, com bloqueio inicial. O paciente fica preso em um silêncio que pode se prolongar por vários segundos. Às vezes, a fala parece produzir-se normalmente, mas ocorrem repetições da(s) primeira(s) sílaba(s) ou mesmo das primeiras palavras. É a clássica *palilalia*. Esse bloqueio ou essas repetições podem se prolongar por vários segundos, dificultando consideravelmente a comunicação. Quando a partida se produz sem imprevistos, o ritmo da fala é, em geral, rápido (*taquilalia*), mas o indivíduo tende sobretudo a acelerar progressivamente. Esse fenômeno de aceleração da fala foi denominado (impropriamente) por Brissaud de "festinação da... *linguagem*".

Notemos que os acidentes da partida da fala dessa disartria se distinguem claramente dos bloqueios e das repetições de sílabas vistas na gagueira. Na disartria parkinsoniana, não se vê, de fato, o esforço articulatório, a "luta contra as palavras" que ocorre, na maioria das vezes, na gagueira.

A articulação da fala aparece freqüentemente alterada, articulação dita "fechada", mas não ao ponto, salvo exceção, de comprometer a inteligibilidade. Tratase essencialmente de uma perda da distinção das vogais entre si e das consoantes sonoras entre si. Essas alterações são a conseqüência da dificuldade em realizar, com uma maneabilidade suficiente, o controle da amplitude bucal, dificuldade agravada pelo fenômeno de "festinação da *fala*", responsável pelo aspecto murmurado que esta pode adquir.

No exame laríngeo, descreve-se tradicionalmente um aspecto rígido e hipertônico. Mais freqüentemente, observamos uma apresentação hipotônica das pregas vocais com dificuldade em manter contato. Muitas vezes, esse contato fica limitado à metade, até mesmo ao terço anterior da glote. Com luz estroboscópica, a amplitude vibratória aparece diminuída. Fato notável, nenhum tremor no nível das estruturas glóticas ou paraglóticas, nem aliás no nível da língua ou do véu, que possa explicar a eventual fala *trêmula*, é observado em geral.

As diversas alterações da voz e da fala da disartria parkinsoniana terminam progressivamente por ter uma triste conseqüência na atividade de comunicação do indivíduo com seu meio. Esta tende a reduzir-se pouco a pouco ao mínimo indispensável. É preciso reconhecer que a conversação com um parkinsoniano não é atrativa. As visitas dos amigos se tornam cada vez mais raras, os cônjuges geralmente ficam sem se falar e cai-se insidiosamente em um *isolamento dramático*. Esse isolamento é ainda mais lamentável à medida que é possível remediá-lo, de certo modo, pela retomada voluntária dos movimentos elementares automáticos fracos.

## Distúrbios associados

Entre os distúrbios motores da doença de Parkinson que lembramos no início desse subcapítulo, alguns são de interesse particularmente do fonoaudiólogo na medida em que freqüentemente ele mesmo deverá tratá-los. São os distúrbios da escrita e os distúrbios da deglutição.

### *Distúrbios da escrita*

A existência de distúrbios da escrita foi observada pelo próprio James Parkinson: "A mão não obedece com exatidão às ordens que a vontade lhe dita", escreve. Veremos, mais adiante, de que forma a adaptação do movimento voluntário pode justamente se mostrar neste caso salutar.

O sintoma mais surpreendente é a *micrografia progressiva*: o tamanho das letras se reduz, de fato, do início ao final de uma linha e de uma linha a outra (Figura 9.6). O traçado, por outro lado, adquire um caráter mais ou menos *sinuoso* com alterações variáveis da forma das letras. Estas podem ser *tremidas, deformadas, irre-*

➤ **Fig. 9.6**

**A escrita está alterada de modo moderado, mas as alterações são bastante características.**

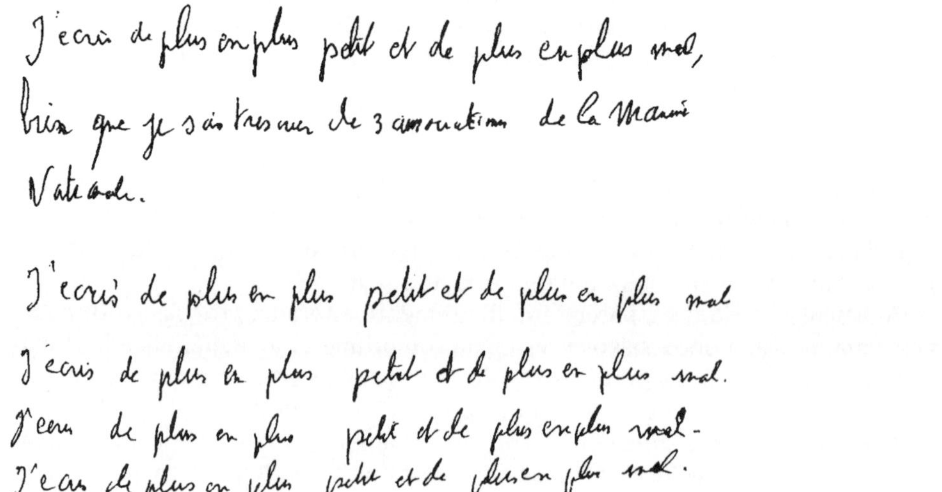

*gulares*, sendo que as partes normalmente arredondadas se tornam angulosas. Essas deformações associadas à micrografia podem ir até a *ilegibilidade*. A assinatura torna-se às um ato impossível, o que apresenta alguns problemas.

Esses caracteres da escrita são o reflexo da alteração do movimento gráfico: *laborioso, difícil, lento, bloqueado,* mesmo no momento inicial. Essas alterações decorrem, da mesma forma que nos outros comportamentos motores, da acinesia, da hipertonia e do tremor.

A escrita pode ser melhorada se se propõe ao indivíduo escrever entre duas linhas horizontais próximas, buscando fazer de modo que o corpo de cada letra encoste ao mesmo tempo na linha de cima e na linha de baixo. Ela pode ser melhorada igualmente, como voltaremos a falar, pedindo-se ao paciente para alargar seu movimento com uma participação corporal maior, estendendo-se ao braço e até mesmo ao conjunto do corpo.

### *Distúrbios da deglutição*

As dificuldades podem manifestar-se já no movimento de levar o alimento à boca, executado com uma lentidão mais ou menos marcada. A mastigação é fraca e lenta, dificultada pela salivação defeituosa, extremamente abundante. A constituição do bolo alimentar é difícil, podendo os alimentos ficar presos no vestíbulo entre a bochecha e a gengiva ou "no fundo da garganta".

A progressão para trás é insuficiente e hesitante. A falta de sincronização com a elevação laríngea e o fechamento do véu pode provocar falsas rotas e refluxo nasal. As falsas rotas são mais marcadas no caso dos líquidos do que dos sólidos quanto mais houver uma falta de relaxamento do músculo cricofaríngeo que impeça a abertura da boca esofágica. Essas dificuldades geram problemas para a ingestão de comprimidos medicamentosos, sobretudo em período *off*. As refeições tornam-se longas e fastidiosas. Não se tem mais o prazer da mesa.

A ausência de oclusão dos lábios provoca freqüentemente uma baba que incomoda e humilha, tendo o paciente perdido o reflexo de reintegração da saliva na cavidade bucal por afastamento dos maxilares associado à união dos lábios, daí ter de constantemente utilizar um lenço para aparar sua saliva.

## Outras etiologias

A disartria parkinsoniana (acinética) não é exclusividade somente da doença de Parkinson. De fato, tais disartrias podem ser encontradas, raramente é verdade, em lesões vasculares, infecciosas (encefalite letárgica de Von Economo), tumorais, traumáticas ou tóxicas, bem como em certos tratamentos neurolépticos. Citaremos ainda algumas síndromes degenerativas em que a disartria parkinsoniana está relativamente associada a diversos outros distúrbios neurológicos: a atrofia olivo-ponto-cerebelar, a degeneração estrionígrica, a síndrome de Shy Drager, a esclerose lateral amiotrófica e a oftalmoplegia supranuclear progressiva (*doença de Steele-Richardson-Olzewski*). Citemos também a *doença de Wilson* que provém de um distúrbio do metabolismo do cobre.

**Tratamento reeducativo**

A reeducação da disartria parkinsoniana tem por base principalmente, já mencionamos, a utilização do movimento voluntário (felizmente conservado) para restabelecer tanto quanto possível certos componentes automáticos deficientes do gesto vocal e articulatório.

### UTILIZAÇÃO DO MOVIMENTO VOLUNTÁRIO

Esse princípio pode ser aplicado não somente à disartria, mas também aos outros comportamentos motores do parkinsoniano, como o andar ou a passagem da posição sentada à posição em pé. Não será inútil ao fonoaudiólogo da disartria compreender o mecanismo dessas outras dificuldades motoras. Uma visão mais ampla do problema tornará sua ação certamente mais eficaz.

Para o andar, como se sabe, o parkinsoniano tem uma dificuldade em dar a partida e, quando ele inicia, instala-se freqüentemente um andar de pequenos passos rápidos, dando a impressão de uma queda para frente perpetuamente evitada. Classicamente, propõe-se para a obtenção de um movimento mais normal a utilização de uma bengala colocada horizontalmente diante das pernas do paciente, pedindo-lhe para avançar passando por cima dessa bengala. Nossa opinião é de que se trata, nesse caso, de um procedimento, certamente espetacular e eficaz, mas um pouco artificial e difícil de utilizar na vida. Ora, esse início particular que resulta no andar em pequenos passos corresponde, na verdade, a uma *perda do automatismo da transferência de peso para a perna de apoio*. Normalmente, de fato, quando se começa a caminhar, passa-se automática e inconscientemente o peso do corpo para a perna dominante de modo a liberar o pé da outra perna. Sendo a perna de apoio geralmente a direita, isso explica que se avance, em princípio, primeiro com o pé esquerdo (o "Esquerdo! Esquerdo!" do serviço militar). Quando o indivíduo parkinsoniano quer começar a andar, mantém um apoio igual sobre os dois pés e começa a inclinar o corpo para frente. Não podendo o pé esquerdo se liberar para dar um passo, a queda é evitada pelo desencadeamento do andar em passos curtos em que nenhum dos pés deixa realmente de tocar o solo. Para restabelecer a mudança reflexa do peso para a perna de apoio, pode-se evidentemente recorrer à bengala, mas é tão eficaz quanto, e nós fizemos várias experiências, indicar ao paciente para pensar em fazer voluntariamente essa transferência de peso, contanto que se explique para ele a razão de tal deficiência. O problema está com certeza em fazer com que pense nisso!

Da mesma forma, é possível ajudar um paciente a se levantar sozinho e sem ajuda de uma poltrona profunda onde esteja sentado, instruindo-lhe para que execute voluntária e sucessivamente um certo número de operações, normalmente automáticas, das quais perdeu a capacidade de realização: descolamento das costas apoiadas no encosto ajudando-se com uma tração nos braços da poltrona, progressão para a borda da poltrona, levantando alternadamente uma nádega depois a outra, inclinação suficiente do corpo para frente para que o centro de gravidade deste passe pela verticalidade dos pés e que o impulso nas pernas e nos braços permitam chegar à posição em pé.

Em princípio, a recuperação desses automatismos é da competência do psicomotor, mas na falta do cinesioterapeuta, o próprio fonoaudiólogo da fala deverá tratar isso, podendo produzir assim uma melhora considerável à qualidade de vida do paciente.

### Exercícios de base

A reeducação da disartria utilizará, em primeiro lugar, a prática do relaxamento ou mais exatamente à do domínio da tensão psicomotora, por meio, por exemplo, do *relaxamento de olhos abertos*. Contrariamente ao que se pode imaginar em uma primeira abordagem, esse exercício é totalmente acessível ao parkinsoniano, mesmo na fase de declínio, contanto que se dê preferência à posição meio-sentada e à utilização de bom senso de algumas almofadas sob os joelhos ou sob a cabeça. Esse exercício possibilita ao paciente inicialmente obter um ótimo bem-estar, mas sobretudo lhe dá confiança na possibilidade de controle voluntário da rigidez. Ele descobrirá especialmente que lhe é possível controlar com maneabilidade o movimento respiratório.

Por outro lado, todos os *exercícios de respiração* utilizáveis no disfônico podem ser aplicados à reeducação do parkinsoniano, permitindo-lhe adquirir o domínio da respiração fonatória. Do mesmo modo os *exercícios de verticalidade* e os *exercícios de descontração muscular do maxilar inferior e da língua*.

### Exercício específico

Esses exercícios de base serão complementados pela parte específica da reeducação do parkinsoniano que visa a trabalhar a perda de certos automatismos essenciais ao bom funcionamento da voz e da fala. Trata-se, em primeiro lugar, da *aquisição de postura* preparatória no momento da *tomada da palavra*, que consiste em se dirigir ao interlocutor e, no caso do comportamento de projeção vocal, reposicionar-se. Trata-se, em segundo lugar, de realizar o *impulso respiratório* que precede imediatamente a emissão vocal.

Por meio de indicações precisas a respeito desses dois tipos de comportamento, o fonoaudiólogo permite ao indivíduo tomar consciência de sua eficácia imediata, e freqüentemente muito surpreendente, para sua fala. Lembrando o indivíduo que, antes de articular a primeira palavra da frase, deve tomar um pouco de fôlego, preparando em sua boca a primeira vogal da palavra (mesmo e sobretudo se esta não é o primeiro fonema), está-se lhe permitindo iniciar essa frase sem palilalia nem bloqueio, com uma articulação e com uma voz de intensidade espantosamente normal.

Graças a *exercícios vocais variados* (cf. *A voz*, Volume 4), possibilita-se ao indivíduo a obtenção da voz projetada de forte intensidade. Para isso, o fonoaudiólogo deverá propor um modelo convincente e não economizar em encorajamentos. Quanto à voz cantada, sua redescoberta pode ser um sólido ponto de apoio para uma prática eficaz e estimulante. A *leitura expressiva* e talvez a *Expressão cênica* (ou teatro-terapia) complementarão esse trabalho (cf. *A voz*, Volume 4).

A leitura em voz alta pode apresentar muitos problemas. É preciso evitar que a fala (que se degrada) não seja irresistivelmente conduzida pelo olhar que corre automaticamente e de maneira incontrolável na seqüência do texto. Às vezes, só é possível controlar esse olhar embalado, escondendo com o dedo ou com um papel o final da linha seguinte. O automatismo do olhar escapa por muito tempo ao controle, está-se sempre no problema da relação entre o voluntário e o automático.

Propor ao indivíduo fazer uma representação e encenar uns papéis, com a ajuda de elementos de disfarce (chapéu, lenço, bengala, tecido, etc.) pode igualmente favorecer a normalização momentânea da expressão verbal e gestual.

L.O. Ramig desenvolveu, por sua vez, com o nome de LSVT[a], uma técnica com base na produção intensiva da voz alta, ocupando quatro sessões de uma hora por semana, durante um mês, com resultados que parecem incontestáveis.

[a] LSVT: Lee Silverman Voice Treatment (Lee Silverman é o nome da primeira paciente tratada por L.O. Ramig com esse método).

### *Passagem ao uso*

A obtenção de uma boa articulação e de uma boa voz conversacional é evidentemente apenas uma primeira etapa. Depois, é preciso promover ainda a passagem ao uso. A ajuda do meio é, nesse caso, indispensável. No momento em que utilizar de fato sua voz, a fala do indivíduo só pode ser melhorada se ele se lembrar – ou se alguém lembrá-lo – que é preciso realizar de modo voluntário sua fala. Será portanto solicitado ao meio de convívio para que lembre o paciente de se reposicionar e de respirar antes de se expressar. Contrariamente ao que ocorre na gagueira, em que tal atitude é prejudicial, lembrar (ou chamar a atenção) é, nesse caso, totalmente saudável.

O melhor resultado que se pode esperar após essa prática específica é que o paciente seja, a partir de então, compreendido com sua fala após pedido de repetição por parte das pessoas que convivem com ele. Com efeito, não é certo que a primeira tentativa do indivíduo para dizer o que deseja obtenha sucesso, mas a ajuda do meio pode lhe permitir conseguir numa segunda tentativa. Isso pode ser suficiente para transformar notavelmente a vida do indivíduo.

## Reeducação do grafismo

A micrografia e o caráter anguloso e desajeitado da escrita são, como dissemos, resultado da acinesia e da rigidez. O princípio da reeducação é, pois, promover a habilidade e a amplitude do movimento gráfico.

Pode-se, inicialmente, treinar o indivíduo para que realize traçados análogos aos propostos às crianças pequenas: bolas de rugby, pequenos anéis, balões venezianos, etc., controlando a posição do "instrumento de escrita" e a flexibilidade do movimento dos dedos. Isso permite propor, em seguida, palavras isoladas, orientando o paciente para que aumente seu gesto de forma a obter um traçado de amplitude crescente. É então necessário instruir o paciente para que de algum modo treine e force o movimento da escrita. "A utilização intensa do ombro melhora a escrita" (Ajurriaguerra). Incitar-se-á mesmo o paciente a recorrer a pequenas oscilações do corpo inteiro. Evita-se, desse modo, a atitude de bloqueio corporal que tem uma grande responsabilidade na micrografia. Esse bloqueio provoca, com efeito, a redução progressiva do movimento gráfico que acaba por não passar de um fino tremor cada vez mais rápido do antebraço, da mão e dos dedos até seu bloqueio completo. Sabe-se que, alongando a haste de um pêndulo, diminuem-se e amplificam-se as oscilações. Da mesma forma, o movimento da escrita é amplificado e fica mais lento pelo aumento da participação corporal nesse movimento. Em outras palavras, esse desejo só pode ser realizado passando pela vontade de ampliar esse gesto, estendê-lo relativamente ao corpo inteiro. Poder-se-á assim passar à escrita de frases, sugerindo pausas (curtas) de repouso freqüentes.

### Reeducação da deglutição

Em caso de distúrbios da deglutição, a reeducação passa inicialmente pela informação que esclarece ao paciente sobre a existência dos três tempos que caracterizam esse ato e a necessidade, para ele, de reiniciar, pelo movimento voluntário, os automatismos enfraquecidos ou deficientes. Exercícios de flexibilidade e de controle dos movimentos do maxilar inferior, da língua e dos lábios serão depois os mais úteis, bem como exercícios de bloqueios laríngeos (cf. Capítulo 3, exercício para a glote).

Nas refeições, deverá se ter atenção com a postura erguida do peito. A posição da cabeça com uma leve flexão evitará, aqui como em outros casos, as falsas rotas. A assistência de uma terceira pessoa será necessária para retomar verbal e gestualmente o controle voluntário da mastigação, por um lado, e do ato da deglutição, por outro. Poder-se-á dessa forma evitar ou retardar a alimentação por sonda ou a miotomia do músculo cricofaríngeo proposta.

Quanto à baba, pode ser atenuada pela presença constante na boca de "algo para chupar", pois os movimentos de sucção provocam a deglutição salivar.

## DISARTRIA DISCINÉTICA

*À incrível agitação coréica, parece se opor em todos os pontos à lenta e ondulante atetose. (B. Schott)*

A alteração dos núcleos cinzas centrais pode ocasionar movimentos anormais suscetíveis de alterar de forma mais ou menos grave a articulação da fala. É o que ocorre na coréia e na atetose.

### Coréia

A coréia resulta de um dano do estriatum. Esse dano pode ser genético ou adquirido.

Adquirida, pode ser em geral curada. Sua origem pode ser infecciosa (coréia de Sydenham, encefalite), tóxica (óxido de carbono), medicamentosa (superdosagem de L. Dopa), etc.

Sendo genética, evolui inexoravelmente para a morte (coréia de Huntington).

A coréia traduz-se por movimentos bruscos, desordenados, incessantes, irregulares, rápidos, num contexto de hipotonia geral. Esses movimentos dão a impressão da execução de uma dança estranha (daí o nome da infecção) com contrações do ombro, caretas, endurecimento de pescoço acompanhado pela flexão forçada e inclinação lateral da cabeça.

A disartria é aqui caracterizada por uma articulação difícil da fala com um ritmo entrecortado, interrompido por silêncios prolongados, dando lugar freqüentemente a emissão de vários grupos silábicos bruscamente proferidos. A voz é de intensidade fraca, às vezes, fechada, com alternâncias explosivas da intensidade.

Essa disartria pode vir acompanhada por distúrbios da deglutição mais ou menos marcados que dificultam principalmente o segundo tempo (faríngeo) e que resultam em freqüentes falsas rotas alimentares. Com o agravamento da doença, até o fato de colocar algo na boca pode se tornar difícil devido à descoordenação dos movimentos. A morte ocorre mais freqüentemente por desnutrição ou por broncopneumonia de deglutição.

## Atetose

A atetose corresponde a um dano ainda maldefinido dos núcleos cinzas centrais. Resulta mais freqüentemente de uma icterícia nuclear (devido a uma incompatibilidade sangüínea fetomaterna), de um traumatismo obstetricial e de um traumatismo craniano.

Ela caracteriza-se por movimentos permanentes de oscilações lentas predominantemente na face, que faz caretas, e nos membros superiores. Passando da flexão extrema à extensão extrema, dão a impressão de movimentos de reptação, lembrando os dos tentáculos do polvo ou as mãos de dançarinas balinesas. Todos esses movimentos involuntários se produzem em um fundo de hipertonia, desaparecendo durante o sono, mas persistindo durante o repouso e sem ser controlados por vontade própria. Acentuam-se com a fadiga e a emoção. São acompanhados por uma hiper-reatividade nas excitações sensoriais ou tácteis que desencadeiam uma onda de movimentos sincinéticos à distância.

Segundo G. Tardieu, é importante distinguir nesses movimentos o que vem da hipertonia basal (variável de um momento para o outro), da hiper-reatividade e, finalmente, dos distúrbios do controle postural que acaba impedindo igualmente o movimento voluntário.

O que domina aqui na disartria é a irregularidade do fluxo verbal. Este é globalmente diminuído, mas apresenta fases de precipitação entrecortadas por bloqueios e por espasmos respiratórios.

A articulação apresenta deformações de fonemas e particularmente das vogais sob a ação dos movimentos involuntários parasitas. Nota-se ainda a surdez das consoantes oclusivas sonoras. Há distúrbios específicos da articulação: sibilo, sigmatismo nasal ou gagueira.

A voz fica igualmente irregular, sobretudo em sua altura tonal, apresentando saltos de registro e, em sua intensidade, que fica ao mesmo tempo explosiva e contida. O timbre também pode ficar alterado e marcado por uma certa rouquidão.

## Tratamento

Coréia e atetose são objeto de tratamentos medicamentosos variados, de objetivo etiológico ou sintomatológico, apresentando resultados limitados.

Durante a reeducação, um trabalho psicológico referente à imagem corporal do indivíduo poderá igualmente ser realizado. De fato, a existência dos movimentos involuntários tende a provocar o esquecimento do corpo, o que aumenta indiscutivelmente a dificuldade do controle motor. Trata-se de um processo delicado que necessita de um certo tato.

**Tratamento reeducativo**

No plano reeducativo, tratar-se-á de seguir um acompanhamento, quando a evolução fatal for inexorável (coréia de Huntington), ou de atenuar as eventuais seqüelas quando a afecção for regressiva (coréia de Sydenham).

Na atetose, poder-se-á propor um exercício de relaxamento (cf. *A voz*, Volume 4) eficaz na hipertonia. Será bom, por sua vez, ensinar ao paciente uma estratégia elocutória particular que consiste em "falar entre as ondas". Trata-se para o indivíduo de esperar o momento favorável, resultante de uma certa tranqüilidade dos movimentos involuntários, para emitir rapidamente várias sílabas da forma mais eficaz possível. Essa emissão que provoca inevitavelmente a ocorrência de uma descarga de movimentos involuntários torna então difícil a continuação da fala. O indivíduo deverá esperar alguns segundos, até que essa enxurrada de movimentos diminua, antes de tentar uma nova emissão.

Por outro lado, pode-se propor a retificação dos eventuais distúrbios articulatórios específicos ou da gagueira associados.

## DISARTRIA ATÁXICA (OU DISMÉTRICA)

Classicamente chamada atáxica e, melhor denominada, dismétrica, essa disartria reúne alterações da articulação da fala e a disfonia consecutivas a um dano bilateral do cerebelo ou das vias cerebelares.

Esse dano se encontra mais freqüentemente na esclerose em placas (associada à disartria paralítica), nos traumatismos cranianos e nas lesões vasculares do tronco cerebral.

Lembremos que o cerebelo age essencialmente para a sustentação adequada das posturas e para a harmonização da motricidade corporal. Seu dano resulta na *síndrome cerebelar* da qual lembraremos os seguintes elementos (tradicionais):

– descontrole da amplitude do movimento (*hipermetria, dismetria*);

– falta de coordenação dos movimentos voluntários (*assinergia*) bem evidente no teste em que se pede para colocar o dedo sobre o nariz, de olhos fechados, normalmente com insucesso;

– retardo na incitação e na parada do movimento (*discronometria*);

– dificuldade em executar rapidamente movimentos repetitivos (*adiadococinesia*), tais como os movimentos de marionetes;

– *hipotonia muscular* evidenciada pelo aumento do balanço da mão.

Esses distúrbios elementares se traduzem, na prática, por perturbações do equilíbrio e da estática. Embora nunca chegando a cair, o equilíbrio do indivíduo com problemas no cerebelo, quando está em pé, parece deficiente. Em uma etapa muita avançada de tal dano, ele se sustenta com as pernas afastadas, o corpo animado por movimentos irregulares, mais ou menos amplos em todos os sentidos, e caminha em ziguezague como um indivíduo sob efeito do álcool (andar pseudo-inebriado).

Notemos ainda os possíveis distúrbios da deglutição decorrentes da hipotonia e da discronometria bucais e faringolaríngeas que dificultam o ato de levar alimentos à boca e/ou o segundo tempo da deglutição (retardo da elevação laríngea e/ou do fechamento glótico). Esses distúrbios tornam-se os protagonistas da cena, complicando singularmente as ações independentes do paciente.

Ressaltemos ainda a existência de dificuldades gráficas de caráter análogo associadas à mesma dismetria: escrita irregular, gesto gráfico brusco, chegando até a furar a folha de papel para fazer um ponto.

Quanto à *fala do disártrico cerebelar*, o que espanta é seu caráter irregular e explosivo. Diminuída de uma maneira geral devido a hesitações e bloqueios, ela apresenta saltos de intensidade e elevações bruscas de altura tonal que demonstram a desorganização da pulsão fonatória. Mesmo quando o paciente consegue escandir sua fala e deixá-la metronômica, esforçando-se para silabar, ele é tomado pelo impulso anárquico de sua respiração pulmonar que não consegue coordenar na mecânica da articulação fônica. Notemos que a voz deliberadamente alta é emitida com facilidade quando se trata de monossílabos ou de voz cantada e que a precisão é, na maioria das vezes, conservada. Excepcionalmente, observam-se, em alguns momentos, emissões vocais em voz das pregas ventriculares. Há pequenos movimentos parasitas dos lábios que antecedem a emissão da fala, o que fez com que Jelgersma dissesse que o "doente mastiga as palavras e depois as cospe".

A disartria dismétrica é descrita de forma variável segundo os autores: monotonia da voz para uns (J. Déjerine), irregularidade tonal para outros (F. Grémy). Isso pode ser explicado provavelmente por diferenças na localização ou quanto à extensão das lesões.

Na análise fonética, isso se traduz por uma imprecisão articulatória com ensurdecimento das consoantes sonoras, brutalidade dos ataques, explosão exagerada das oclusivas, variação anárquica ou monotonia da altura tonal e alteração do timbre. A disartria cerebelar apresenta portanto, na verdade, um importante componente disfônico bem evidenciado nos registros eletromiográficos (cf. *A voz*, Volume 2).

### Tratamento reeducativo

O *tratamento reeducativo* da disartria dismétrica é difícil e parece ilusório esperar que se tenha uma evolução significativa para a normalização fônica.

A prática do relaxamento (cf. *A voz*, Volume 4) pode, no entanto, produzir uma regressão notável do desconforto fonatório. Uma informação adaptada referente à fonética e à prática de exercícios de respiração e de voz cantada permitirão ao paciente lidar melhor com as suas dificuldades, compreendendo melhor o mecanismo.

No caso de uma síndrome regressiva, a reeducação permitirá ao paciente recuperar mais completamente a integridade de sua função fonatória, eliminando as seqüelas funcionais devidas aos seus esforços para atenuar as dificuldades iniciais.

A disgrafia pode igualmente ser abordada em reeducação com resultados em geral limitados. Orientar o paciente para a utilização da dactilografia será uma solução interessante.

Quanto aos distúrbios da deglutição, poder-se-á, neste como em outros casos, indicar a posição de anteflexão da cabeça com o objetivo de evitar, o máximo possível, as eventuais falsas rotas alimentares.

## DISARTRIA APRÁTICA

A disartria aprática manifesta-se por distúrbios vocais e articulatórios relacionados a uma lesão cortical em princípio parietal. Por seus caracteres clínicos e por sua evolução, distinguem-se dos distúrbios afásicos eventualmente associados.

Quando a lesão está situada no *hemisfério dominante*, pode-se observar mais freqüentemente uma afonia completa comparável à afonia por inibição vocal (conhecida como histérica), com uso exclusivo da voz sussurrada. Por outro lado, tossir ou pigarrear propositadamente pode ser impossível, ao passo que esses atos se produzem espontaneamente de forma normal. O controle da respiração fonatória pode igualmente mostrar-se deficiente. Em outros casos, a articulação fica bastante alterada no contexto de um esforço de respiração ruidosa, tornando a fala ininteligível.

Quando a lesão atinge o *hemisfério dito menor*, observa-se essencialmente distúrbios que dizem respeito ao controle da altura tonal e do ritmo.

Clinicamente, isso traduz-se mais freqüentemente por uma anarquia prosódica, passando a voz do agudo ao grave e vice-versa, sem relação nem com a expressividade normal nem com a construção sintática do discurso. Em outros casos, a voz fica mais monótona, com um caráter queixoso, aproximando-se mesmo de um gemido. Quanto ao ritmo, é o mais freqüentemente entrecortado e irregular.

Subjetivamente, o incômodo do paciente é grande. O paciente sofre por não reconhecer essa voz como sua, não somente na gravação, mas diretamente.

Enquanto que a reeducação vocal permitiu importantes progressos, a falta de domínio da altura tonal permanece por muito tempo afligindo no trabalho no recto tono. Assim, quando o fonoaudiólogo propõe ao paciente, por exemplo, repetir uma frase cantada em uma única nota, é difícil para este produzir essa frase de outro modo senão em voz falada. É ainda mais difícil dar em recto tono uma frase proposta em voz falada.

Essa apraxia vocal é particularmente penível quando se trata de um músico que reconhece perfeitamente pelo ouvido os temas musicais ou a melodia de uma canção e se desespera com a sua total incapacidade de reproduzi-la vocalmente.

### Reeducação vocal

A afonia consecutiva às lesões do *hemisfério dominante* pode ceder de modo espetacular e rápido. Partindo, por exemplo, do fechamento glótico produzido no momento de um esforço – como aquele da passagem da posição deitada para a posição sentada – pode-se mostrar ao paciente que ele emitiu um ruído no momento do relaxamento laríngeo (ruído da união glótica). O paciente pode então ser motivado a produzir esse ruído voluntariamente, depois a sonorizá-lo brevemente, como em um acesso de tosse após o qual poderá talvez, ativando algumas informações sobre a respiração fonatória, produzir um primeiro som sustentado que poderá, em seguida, integrar progressivamente sua fala.

O erro que deve ser evitado nessa reeducação é querer avançar rápido demais. Isso poderia gerar um comportamento de esforço difícil de remediar posteriormente.

No caso das lesões do *hemisfério dito menor*, trata-se, de modo geral, de um trabalho de longo fôlego, podendo estender-se por vários anos, sobretudo quando se trata de um músico. Deve-se recorrer a todas as técnicas reeducativas possíveis (relaxamento, respiração, verticalidade, etc., cf. *A voz*, Volume 4). Pouco a pouco o ajuste tonal será produzido de forma menos aproximativa. Progressivamente, duas vogais sucessivas poderão ser encadeadas de forma fluida. Para finalizar, o ritmo perderá seu caráter irregular e entrecortado. Uma atitude de escuta empática será particularmente necessária aqui para sustentar psicologicamente o paciente.

## DISARTRIAS DISTÔNICAS

A distonia é um distúrbio motor caracterizado por contrações musculares parasitas sustentadas e prolongadas, desencadeadas pela incitação motora voluntária e interrompendo-se, em princípio, em repouso.

A distonia pode ser *generalizada* a todo corpo, como no *espasmo de torção*, afecção rara de origem genética em que se observa impressionantes movimentos de incurvação da coluna vertebral, com queda da cabeça para trás, oscilações das costas a cada passo durante o andar, sendo este efetuado com pés contraídos em hiperextensão. Essa distonia pode estar *localizada* na metade do corpo ou em um segmento de membro.

A distonia pode ainda ser *focalizada*. Nesse caso, ela afeta os músculos implicados em uma mesma função, tal como o olhar, a orientação da cabeça, a mímica, a função vocal, a articulação da fala, a respiração, a deglutição, a escrita, a utilização de um instrumento relacionado às práticas musicais, artesanais ou esportivas.

O *blefarospasmo* é uma distonia focalizada que atinge a função do olhar. Caracteriza-se por um espasmo dos músculos orbiculares das pálpebras, tendendo ao fechamento do olho, aumentando em momentos de esforço intenso empregado pelo paciente para resistir a esse fechamento. Às vezes, o espasmo não se limita aos músculos das pálpebras e se estende à face e mesmo ao pescoço, causando a *síndrome de Meige*.

O *torcicolo espasmódico* envolve a função de direção da cabeça. Atinge os músculos do pescoço, forçando o indivíduo a inclinar a cabeça de lado, para frente ou para trás.

Quanto às distonias focalizadas que integram o domínio da laringologia e da fonoaudiologia, podemos citar: a *cãibra dos escritores*, as *distonias oromandibulares*, a *disfonia espasmódica*, a *síndrome de Gerhardt* (em certos casos, como vimos no Capítulo 3) e a *gagueira*. Notemos que, no caso da gagueira, os neurologistas podem ter algumas dúvidas quanto a incluí-la nas distonias devido à importância dos fatores lingüísticos e psicológicos implicados nesse distúrbio bastante particular.

A essas distonias, podem ser acrescentados, por um lado, os *tiques*, e, por outro, as *hipercinesias ou discinesias volicionais*, constituídas por tremores de intensidade crescente ou convulsões bruscas, parasitando o movimento voluntário no momento da realização de seu objetivo, invertendo-o relativamente.

## Etiologia

As distonias generalizadas são de origem muito diversa. Podem aparecer em associação com outros sintomas no quadro de uma afecção neurológica, como a doença de Wilson (degeneração hepatolenticular), a coréia de Huntinton ou um amolecimento pediculado. Elas podem ser de origem tóxica (manganês, óxido de carbono, superdosagem de L. Dopa, etc.). Às vezes, essa origem é desconhecida, como no caso do espasmo de torção que mencionamos anteriormente. Em compensação, uma alteração do gene DYT 1 é encontrada no braço curto do cromossoma 9.

As hipercinesias e discinesias são igualmente de origem variada: esclerose em placas, doença de Wilson, tumores cerebelares, traumatismos cranianos, etc., que afetam as regiões pediculadas e protuberanciais. Elas podem ser igualmente de origem medicamentosa (superdosagem de neurolépticos).

Quanto à etiologia das distonias focalizadas, não há atualmente consenso. Duas tendências principais se contradizem: uma postula uma origem orgânica ainda a ser descoberta, a outra, uma origem psicológica. As bases de uma origem orgânica situam o local provável das lesões nos núcleos cinzas centrais na medida em que estes exercem um uma função na motricidade automática. Defendendo a origem psicológica, ressalta-se, em contrapartida, que os distúrbios distônicos aparecem freqüentemente em um contexto de estresse e afetam indivíduos que apresentam uma certa rigidez psicológica e uma tendência a resolver os problemas da vida de uma forma voluntarista.

Pessoalmente, pensamos que o que caracteriza o paciente que apresenta uma distonia focalizada é sua tendência a reagir a suas dificuldades motoras, muitas vezes menores e contingentes no início, por aumento inadequado de tensão (inconscientemente). Isso fica particularmente evidente na gagueira e na disfonia espasmódica. Pode-se supor que esse aumento de tensão, tornado habitual, termina por criar, senão lesões orgânicas, no mínimo alterações funcionais duráveis, com eventualmente tradução eletromiográfica específica, tal como se observa no nível das pregas vocais na disfonia espasmódica.

Com base nessa concepção, citaremos as propostas de J. Decourt comentando um artigo de Ph. Magne, intitulado as cãibras funcionais ou "distonias de função" nos escritores e nos músicos[1], onde felicita esse autor por ter mostrado "como a repetição indefinida de um movimento complexo em condições não-fisiológicas, uma fadiga muscular e nervosa e a ânsia dos doentes em vencer dificuldades de alta técnica podem causar desarmonias dos grupos musculares agonistas e antagonistas [...] e distúrbios das sensibilidades proprioceptivas das quais depende a organização funcional do movimento".

Pode-se pensar, em suma, que as distonias focalizadas são do domínio de uma *neurologia disfuncional*, bem como as disfonias com nódulos das pregas vocais (lesões indiscutivelmente orgânicas) integram uma laringologia disfuncional, noção atualmente bastante aceita. O fato de que essas afecções possam ser curadas completamente pelo tratamento reeducativo é um bom argumento a favor dessa concepção.

## Cãibra dos escritores

A cãibra dos escritores não é evidentemente uma disartria. Nós a descrevemos entretanto aqui porque integra o domínio da fonoaudiologia que, obviamente, se volta também à patologia da linguagem escrita. Essa afecção atinge os músculos que comandam os movimentos dos dedos, da mão e do ombro, provocando, no momento da escrita, contraturas mais ou menos intensas.

No início da evolução, as dificuldades se manifestam após o paciente ter escrito várias linhas, depois, pouco a pouco, assim que começa a escrever, e, finalmente, no momento mesmo em que se pega o lápis. As contraturas levam o paciente a encontrar posições para a sua mão mais ou menos acrobáticas à medida em que tenta amenizar as dificuldades. Às vezes, a escrita é totalmente impossível em uma mesa, ao passo que pode ser realizada sem problemas no plano vertical de um quadro. Essa afecção pode invalidar bastante, impedindo especialmente a possibilidade de fazer uma assinatura.

Vale ressaltar a curiosa facilitação decorrente do simples e leve contato de um dedo da mão oposta sobre os dedos contraídos da mão que escreve. Esse contato de um dedo pode ser assimilado ao gesto de escrever dito conjuratório da mão colocada na cabeça ou no rosto de um paciente que apresenta um torcicolo espasmódico, gesto que faz desaparecer mais ou menos completamente as contraturas. Esse gesto conjuratório tem, na verdade, uma função de contenção, um pouco como a mão estendida, com a palma para frente que busca impedir uma ação inoportuna de alguém.

Notemos a analogia dessa cãibra dos escritores com várias outras: a dos instrumentistas de sopro cujos lábios colam no bico do instrumento na execução de uma nota, a dos pianistas, dos guitarristas e dos violonistas, a dos artesãos que utilizam tesoura, a dos jogadores de golfe, entre outras.

## Distonias oromandibulares

Essas distonias, na verdade, atingem a apresentação da face. Em outras palavras, dizem respeito à função mímica. A distonia oromandibular pode se traduzir, por exemplo, por um espasmo de abaixamento da mandíbula, aparecendo desde o início da emissão da fala, espasmo contra o qual o paciente tenta lutar com um esforço de aproximação e de contração dos lábios. Resulta daí uma alteração da articulação da fala, dando a impressão de uma "batata quente na boca".

[1] Annales de chirurgie de la main, 1986; 5, 2:148-152.

Uma variante pode resultar de um espasmo de protração da mandíbula ao qual se opõe à contratura dos lábios e de certos músculos cutâneos da face e do pescoço.

Às vezes, é somente o lábio superior que é puxado para baixo desde o início da fala ou mesmo desde o contato com um interlocutor potencial. Observemos que essas contraturas podem, como na cãibra dos escritores, ser anuladas por uma manobra conjuratória. Isso pode consistir em colocar um dedo ou um objeto no canto da boca ou em introduzir um pequeno objeto (uma pérola, por exemplo) mordido, bem apertado no fundo da boca.

Pode-se observar ainda contraturas globais da face que se traduzem por uma atitude sempre de careta acompanhada por oscilações da cabeça que o indivíduo tenta afundar sobre seus dois ombros, cruzando fortemente seus braços sobre a parte superior de seu tórax.

Esses distúrbios em sua intensidade, conferem aos pacientes, na maioria das vezes, uma fisionomia particularmente inestética e depreciativa. Podem associar-se às outras distonias focais (disfonia espasmódica ou particular) e alterar de forma mais ou menos pronunciada a inteligibilidade da fala. Além disso, são agravados pela emoção, a fadiga e as contrariedades. Instalados de modo progressivo, evoluem mais freqüentemente em etapas e podem afetar o equilíbrio psicológico do paciente que, esgotado, tende a se refugiar em um isolamento.

## Disfonia espasmódica

Descrevemos essa afecção no Volume 2 ao qual remetemos o leitor. Lembraremos, todavia, seus elementos essenciais.

A disfonia espasmódica resulta de uma disfunção dos músculos vocais e/ou respiratórios durante a fonação. Distinguem-se classicamente a disfonia espasmódica em adução, caracterizada por espasmos laríngeos em fechamento, e a disfonia espasmódica em abdução. Mais do que aos espasmos dos músculos abdutores das pregas vocais (cricoaritenóideos posteriores), esta última parece corresponder a espasmos dos músculos respiratórios (pneumas), diafragma e intercostais particularmente cuja exploração é mais difícil de ser realizada.

No primeiro caso, a voz é muito irregular em um contexto de aperto intenso entrecortado por bruscos amolecimentos. No segundo caso, a voz parece em suspenso antes de ser emitida por sobressaltos irregulares que ocorrem acompanhados de tremor.

A disfonia espasmódica se instala essencialmente no adulto após os 40 anos. Ela ocorre freqüentemente durante um período de sobrecarga intensa. Sem tratamento, ela evolui durante anos, passando por etapas sucessivas. Agrava-se com o estresse, com o silêncio vocal prolongado e com a atenção dada à voz. Desaparece ao rir, ao cantar e na voz de chamamento.

O exame neurológico é na maioria das vezes negativo. O registro eletromiográfico apresenta alterações características ditas em "pilhas de pratos".

## Síndrome de Gerhardt

Já citamos esta síndrome no Capítulo 3, ao descrever a falta de mobilidade laríngea.

A síndrome de Gerhardt resulta classicamente da paralisia dos músculos dilatadores da glote. Clinicamente, a voz é conservada, mas a respiração é entravada de modo mais ou menos grave. No exame laringoscópico, observa-se que as duas pregas vocais estão muito próximas, deixando entre elas apenas uma estreita fenda glótica que explica o incômodo respiratório.

Essa síndrome pode ter várias origens. Pode estar relacionada a lesões bulbares, mas pode se tratar de um distúrbio puramente distônico.

## Gagueira

Não descreveremos aqui a gagueira que é objeto de outras obras. Diremos, no entanto, que é lógico considerar a gagueira como uma distonia particular (e mesmo como uma disartria) que atinge a musculatura da articulação da fala. O parentesco da gagueira com as outras distonias é atestado por associações freqüentes, tais como gagueira e disfonia espasmódica ou, mais raramente, cãibra dos escritores que aparece na fase adulta em um indivíduo que teve gagueira na infância. Outro elemento que indica tal parentesco: a existência de antecedentes familiares de distonias focais nos indivíduos gagos e vice-versa.

## Hipercinesias

O tremor e os sobressaltos musculares ritmados ou não que caracterizam as hipercinesias ou as discinesias voluntárias podem impedir mais ou menos a função de comunicação verbal.

Pode tratar-se desde o início da tomada da fala de protrusões bruscas da língua, isoladas ou em grande quantidade, no exterior da boca, de abaixamentos bruscos do maxilar inferior ou de saliências dos lábios (mímica da muda).

Observam-se ainda movimentos intrabucais da língua desordenados que dão a impressão clássica do rebuçado na boca.

Esses movimentos ocorrem durante o repouso e se desencadeiam a partir do momento em que o paciente começa a falar. São agravados pelo esforço que ele faz para reprimi-los ou dissimulá-los, provocando um incômodo funcional bastante sério.

## Tiques

Os tiques são movimentos bruscos, rápidos, anormais que atingem grupos musculares muito variados, mas relacionados funcionalmente. Podem ser suspensos transitoriamente por um esforço de vontade.

Os mais freqüentes atingem a face (piscamentos dos olhos, caretas, etc.), o pescoço ou os ombros (torção da cabeça, contração dos ombros, etc.). Podem ser vocais, como pigarros, rosnados, suspiros sonoros, vocalizações e mesmo, como na síndrome de Gilles de la Tourette, gritos de animais, injúrias e coprolalia[2].

A etiologia dos tiques é variada. Podem ser de origem psicológica. Fala-se então de tiques-sintomas em associação com outras afecções, tais como a enurese, a hiperatividade, os transtornos da atenção, os transtornos obsessivo-compulsivos (TOC), os transtornos do sono, a gagueira, os transtornos da aprendizagem, entre outros. A etiologia orgânica existe também como na síndrome de Gilles de la Tourette, por exemplo.

## Tratamento

Consideraremos aqui o tratamento das únicas distonias que são do domínio do fonoaudiólogo. Esse tratamento utiliza técnicas bastante variadas. Para a comodidade da apresentação, abordaremos sucessivamente todas essas técnicas, salientando em cada uma delas uma possível aplicação a cada tipo de distonia (Tabela 9.2).

[2] Coprolalia: emissões incontroláveis de palavras obscenas.

**Quadro 9.2 Tratamentos utilizáveis (+) e contra-indicados (-) nas distonias focalizadas no domínio da foniatria e da ortofonia**

| | Câibra do escritor | Hipercinesias Discinesias voluntárias | Tiques | Distonias oromandibulares | Forma distônica da síndrome de Gerhardt | Disfonia espasmódica laríngea (em adução) | Disfonia espasmódica pneuma (em abdução) | Gagueira |
|---|---|---|---|---|---|---|---|---|
| Informação | + | + | + | + | + | ++ | ++ | ++ |
| Apelo à vontade no uso | – | – | – | – (1) | | – – | – – | –/+ (2) |
| Relaxamento | ++ | + | ++ | ++ | + | ++ | ++ | ++ |
| Respiração ramificada | +/– | +/– | + | ++ | +/– | +++ | +++ | ++ |
| Imaginário corporal | + | + | | | | ++ | ++ | ++ |
| Repouso-silêncio | | | | | | – | – | +/– |
| Exercícios de articulação | | + | – | + | | | | + |
| Exercícios Maxilar inferior/Língua | | ++ | | ++ | | + | + | + |
| Exercícios vocais | | | | | +/– | – – (3) | – – (3) | + |
| Cine. específica | + | | | + | | | | |
| Expressão Cênica | + | | ++ | | | + | + | ++ |
| Psicoterapia | + | | ++ | + | | + | + | ++ |
| Medicações | +/– | +/– | + | +/– | +/– | +/– | +/– | +/– |
| Toxina botulínica | ++ | + (4) | – | ++ (4) | + | ++ | +/– | – |
| Cirurgia | | | | – | ++ | + | – | – |

(1) apesar dos resultados transitórios; (2) segundo as opções terapêuticas; (3) salvo ao final de tratamento; (4) salvo língua, para certos autores.

1. Em todos os casos, evidentemente a *escuta* do paciente será primordial. Como sempre, é em nosso domínio o primeiro ato terapêutico.

2. A *informação* será dada ao paciente logo em seguida. Ela é indicada em todos os casos, insistindo no componente disfuncional da distonia. O paciente ignora mais freqüentemente que no momento do uso da função em questão, sua maneira de reagir a seu distúrbio com esforço voluntário (esforço impensado e inadequado) é o principal fator de agravamento da afecção. E isso mesmo que o paciente permaneça pouco consciente da realidade desse esforço.

3. O *apelo à vontade* no momento do uso a fim de controlar o sintoma é particularmente *nocivo* na disfonia espasmódica, ao contrário do que é preconizado na reabilitação das disartrias acinéticas, como na doença de Parkinson. Do mesmo modo, é contra-indicado em todas as outras distonias. Mesmo que a ação voluntária seja, nesses casos, suscetível de dar resultados transitórios, ela corre o risco de provocar agravamentos posteriores. Para a gagueira, esse apelo à vontade no momento do uso só é indicado quando se visa apenas *controlar* a gagueira; é contra-indicado quando se quer orientar para a *opção de cura*.

4. A introdução à prática do *relaxamento* (cf. *A voz*, Volume 4) é particularmente bastante indicado em todas as distonias. O relaxamento, dito de olhos abertos, pode funcionar perfeitamente na medida em que visa mais ao domínio do que à descontração. A técnica da respiração ramificada parece na experiência, mais bem adaptada, porém, especialmente para as disfonias espasmódicas, as distonias oromandibulares e a gagueira. Isso resulta provavelmente do fato de que essa técnica constitui um melhor instrumento de reconstrução do imaginário corporal. Pode-se utilizar ainda de forma proveitosa, nessas mesmas afecções, práticas de mobilizações passivas da cabeça, do maxilar e dos membros ou ainda a sofrologia. A prática dessas técnicas corporais seguida por bastante tempo constitui em geral a parte mais importante do tratamento.

5. Quanto ao *repouso vocal*, observemos sua nocividade nas distonias espasmódicas. A prescrição do silêncio é infelizmente aceita e respeitada com rigor no caso desses distônicos, que apresentam, algumas semanas depois, um agravamento paradoxal de suas dificuldades. Em contrapartida, um silêncio de alguns dias é prescrito em certas técnicas voltadas à gagueira no início de uma etapa de reeducação intensiva.

6. Os *exercícios de articulação* da fala são interessantes nas distonias oromandibulares, nas hipercinesias ou discinesias voluntárias e na gagueira, com a condição de integrarem um conjunto de práticas dirigidas ao problema global do distônico. Devem ser evitados nos casos de tiques.

7. Os exercícios ditos de *maxilar-língua* (descritos em *A voz*, Volume 4) têm como objetivo aumentar a habilidade da língua, do maxilar inferior e dos lábios e de promover a independência dos movimentos de cada um desses três órgãos em relação aos outros dois. Esses exercícios, denominados batidas de língua, língua de gato/língua de rato, a tosquiadeira, o crocodilo, são particularmente indicados nas hipercinesias e nas discinesias voluntárias e nas distonias oromandibulares. Podem ser utilizados igualmente nas disfonias espasmódicas e na gagueira.

8. Os *exercícios vocais* são indicados na gagueira e na síndrome de Gerhardt em sua forma distônica a título de complemento, mas são contra-indicados, exceto ao final do tratamento, nas disfonias espasmódicas.

9. *Práticas cinesioterápicas* são propostas no tratamento de certas distonias que não fazem parte de nosso domínio e, particularmente, nos torcicolos espasmódicos em vista de reequilibrar tanto quanto possível os antagonismos musculares fisiológicos. Tratam-se de técnicas manuais de flexibilização da região cervical, de exercícios de repetidas contrações voluntárias dos músculos antagonistas dos

músculos espasmados, de controle dos espasmos por *miofeedback* e, evidentemente, de relaxamento. Já mencionamos o interesse para a nossa prática do relaxamento e das mobilizações passivas. Quanto às contrações voluntárias dos músculos antagonistas dos músculos espasmados, não parece que isso possa ser aplicado em nosso domínio. O controle por *miofeedback*, em compensação, poderia certamente ser benéfico no caso das distonias oromandibulares e talvez na gagueira a partir, nesse último caso, dos músculos labiais ou abdominais, por exemplo.

10. A *psicoterapia* é indicada com freqüência nos tiques e nas gagueiras. A *Expressão Cênica*, psicoterapia emocional a partir de textos lidos em voz alta, é particularmente indicada nesses dois casos. Em um grau menor, a orientação para uma psicoterapia poderá ser proposta na cãibra dos escritores, na distonia oromandibular ou na disfonia espasmódica a título de complementação. A *haptonomia*, que utiliza o toque, poderá igualmente ser utilizada em todas as distonias.

11. O *tratamento medicamentoso* das distonias focais recorre aos anticolinergéticos, tais como o trilexifenidilo (*Artane*) e a tropatepina (*Lepticur Park*). Esses medicamentos apresentam, no entanto, efeitos secundários, tais como o ressecamento da boca, distúrbios da acomodação, distúrbios miccionais que, muitas vezes, provocam o abandono do tratamento. Se mioclonias (contrações musculares bruscas) ocorrem juntamente com os espasmos, as *benzodiazepinas* são indicadas, especialmente o clorazepam (*Rivotril*). Deve-se observar que os neurolépticos são contra-indicados, pois podem agravar a distonia.

Nos tiques, o tratamento medicamentoso é indicado para a criança em caso de perturbação da escolaridade.

Na gagueira, são prescritos a título de tratamento complementar:

– *neurolépticos*: haloperidol (*Haldol*), levopromazina (*Noziman*), tiaprida (*Tiaprodal*). Notemos que esses medicamentos são contra-indicados sobretudo para a criança;

– *ansiolíticos*: bromazepam (*Lexomil*), diazepam (*Valium*);

– *psicoestimulantes*: minaprina (*Cantor*[3]), prisudanol (*Stivane*);

– *antidepressivos serotoninérgicos*: fluvoxamina (*Floxyfral);*

– *anti-hipertensores: clonidina (Catepressam).*

12. A *injeção de toxina botulínica*[4] provoca o bloqueio da junção neuromuscular, opondo-se à liberação de acetilcolina. Isso resulta na diminuição mais ou menos significativa da força muscular até, eventualmente, a paralisia completa do músculo injetado. A aplicação de doses mínimas (alguns nanogramas) de toxina botulínica nos músculos atingidos pela distonia melhorou consideravelmente o prognóstico das afecções resultantes do processo distônico. Notemos que se trata de uma ação puramente sintomática e não durável, o que leva a repetir o tratamento várias vezes com alguns meses de intervalo.

Esse tratamento é proposto na cãibra dos escritores, nas hipercinesias, nas discinesias voluntárias, nas distonias oromandibulares, excluindo, porém, em princípio, a infiltração da língua. É contra-indicado principalmente nos tiques. Para a síndrome de Gerhardt, parece ser indicado apenas na forma distônica dessa afecção. Quanto à disfonia espasmódica, a descoberta desse tratamento constituiu um progresso considerável no caso da forma em adução com espasmos vocais. Os resultados não são, na nossa opinião, definitivos para a disfonia espasmódica em abdução, o que pode ser explicado pelo fato de que, nesse caso, o processo distô-

[3] Este medicamento não está mais sendo comercializado em razão do risco de deturpação do uso (T.S.).

[4] O botulismo é uma intoxicação alimentar felizmente bastante rara. É produzida pela toxina botulínica, que secreta a bactéria *Clostridium botulinum*.

nico atinge mais a musculatura respiratória do que a musculatura laríngea. Atualmente, por razões geográficas, considerando que o tratamento por injeção de toxina botulínica só pode ser realizado em algumas grandes cidades, é freqüentemente realizado sozinho. É preciso destacar, no entanto, a vantagem em articular tanto quanto possível esse tratamento à fonoaudiologia. A experiência mostra que dessa maneira o intervalo entre as injeções pode ser progressivamente aumentado, podendo mesmo não serem mais necessárias. Para a gagueira, algumas tentativas de infiltração laríngea foram feitas com base na teoria da etiologia glótica da gagueira. O resultado não-satisfatório indica que essa teoria dever ser certamente abandonada.

13. A *cirurgia* é indicada na síndrome de Gerhardt quando o incômodo respiratório é significativo e se torna, para o paciente, um impedimento a uma atividade normal. Propõe-se geralmente uma aritenoidectomia, apesar de apresentar o inconveniente de causar dificuldades vocais. Em certos casos, poder-se-á realizar uma traqueotomia de urgência.

Para a distonia espasmódica em adução, a secção do nervo recorrente (intervenção de Dedo) parece atualmente abandonada. Quanto à eletrocoagulação da terminação do recorrente em uma prega vocal, parece estar sendo substituída cada vez mais pela injeção de toxina botulínica.

14. *Outras terapêuticas* foram propostas para as distonias. Trata-se da acupuntura, da homeopatia, da aromoterapia, da fisioterapia ou mesmo da prescrição de um regime alimentar particular. Sua eficácia, para a maioria, parece duvidosa.

## AVALIAÇÃO DA DISARTRIA

O desejo de uma avaliação objetiva das disartrias aparece cada vez mais urgente. Muitos trabalhos são feitos atualmente com o objetivo de criar ferramentas de avaliação padronizados confiáveis e aplicáveis a todas as variedades de disartria. Essas ferramentas deveriam permitir se ter uma imagem inicial, antes de iniciar um tratamento e de julgar a avaliação dos distúrbios. Deveriam permitir igualmente a comparação entre a eficácia relativa aos diversos tratamentos suscetíveis de serem propostos: médicos, cirúrgicos, reeducativos, etc.

O que é perfeitamente legítimo, mas se torna mais complicado se se estima que essa avaliação, que diz respeito provavelmente à articulação da fala, não possa deixar de fora a voz, a deglutição, bem como as conseqüências da alteração dessas funções sobre a atividade de comunicação e a qualidade de vida do paciente.

Por outro lado, face a essa elaboração atual de ferramentas de avaliação padronizadas, perguntamo-nos se vale à pena prever seqüências de testes idênticos para todos os tipos de disartrias, na medida em que o mecanismo dos distúrbios difere consideravelmente de um tipo de disartria ao outro.

Essa busca por instrumentos de medida que sirva para todos os casos nos parece, na verdade, decorrer dessa má compreensão, observada anteriormente, que de modo lamentável suscitou os trabalhos de Darley e colaboradores e das 38 perturbações elementares isoladas por esses autores na fala disártrica. Pode-se ficar tentado, de fato, ao visar à simplificação e à padronização, a infelizmente defender tais projetos de medida dessas perturbações, deixando de lado a origem, o mecanismo e a significação patológica das perturbações constatadas. Mais lamentável ainda é a idéia de que essa análise das perturbações elementares possa permitir sozinha a realização de um diagnóstico do tipo de disartria. Sendo verdade que a análise da alteração da fala é capaz de orientar o diagnóstico, isso não autoriza a não realização de um exame médico adaptado, visando à história dessa doença, aos antecedentes pessoais e familiares, aos sintomas clínicos e paraclínicos, etc. A deriva agrava-se ainda mais se, a partir dessas 38 perturbações elementares, pretende-se orientar o tratamento reeducativo, como isso é proposto, às vezes.

Nota-se, por exemplo, seguindo a classificação de Darley *et al.*, a existência de dois distúrbios presentes ao mesmo tempo na disartria flácida e na disartria hipocinética. Trata-se, por um lado, *da imprecisão articulatória*, classificada em segunda posição para a primeira e em quarta para a segunda e, por outro, da *monotonia*, classificada em quarta posição para a disartria flácida e em primeira posição para a disartria hipocinética. Ora, como vimos, apesar dos distúrbios serem superficialmente similares, a maneira adequada de abordá-los está, na nossa opinião, diametralmente oposta quando se trata de um paciente atingido por uma doença de Charcot (integrando, para Darley e colaboradores o quadro das disartrias flácidas) ou de um parkinsoniano (fazendo parte do domínio da disartria hipocinética). No primeiro caso, a reeducação deve, para nós, visar à economia de energia e ao máximo de redução possível da atividade muscular. No segundo caso, trata-se, ao contrário, de estimular a mobilização voluntária da ação fonatória.

É preciso acrescentar ainda que não se reeduca tal perturbação da articulação, da respiração ou da voz, mas um indivíduo que sofre dessas perturbações por razões que lhe são próprias em um determinado contexto clínico e psicológico, do qual o projeto terapêutico deve obrigatoriamente dar conta. Mesmo que se conheça muito bem a mecânica da respiração fonatória, é obrigatório conhecer a disartria hipocinética, caso se queira tratar de um parkinsoniano que tem problemas nesse nível. Feitas tais ressalvas, vejamos agora quais meios estão à nossa disposição para essa avaliação da disartria.

A articulação da fala pode, segundo Auzou e Özsacak, ser avaliada conforme os seguintes cinco pontos de vista: a análise perceptiva, a inteligibilidade, a análise fonética, a medida da motricidade dos órgãos envolvidos na fala e a análise acústica.

Historicamente, a análise perceptiva se apóia na avaliação das perturbações elementares destacadas por Darley e colaboradores que, apesar das ressalvas anteriores, continua sendo, porém, uma base possível. Ela diz respeito ao fluxo, ao timbre e à modulação vocal, bem como ao tipo de alteração articulatória.

A inteligibilidade é um aspecto que parece bem adaptado para se avaliar a deficiência vivida pelo disártrico. É preciso observar, no entanto, que falar não consiste somente em fazer compreender as palavras que se pronuncia. Falar, é dar também uma imagem de si e é um ato que se faz normalmente sem passar a impressão de esforço.

Qualquer que seja o caso, a inteligibilidade pode ser avaliada pedindo-se ao paciente para ler palavras ou frases escolhidas pelas confusões que podem causar quando são pronunciadas pelo indivíduo disártrico. Isso apresenta o problema, evidentemente, da familiaridade do examinador com o material empregado, bem como com a fala disártrica.

A análise fonética que estuda sistematicamente demais as distorções produzidas nos testes de leitura ou da fala conversacional pode complementar a avaliação da inteligibilidade. Pode ser feita apenas com base na fala gravada analisada várias vezes.

A avaliação da motricidade dos órgãos ativados na fala analisa a motricidade lingual, labial, velar, laríngea, etc., sem esquecer a maneabilidade da respiração.

Quanto à análise acústica, ela diz respeito essencialmente às características da voz e do fluxo.

Grades de avaliação existem para orientar a pesquisa ou a clínica, apresentando esses dados de forma variável.

A grade de avaliação perceptiva de Parais e Auzou permite uma avaliação rápida da fala patológica. Três grades foram objeto de adaptação à língua francesa: *Test Lillois de Dysarthrie* (TLD), dedicado mais especificamente à inteligibilidade, *Frenchay Dysarthrie Assessment* (FDA), que comporta ainda uma avaliação analítica dos órgãos da fala, e *Evaluation Clinique de la Dysarthrie* (ECD), que acrescenta à anterior uma referência dos fonemas mais perturbados e uma análise prosódica.

Em seu estado atual, esses instrumentos são de difícil manejo. Parece que se tornariam mais facilmente utilizáveis se fossem dirigidos mais especificamente para um dado tipo de disartria e se distinguissem o que o paciente faz espontaneamente e o que pode fazer quando é solicitado, estimulado, encorajado pelo examinador.

## QUE TIPO DE REEDUCAÇÃO UTILIZAR NO CASO DO DISÁRTRICO?

O tratamento reeducativo dos disártricos necessita de um bom conhecimento dos distúrbios neurológicos a ser tratados. Como se viu, são de distúrbios variados tanto em sua sintomatologia quanto em sua etiologia e podemos ainda questionar se não seria indicado reservar esse tipo de reeducação a fonoaudiólogoes especializados segundo uma tendência que parece preponderante nos países anglófonos. Embora possa parecer lógica, essa idéia de superespecialização não nos parece, entretanto, desejável. De fato, constata-se na prática que o fonoaudiólogo habituado à reeducação das disfonias, dos distúrbios da fala e das laringectomias parciais está particularmente bastante apto para se ocupar igualmente da reeducação das disartrias. Sua experiência na prática do relaxamento, nas técnicas da respiração fonatória, na dinâmica da projeção vocal, na reeducação dos distúrbios graves da articulação da fala e da deglutição o predispõe particularmente bem para tratar das disartrias.

Pode-se, evidentemente, levantar a questão a respeito do problema do domínio de competência do reeducador. Quando se ocupa do registro gráfico do parkinsoniano, o fonoaudiólogo está exatamente em sua área de domínio. Ele ultrapassa, porém, seus limites quando mostra ao paciente como ele pode evitar, como recomendamos, o andar de pequenos passos, o que seria mais da competência do psicomotor ou do cinesioterapeuta. O mesmo pode ser observado quanto aos distúrbios graves da deglutição que não integram o domínio dos distúrbios da comunicação verbal e que são, no entanto, regularmente tratados pelo fonoaudiólogo, quando se ocupa, por exemplo, de um paciente que apresenta uma laringectomia parcial ou um distúrbio da mobilidade das pregas vocais.

Alguns pensarão que cada um deveria permanecer em seu domínio. Mas, na nossa opinião, isso nem sempre é favorável ao doente. Parece-nos igualmente que seria bastante interessante, por exemplo, que um cinesioterapeuta pudesse mostrar a um parkinsoniano como ele pode produzir a voz, pensando em tomar um fôlego inspiratório adaptado antes de se lançar em uma frase. Acreditamos que as fronteiras não devam ser estanques demais e que, quando se adquire uma certa experiência referente a um domínio particular, convém tratar o paciente em sua globalidade, beneficiando-o ao máximo com as competências que se adquiriu.

Nas disartrias, o fonoaudiólogo pode inevitavelmente encontrar-se confrontado com distúrbios complexos que envolvam a voz, a articulação da fala e o grafismo, mas também a deglutição e, em certa medida, a motricidade geral. É então muito natural que ele seja levado a ultrapassar os limites de seu domínio próprio para um maior benefício do paciente, pois é preferível para este ser tratado por udm mesmo fonoaudiólogo, sejam duas ou três ordens de distúrbios que possam se apresentar e que constituem apenas as diversas conseqüências funcionais de um mesmo dano orgânico.

Se há alguma objeção quanto ao fonoaudiólogo tratar também da psicomotricidade, pode-se sempre replicar que a fonoaudiologia, mesmo que esteja centrada na fala e na comunicação verbal, é, na verdade, em sua maior parte, somente um domínio particular da psicomotricidade.

## LEITURAS SUGERIDAS


ARQUIZAN C *et al. Manifestation laryngée de la myasthénie.* Le larynx neurologique. Janvier 1994. Paris: Actes du colloque.

AUZOU P *et al. Évaluation clinique de la dysarthrie.* L'ortho-Editions. Isbergues. France, 1998.

AUZOU P, ÖSZANCAK C, BRUN V. *Les Dysarthries.* Paris : Masson, 2000.

BARBEZAT S, CHANTRAINE A. *La Maladie de Parkinson. Réeducation neurologique. Guide pratique de la réeducation des affections neurologiques.* Paris : Medsi Mac Graw-Hill, 1990.

BARBIZET-DUIZABO. *Abrégé de neurologie.* Paris : Masson, 1980.

BLETON JP. *Le Torticolis spasmodique.* Paris: Frison-Roche, 1994.

BLITZER A. The dystonic *larynx. Journal of voice* 1992; 6, 4: 294-297.

BOUCHE P. La sclérose amyotrophique (maladie du motoneurone). *Encycl Med Chir* (Paris-France), 1986 ; Neurologie, 17078 A-10, 5.

BRIHAYE S, DU PENHOAT A. SLA. La prise en charge orthophonique. *L'Orthophoniste* 1996; 154.

BRISSAUD E. *Leçons sur les ntaladies nerveuses.* 23e leçon : Nature et pathogénic de la maladie de Parkinson. Paris: Masson, 1895: 488-501.

CAMBIER J, MASSON M, DEHEN H. *Neurologie.* Paris: Masson, 1994.

CATAIX E. Les synthèes vocales, pour qui? Pourquoi? Comment? *Rédaptation* 1989 ; 357: 3-14.

CATAIX-NÈGRE E. La voix synthétique: une prothèse. *Rev Laryngol* 1993 ; 114,4.

CHEVRIE-MULLER C, DORDAIN M, GREMY F. Étude de la voix et de la parole au cours de syndromes bulbaires et pseudo-bulbaires. *Journal français d'ORL* 1968; 17,3.

CHEVRIE-MULLER C, DORDAIN M, GREMY F. *Étude phoniatrique clinique et instrumentale des dysarthries.* II : Résultats chez les malades présentant des syndromes bulbaires et pseudo-bulbaires. *Rev Neurol* 1970 ; 122, 2 : 123-138.

CHEVRIE-MULLER C. *Dysphonies, dysarthries et dysprosodies en pathologie neurologique.* Rapport des 40 M 41e congrès de la Société française de phoniatrie. Bulletin d'audiophonologie, Besançon.

COUTURE G, EYOUM I, MARTIN F. *Les Fonctions de la face.* Ortho-Editions. Isbergues, 1997.

D'ALBOY-BASSET A. *L'Orthophoniste et la mise en place des aides techniques à la communication chez les personnes privées de parole.* Entretiens d'orthophonie. Paris : Expansion scientifique française, 1991 : 62-72.

DARLEY FL, ARONSON AE, BROWN JR. *Motor Speech Disorders.* Philadelphie: WB Saunders, 1975.

DARLEY FL, ARONSON AE, BROWN JR. Clusters of deviant speech dimensions in the dysarthrias. *Journal of Speech Hearing Research,* 1969 ; 12, 3 : 462-496.

DEJERINE J. *Sémiologie des affections du système nerveux.* Paris: Masson, 1914, 2e éd (1977).

DE RECONDO J. *Principaux syndromes neurologiques.* Lab. Roussel, 1978, 2e éd.

DU PENHOAT A. Rôle de l'orthophoniste dans de cadre de la SLA. *Glossa* 1992 ; 28 : 32-43

ENDERBY P. *Frenchay Dysarthria Assessment.* College Hill Press, 1983.

GENTIL M. Phonetic intelligibility testing in dysarthria for the use of french language. *Clin Ling Phon* 1992; 6: 179-189.

GICQUIAUD F, MAILLOCHON V. *Pratique de la communication par pictograinmes et microordinateur chez l'MC d'origine cérébrale sans langage articulé.* Les Templiers, Route de St Amand, 18350 Nérondes.

GONCE M, DUGAS M. Tics et syndrome de Gilles de la Tourette. *Encycl Med Chir* (Paris-France), 1986 ; Neurologie, 17059 C10,12.

GREMY F, CHEVRIE-MULLER C, GARDE E. Étude phoniatrique clinique et instrumentale des dysarthries, I : Technique. Résultats chez les malades présentant un syndrome cérebelleux. *Rev Neurol* 1967 ; 116, 5 : 401-426.

KABAT H, KNOTT M. Proprioceptive facilitation techniques for treatment of paralysis. *Therapy Review* 1953 ; 33, 2.

KUSSMAUL AD. *Les Troubles de la parole.* Paris : Baillières, 1884.

LAUMONNIER A. *La Rééucation de la marche. Maladie de Parkinson. Aspects méicaux de la prise en charge quotidienne.* Lab. Schering-Plough, 1991.

LEANDERSON R, PERSON A, OHMAN S. Electromyographic studies of the function of the facial muscles in dysarthrias. *Acta Otolaryng Stockh* 1979 : 263, 89.

LEBRUN Y. *Remarks on dysarthria. Acta Neurol Belg* 1967 ; 67, 835.
LECOURS AR, Lhermitte F. *L'Aphasie. Paris :* Flammarion, 1979.
LE HUCHE F. La voix et la parole en neurologie. *Gazette médicale de France* 1971 ; 78, 28: 4551-4556.
LE HUCHE F. La voix et la parole dans la maladie de Parkinson. *Rééducation orthophonique* 1994; 3, 171 : 269-272.
LE HUCHE F. *Les apprentissages de la communication.* Paris: Ramsay, 1991 ; Phénix, 2000.
LE HUCHE F. *Le bégaiement. Option guérison.* Paris: Albin Michel, 1999.
LE HUCHE F., ALLALI A. De la classification des dysarthries aux conceptions thérapeutiques. *Rev Laryngol Otol Rhinol,* 1997 ; 118, 4 : 239-242.
LE HUCHE F., ALLALI. A. Présentation des divers traitements proposés dans les dysarthries dystoniques. *Rev Laryngol Otol Rhinol,* 1997; 118, 4: 243-246.
MARDSEN CD, SHEEHY MP. Spagic dysphonia Meige disease and torsion dystonia. *Neuro/*ogy 1982 ; 32 : 1202.
MEIGE H. Remarques personnelles sur les torticolis spasmodiques. *Revue neurologique* 1929 ; 6: 1013-1021.
MURDOCH B. *Dysarthria, a physiological approach to assessment and treatment.* Stanley Thornes Gheltenham (UK), 1998, 36-67.
PARAIS AM. *Analyse perceptive de la dysarthrie.* Nantes: Mémoire d'orthophonie, 2000.
PAUMIER JM. *Rééducation orthophonique des troubles de la voix, de la parole et de l'ecriture dans la maladie de Parkinson.* Paris: Mémoire d'orthophonie, 1990.
PIERA JB, FOUCHET C. Prise en charge du parkinsonien âgé, in J. Pelicier (dir.) *Maladie de Parkinson et rééducation.* Paris : Masson, 1990: 152-163.
RASCOL, A. *La Maladie de Parkinson.* Paris: Masson, 1998.
**Página 145**
ROBERTSON SJ. *Dysarthria profile.* Manchester Polytechnic, 1982.
RONDOT P, BLETON JP. Syncinésies et mouvernents volontaires spontanés, in A. Chantraine (dir.) *Rééducation neurologique.* Paris : Medsi Mac Graw-Hill, 1990 : 235-250.
RONDOT P, JEDYNAK CP. Dystonies de fonction. *Encycl Med Chir* (Paris-France), 1976 ; Neurologie, 17007 C-20.
ZIEGLER M, BLETON JM. *La Maladie deParkinson et son traitement.* Paris: Frison Roche, 1993.
ZIEGLER M, BLETON JP. Échelles d'évaluation de la maladie de Parkinson, in J. Pélicier (dir.) *Maladie de Parkinson et rééducation.* Paris: Masson, 1990: 115-122.

# Índice

Neste índice, os nomes dos autores encontram-se em caracteres maiúsculos.
Os números em **negrito** indicam as páginas onde se encontram as informações essenciais sobre o assunto.

## A

## D

## G



## H



## I

## N



## O



## P

**R**

## S

## T



## U



## V



## W

edelbra
Impressão e acabamento:
*E-mail:* edelbra@edelbra.com.br
Fone/Fax: (54) 321-1744

Filmes fornecidos pelo Editor.